平话金融丛书

货币政策不确定性及其经济效应

MONETARY POLICY UNCERTAINTY AND ITS ECONOMIC EFFECTS

王申令◎著

本书出版得到安徽财经大学科研项目"货币政策不确定性影响利率传导渠道有效性的微观机制及应对策略研究"（ACKYC23031）的资助。

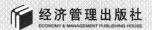
经济管理出版社
ECONOMY & MANAGEMENT PUBLISHING HOUSE

图书在版编目 (CIP) 数据

货币政策不确定性及其经济效应 / 王申令著. —北京：经济管理出版社，2023. 11
ISBN 978-7-5096-9495-4

Ⅰ. ①货… Ⅱ. ①王… Ⅲ. ①货币政策—研究—中国 Ⅳ. ①F822.0

中国国家版本馆 CIP 数据核字 (2023) 第 234919 号

组稿编辑：王光艳
责任编辑：王光艳
责任印制：黄章平
责任校对：徐业霞

出版发行：经济管理出版社
　　　　　（北京市海淀区北蜂窝 8 号中雅大厦 A 座 11 层　100038）
网　　　址：www. E-mp. com. cn
电　　　话：(010) 51915602
印　　　刷：北京市海淀区唐家岭福利印刷厂
经　　　销：新华书店
开　　　本：720mm×1000mm /16
印　　　张：16
字　　　数：267 千字
版　　　次：2024 年 1 月第 1 版　　2024 年 1 月第 1 次印刷
书　　　号：ISBN 978-7-5096-9495-4
定　　　价：88. 00 元

目录

C O N T E N T S

02 CHAPTER 第二章

03 CHAPTER 第三章

04 CHAPTER
第四章

货币政策不确定性对预期管理效果的影响研究
——来自央行沟通与公众通胀预期扭曲的证据 ……… **087**

05 CHAPTER
第五章

货币政策不确定性对投资资本成本敏感性的影响研究
——来自中国上市公司的经验证据 ········· **129**

06 CHAPTER
第六章

货币政策不确定性、债务期限结构与企业经营表现

07 CHAPTER
第七章

研究结论与启示 ························· **209**

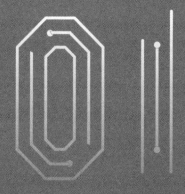

第一章

导　论

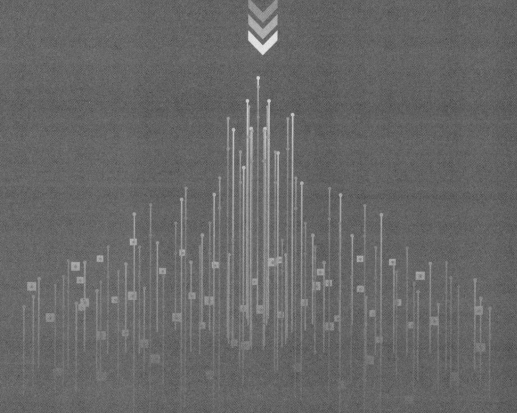

结合国内外形势看，货币政策不确定性已成为许多国家经济环境的重要组成部分，这一不确定性可能会干扰微观主体决策，使政策调控任务更加艰巨。本书尝试探究这一不确定性影响微观主体决策进而影响政策有效性的具体机制，是对不确定的经济环境下微观主体行为研究以及政策有效性研究的深入和发展，为更好地应对不确定性所带来的挑战提供思路和建议，在充斥着不确定的全球经济发展格局下具有重要价值。本书在中国背景下从预期管理、企业投资敏感性、企业债务期限结构三个角度展开探究，深入分析货币政策不确定性对微观主体行为的影响效应及其作用机制，并进一步探讨对政策效果的影响，尝试为政策制定者、企业管理者的科学决策提供理论支持与经验证据。本章作为引导章节，将按照研究背景、研究的目的和意义、研究方法、研究的结构和内容安排以及研究的创新点五个部分依次展开。

第一节　研究背景

当今世界正处于大发展大变革大调整时期，自 2008 年全球金融危机以来，全球经济增长动能不足，面临的不稳定、不确定问题日趋增多，如近年来频繁发生的"缩减恐慌"(Taper Tantrum)、欧债危机、英国脱欧、美国债务上限争端和贸易摩擦等敏感事件，以及全球新冠疫情暴发等，这些事件加剧了经济环境中的不确定性和复杂性，面对这种严峻的局势，各国或地区政府开启了一轮轮经济刺激计划，这一系列的经济刺激政策导致政策路径高度依赖经济态势，经济主体无法确切预知政府是否、何时以及如何改变现行经济政策，难以对政策形成持续稳定的一致预期，引发了经济政策不确定性(刘贯春等,2019;田国强、李双建,2020)，这会损害政策的有效性。尽管出台这些刺激政策的目的是应对危机，但在防止经济衰退的同时，作为副产品出现的政策不确定性会对经济发展造成负面冲击。

后危机时代，政策不确定性日益驱动全球经济周期性波动。政策不确定性是政策调控的代价或潜在成本，对其进行有效管理是一件极为重要的事情(Fernández-Villaverde et al.,2011)。鉴于高度的政策不确定性会带来一系列经济问题，政策不确定性不仅得到了研究人员的关注，而且越来越受到政策制定者的重视。2009 年 12 月的联邦公开市场委员会会议提出，财政、监管和货币政策的不确定性是导致美国和欧洲在 2008~2009 年经济急剧下滑、随后复苏缓慢的重要原因之一。国际货币基金组织(IMF)针对商业界人士的一项调查也表明，税收和货币政策方面的不确定性增强了企业不愿承诺增加资本支出的意愿。2010 年，时任美国联邦储备系统(以下简称美联储)副主席的费舍尔(Fischer)曾呼吁，制约经济增长的因素并不是流动资金的短缺，而是不确定性，只要政策不确定性仍在阻碍经济增长，美联储便不应继续试图以创造更多的货币来刺激经济。2013 年，一项针对中外企业共 1214 名高管的问卷调查结果也显示，我国本土企业高管中有近半数将"宏观经济政策调整"视为企业经营中的主要顾虑，外企高管中也有近四成存在此顾虑(王红建等,2014)。2015年,时任美联储主席耶伦(Yellen)指出,在经济复苏期间,政策不确定性是阻碍经济复苏的重要因素。因此,政策调控不仅要着眼于短期刺激政策的作用,还要重视这一过程造成的不确定性冲击,政策不确定性作为政策调控的潜在成本,不仅改变了经济环境、影响微观主体决策,而且会损害政策调控效果,其影响不容忽视。

目前,我国仍处在经济新常态下的新旧动能转换、产业结构调整进程中,国内经济结构中存在矛盾,且面临着复杂多变的国际形势,在这种诸多因素交织的背景下,货币政策作为宏观调控的主要手段,其重要性不断提高,并在调控中取得明显成效。通过货币政策调控引导市场主体行为实现政策目标的做法对缓解我国面临的经济困境大有裨益,但现阶段我国货币政策规则正处于量价转型进程,经济主体在货币政策是否调整、何时调整以及如何调整等方面无法形成持续稳定的一致预期,即引发了货币政策不确定性,导致货币政策调控的任务更为艰巨。尽管已有研究提出的一些举措(如提高央行独立性、货币政策透明度等)为降低货币政策不确定性提供了思路,但实现目标是个长期过程,考虑到货币政策不确定性将持续存在并且短期内可能处于偏高水平,探究如何减少这一不确定性的不利影响,提升货币政策有效性和政策调控效果,是研究应重点关注的问题。但在研究中未得到应有的重视,回答此问题要求深入了解货币政策不确定性影响经济的具体作用机制,因此,探讨货币政策不确定性的具体影响机制以及减少其不利影响的手段是本书的主要研究内容。党的二十大强调健全宏观经济治理体系,而货币政策不确定性的存在潜移默化地改变了经济环境,干扰微观主体决策,使政策调控任务更加艰巨,还对评估政策效果造成干扰。鉴于此,从三个方面展开探讨尤为重要:①货币政策不确定性是否影响货币政策调控发挥效力?②通过何种渠道产生影响?③面对货币政策不确定性的诸多不利影响,是否存在化危为机、转危为安的手段?结合我国面临的形势来看,对上述问题的回答是必要且迫切的。

本书在中国背景下从预期管理、企业投资敏感性、企业债务期限结构三个角度探究货币政策不确定性影响微观主体决策的具体机制,进而分析这一不确定性影响货币政策有效性的途径,为减少货币政策不确定性的不利影响、提升货币政策有效性和政策调控效果提供理论支持与经验证据。这三方面的研究也是对上述三个问题的回答，不仅丰富了理论界对货币政策不确定性的研究，而且为有效实施货币政策调控提供了建议，对实现党的二十大强调的健全宏观经济治理体系和党的十九大提出的构建市场机制有效、微观主体有活力、宏观调控有度的经济体制的目标，具有理论意义和现实意义。

第二节 研究的目的和意义

本书试图结合我国背景深入分析货币政策不确定性对微观主体行为的影响效应，探讨其中的作用机制，并进一步探讨对货币政策效果的影响，为减少货币政策不确定性的不利影响、提升货币政策有效性和政策调控效果提供理论支持与经验证据。为此，需回答三个重要问题：货币政策不确定性是否影响货币政策调控发挥效力？通过何种渠道产生影响？面对货币政策不确定性的诸多不利影响，是否存在化危为机、转危为安的手段？为回答这些问题，本书从以下三个方面展开对货币政策不确定性及其经济效应的探究，这也是本书的主要研究目的：①探究货币政策不确定性是否影响货币政策调控发挥效力及其影响途径。②探究货币政策不确定性是否干扰货币政策利率传导渠道及其影响途径。③探究在货币政策不确定性所创造的不利经济环境下，是否存在化危为机、转危为安的手段。以下依次阐述上述三个方面的主要研究内容以及研究意义：

第一，关于货币政策不确定性对货币政策预期管理效果的影响。货币政策逐渐发展为管理预期的一门艺术，通过引导经济主体的预期实现政策目标，预期管理已逐渐成为各国或地区央行进行货币政策调控的重要选项（张成思、计兴辰，2019）。实现"稳预期"目标有赖于确定的经济环境和有效的预期管理，货币政策不确定性不仅增加了经济环境中的不确定因素，而且可能会影响货币政策调控效果，从这两方面共同作用于预期形成过程。这部分从管理公众通胀预期的角度展开，探究货币政策不确定性如何影响"稳预期"目标的实现。鉴于引导公众通胀预期以减轻预期扭曲是预期管理有效的重要体现，以及央行沟通在预期管理中的重要性，研究从两个方面展开：货币政策不确定性是否会导致公众通胀预期扭曲，以及在货币政策不确定性存在的情况下，央行沟通在减轻公众通胀预期扭曲方面的效果是否受到影响。研究发现从宏观层面为货币政策不确定性削弱预期管理效果，导致公众通胀预期扭曲提供了证据，为预期管理的重要手段——央行沟通，在高度的货币政策不确定性环境下其预期引导效果降低提供了解释，也为提升预期管理效果、改善货币政策调控以及实现"稳预期"目标提出了建议。

第二，关于货币政策不确定性对企业投资的资本成本敏感性的影响。我国货币政策调控框架逐步实现了由传统的数量型向以利率为代表的价格型转变，利率已成为央行宏观调控的逆周期调节工具和新常态下经济增长定向调控的重要工具(陈守东等，2016)，利率传导渠道在货币政策调控过程中发挥着越来越重要的作用，渠道不畅将极大地影响货币政策调控发挥效力。企业投资对资本成本敏感是价格型货币政策工具有效的重要条件和微观基础，有助于识别货币政策利率传导渠道畅通与否(Chirinko et al.,1999;徐明东、田素华，2013;徐明东、陈学彬，2012；徐明东、陈学彬，2019)，而且资本成本是企业投资的重要影响因素，投资对资本成本的敏感程度关乎投资效率。这部分探究了货币政策不确定性是否影响企业投资对资本成本的敏感性及其影响机制，试图从微观层面为货币政策不确定性干扰利率传导渠道、影响货币政策有效性、损害企业投资效率提供证据。这也为在高度的货币政策不确定性环境下降低生产要素价格、减少资本成本等政策的干预措施效果不佳提供了解释，对政策制定具有指导意义。这部分的研究发现对认识经济政策变动下的企业投融资变化有所帮助，如宽松政策下投资意愿低迷的事实，也有助于深入理解现阶段供给侧结构性改革在微观层面取得的成效，并能够为提升货币政策传导效率、激发微观主体活力提供建议。

第三，关于货币政策不确定性对企业债务期限结构微观经济效应的影响。结合已有研究的发现以及本书的分析结果来看，货币政策不确定性的存在增加了经济环境中的不确定因素，这对经济具有诸多负面影响。货币政策是宏观调控的主要手段，受现阶段我国货币政策规则处于量价转型进程，复杂的国内外经济形势要求货币政策适时调整等影响，在此过程中产生的不确定性问题不容忽视，尽管已有研究提出的一些举措(如提高央行独立性、货币政策透明度等)为降低货币政策不确定性提供了思路,但实现目标是个长期过程,即货币政策不确定性将持续存在并且短期内可能处于偏高水平,因此在货币政策不确定性所创造的不利经济环境下,寻求化危为机、转危为安的应对措施是一个重要的研究问题,这部分试图从企业债务期限结构的角度展开探究。货币政策不确定性的上升会导致银行对风险更敏感且风险控制激励上升,影响银行的信贷供给意愿和参与企业治理的意愿。企业的债务期限结构不仅影响企业面临的流动性风险,而且是银行参与企业治理的重要方式(刘海明、李明明,2020)。鉴于货币政策不确定性使具有不同债务期限结构的企业的治理水平与面临的流动性风险出现相异变化,进而有不同的经营表现,这部分从企业债务期限结构的视角检验货币政策不确定性的微观经济效应,对货币政策不确定性作用下企业债务期限结构的流动性风险效应和企业治理效应两个方面进行了分析,考虑到这两种效应对企业经营表现的作用效果相反,将这两种效应综合起来以判断对企业经营表现的影响,进而在货币政策不确定性存在的情形下,探究如何设计企业的债务期限结构以激励企业改善治理、提升企业绩效。这从债务期限结构的视角深化了货币政策不确定性对微观企业行为的影响研究,拓展了相关领域的研究边界,为减少货币政策不确定性的不利影响、完善总需求管理、提高微观层面的信贷资源配置效率提供建议,也为我国企业债务期限结构远低于发达经济体的事实提供了可行解释。鉴于我国货币政策不确定性仍处于较高水平,本书对政策上鼓励延长企业债务期限的做法提出了一些有益的思考建议。

综上所述,在复杂的世界形势下,通过货币政策调控为经济注入"强心剂"已成为各国家或地区的常用手段,但在此过程中产生的不确定性不仅改变了经济环境,还干扰了货币政策效果。在此背景下,系统梳理货币政策不确定性的前沿研究,并结合我国实际,从上述三个方面深入探究货币政策不确定性的影响效应,深入分析其中的作用机制并积极寻求应对手段,这不仅是对货币政策不确定性研究领域的拓展,还是对货币政策有效性、微观主体行为等方面研究的补充,具有一定的理论价值,对认识和应对经济环境的不确定性,完善我国宏观调控、促进高质量发展具有现实意义。

第三节　研究方法

本书采用了文献研究法、实证分析法、统计分析法、数学模型法以及系统性分析和比较分析相结合的方法，以下结合本书的研究内容简单说明这些研究方法的使用情况。

一、文献研究法

在第二章中，研究综述部分主要由货币政策不确定性的测度、影响以及影响因素的相关研究构成，这一部分主要采用了文献研究法，通过系统梳理国内外有关货币政策不确定性的文献，本书依次从货币政策不确定性的测度、影响以及影响因素三个方面对这些研究成果做出评述，分析其中可能存在的不足，提出本书的研究切入点。

二、实证分析法

本书的实证分析由三部分内容构成：货币政策不确定性对预期管理效果的影响研究、货币政策不确定性对投资资本成本敏感性的影响研究，以及货币政策不确定性对债务期限结构微观经济效应的影响研究。在第四章中，主要采用自回归分布滞后-误差修正模型进行实证分析；在第五章及第六章中，主要采用固定效应模型进行实证分析，固定效应模型的应用贯穿于这两章的实证分析、进一步研究以及稳健性检验中。

三、统计分析法

在研究货币政策不确定性对预期管理效果的影响时，采用统计分析法测度了公众通胀预期，并构建了央行沟通指标和货币政策可信度指标。第一，测度公众通胀预期。该指标源于中国人民银行的一项问卷调查。中国人民银行的问卷调查在普通储户中进行，涵盖的时间和人群更广，样本兼具一般性和代表性：自 1999 年起，中国人民银行每季度从全国 50 个大中小城市的 400 个营业网点共随机抽取 20000 位城镇储户做调研，并将调查结果（包括物价感受、收入感受等）以报告的形式发布。此外，采用分层抽样方法进行抽样调查，将全国 600 多个大中小城市和 8 项相关经济指标录入数据库，形成抽样框，将抽取的各层样本的经济指标与总体指标进行比较，发现样本均值与总体均值十分接近，可以认定抽取的样本较好地代表了全国情况（张涛，2010）。因此，从这项调查报告中提取的我国居民通胀预期指标更贴合"公众通胀预期"的含义。然而，在这项调查报告中，储户只被问及预期下一季度的通胀率是"上升"、"基本不变"还是"下降"，而没有回答具体的预期通胀率，因此需要将定性信息转为定量数据，本书使用差额统计方法将定性信息转为公众通胀预期的定量数据。第二，央行沟通指标。该指标源于《中国货币政策执行报告》。中国人民银行自 2001 年起每个季度面向公众发布《中国货币政策执行报告》，这项书面报告具有统一的形式，语言组织严谨，包含央行对近期经济形势的描述、判断以及未来拟采用的调控措施，是央行沟通的重要信息披露媒介，参考 Heinemann 和 Ullrich（2007）的措辞提取方法，本书以 2001~2019 年各季度的《中国货币政策执行报告》为措辞来源，区分了其中描述国际情形和国内情形的部分，整理并统计了其中解释我国货币政策未来趋势的多项典型措辞及其在各期中出现的频率，用于构建央行沟通指标，并基于自注意力机制，引入信息提取难度来改进这一指标。第三，货币政策可信度指标。已有文献多以货币政策目标值与公众对其预期值之间的差异反映货币政策可信度，在此基础上 Cecchetti 和 Krause（2002）建立了示性函数作为可信性指数，该指数的取值区间为 [0,1]。本书借鉴 Cecchetti 和 Krause（2002）的方法，使用样本期内的实际通货膨胀率与通货膨胀目标值两组数据建立了示性函数，不同于直接将该示性函数作为货币政策可信性指数的做法，本书立足我国货币政策实践改进了这一方法，将示性函数测算得到的各期累计平均值作为货币政策可信度指标。以上指标的构建为开展后续研究提供了数据支撑。

四、数学模型法

第四章在研究货币政策不确定性对预期管理效果的影响时，使用数学模型法构建了货币政策不确定性指标和公众预期扭曲指标；在分析货币政策不确定性对投资资本成本敏感性的影响时，使用数学模型法建立了企业投资理论模型辅助分析。第一，构建货币政策不确定性指标。从政策制定过程出发构建货币政策不确定性的测度指标，根据货币政策不确定性的定义，从构建货币政策反应函数入手，将政策变化中剔除了可预测部分后的余值用于构建不确定性指标。考虑到随机波动模型不仅能够很好地描述政策不确定性的一些性质，如持续性、波动性和方差时变性，而且能够有效区分不同的冲击来源，为波动性提供更加准确的估计，参考 Fernández-Villaverde(2015)的做法，将构建的货币政策反应函数与随机波动模型相结合，在剔除可预测变化后，获得不确定性的估计值。进一步考虑，直接将从一项经济指标中提取出的不确定部分作为货币政策不确定性指标的做法可能失之偏颇，因为货币政策不确定性是宏观层面的不确定性，而从一个极小的信息集中提取出单个经济变量的不确定性往往带有这个信息集本身的特殊性，包括受到冲击影响及影响范围的特殊性，可能无法客观地表征宏观层面的不确定性。Jurado 等(2015)指出，宏观经济的不确定性关系到整个宏观经济是否可预测，不能等同于任何一个单独的数据序列的不确定性，相反，它是对多项经济变量序列中不确定性的共同变化的度量。因此，根据 Jurado 等(2015)的建议，采用多项经济指标，经过政策反应函数与随机波动模型的处理后，从各信息集中获得不确定性的估计值(各信息集的不可预测部分)后，对这些不可预测部分提取共同因子，作为货币政策不确定性的衡量指标。这种做法得到的指标不仅符合货币政策不确定性的内在含义，而且满足这部分的研究需要。第二，构建公众预期扭曲指标。研究发现，我国居民通胀预期兼具后顾性和适应性。结合这两项特征，建立 AR-GARCH 模型，使用预期变化中不能被历史预测误差调整所解释的部分(预期变化中的非理性部分)衡量预期无序化水平，构建通胀预期扭曲指标。第三，为便于分析货币政策不确定性影响投资资本成本敏感性的具体作用机制，在第三章第三节建立了企业投资理论模型，结合模型推导过程进行分析。

五、系统性分析和比较分析相结合的方法

本书采取了系统性分析和比较分析相结合的研究策略。第一，第四章在研究货币政策不确定性对预期管理效果的影响时，考察了货币政策不确定性引起公众通胀预期扭曲的一般性影响途径和特殊影响途径。对这两种影响途径的区分基于已有的研究发现，即货币政策不确定性影响通胀预期的强度大于其他类型的政策不确定性，本书认为可能的原因是货币政策不确定性存在影响通胀预期的特殊途径，区别于其他不确定性。基于此，从一般性影响途径与特殊影响途径两个方面系统分析了货币政策不确定性如何引起公众通胀预期扭曲。其中，一般性影响途径是指货币政策不确定性作为一种不确定因素，在影响通胀预期形成方面与其他不确定因素具有类似的作用机制；特殊影响途径强调货币政策不确定性在影响公众通胀预期形成的过程中具有区别于其他不确定因素的独特的作用机制，即货币政策不确定性损害了央行沟通对预期的引导效果，使央行沟通无法充分发挥引导和管理公众通胀预期的作用，从而间接导致公众通胀预期扭曲。特殊影响途径不仅为现实中的央行沟通效果不佳提供了新的解释，也为不同类型政策不确定性对通胀预期的差异化影响提供了解释。第二，第五章在研究货币政策不确定性对投资资本成本敏感性的影响时，首先系统分析了货币政策不确定性对投资资本成本敏感性的抑制效应，然后为了检验抑制效应的内在影响机理，即货币政策不确定性降低了企业对其未来经营表现的预期，导致企业优化资源配置以提高未来盈利能力的激励减弱，使其根据经济因素变化及时调整投资策略的积极性降低，表现为企业投资对资本成本的敏感性下降，本书从企业成长性、企业生命周期、行业成长性以及融资约束四个方面进行比较分析，验证了上述影响机理的合理性。这一结果不仅表明企业的发展预期在不确定经济环境下的企业投资决策中发挥重要作用，而且表明货币政策不确定性的这种抑制效应在企业间存在异质性。为了检验研究结论的稳健性，采用比较分析法从货币政策不确定性下的预防性动机、投资不可逆性等多个角度进行检验，通过比较实证检验结果和基

准结论来验证结论的稳健性。第三，第六章在研究货币政策不确定性、债务期限结构与企业经营表现时，按照分—总的结构：首先，分别从流动性风险效应和治理效应两个方面系统分析了在货币政策不确定性作用下债务期限结构对企业经营决策的影响。其次，考虑到流动性风险效应和治理效应对企业经营表现的作用效果相反，对这两种效应的作用效果进行比较分析，将这两种效应统一于影响企业经营表现（企业绩效）的分析框架中进行研究，发现在货币政策不确定性作用下，企业债务期限结构的流动性风险效应和治理效应均得到强化，并且治理效应起主导作用，使缩短企业债务期限有助于提升企业绩效。再次，进一步从企业异质性和货币政策不确定性的非对称效应两个方面展开比较分析，对货币政策不确定性作用下企业债务期限结构的流动性风险效应和治理效应以及两种效应在企业绩效上的综合影响进行深入分析，分析结果不仅是对这些影响效应的验证，还表明这些影响效应具有异质性。最后，为了检验研究结论的稳健性，采用比较分析法从货币政策不确定性下的企业现金持有、企业风险承担、银行优化信贷配置等多个角度进行检验，通过比较实证检验结果和基准结论来验证结论的稳健性。

第四节　研究的结构和内容安排

探讨货币政策不确定性影响经济的具体作用机制以及减少其不利影响的手段是本书的主要研究内容，为此，本书从以下三个方面展开对货币政策不确定性及其经济效应的探究：①货币政策不确定性是否削弱货币政策预期管理效果及其影响途径。②货币政策不确定性是否干扰货币政策利率传导渠道及其影响途径。③在货币政策不确定性所创造的不利经济环境下，是否存在化危为机、转危为安的手段。本书按照研究背景、理论分析、实证检验的范式依次对这三个方面的问题展开研究，全书共分为七章，研究框架如图 1-1 所示。

第一章 导论

1.研究背景
2.研究的目的和意义
3.研究方法
4.研究的结构和内容安排
5.研究的创新点

货币政策不确定性问题

第二章 理论基础与研究综述

1.研究的理论基础
2.货币政策不确定性的研究综述

在导论中提出的三个问题：
1.货币政策不确定性是否影响货币政策调控发挥效力？
2.通过何种渠道产生影响？

3.在货币政策不确定性所创造的不利环境下是否存在应对措施？

第三章 理论分析与研究假说

1.货币政策不确定性对预期管理效果的影响分析
2.货币政策不确定性对投资资本成本敏感性的影响分析

3.货币政策不确定性对债务期限结构微观经济效应的影响分析

货币政策不确定性影响新型货币政策工具发挥效果

货币政策不确定性影响利率传导渠道发挥作用

从信贷传导渠道寻求应对货币政策不确定性的措施

第四章 货币政策不确定性对预期管理效果的影响研究

1.引言
2.核心指标测度
3.模型构建、指标含义与描述性统计
4.实证分析与稳健性检验
5.本章小结

第五章 货币政策不确定性对投资资本成本敏感性的影响研究

1.引言
2.研究设计与数据来源
3.实证检验与结果分析
4.货币政策不确定性对投资资本成本敏感性的影响机制检验
5.稳健性检验
6.本章小结

第六章 货币政策不确定性、债务期限结构与企业经营表现

1.引言
2.研究设计与数据来源
3.实证检验与结果分析
4.企业异质性与货币政策不确定性非对称效应分析
5.稳健性检验
6.本章小结

第七章 研究结论与启示

1.研究结论
2.政策建议
3.研究不足与研究展望

图1-1 本书的研究框架

资料来源：笔者整理。

第一章，导论。简述本书的研究主线，起提纲挈领的作用。这一章结合现实背景，引出本书的研究主题，即货币政策不确定性，进而提出本书在这一主题下探讨的三个主要问题，明确这些问题在理论和现实方面的意义，说明研究中使用的方法，最后点明研究的创新点并说明本书各章节的结构安排。

第二章，理论基础与研究综述。这一章由两部分内容构成：一部分是研究的理论基础，即对国内外货币政策不确定性相关研究的梳理和总结，以厘清货币政策不确定性研究的脉络和最新国际动态，在梳理过程中发现，国外的研究居多，主要原因在于国内对政策不确定性的研究起步相对较晚。研究综述主要由对货币政策不确定性测度的研究综述、对货币政策不确定性影响的研究综述以及对影响货币政策不确定性因素的研究综述三部分内容构成，本书对已有研究做出评述，分析其中可能存在的不足，提出本书的研究切入点。另一部分是货币政策不确定性的研究综述，即对本书中涉及的理论及其发展脉络进行梳理，其中包括预期形成理论、预期管理理论、信息不对称理论、两权分离理论、委托代理理论和代理成本理论，并结合研究问题做简明分析。

第三章，理论分析与研究假说。本书的实证部分从预期管理、企业投资的资本成本敏感性、企业债务期限结构三个角度探究货币政策不确定性如何影响经济主体决策，这一章分三部分对其中的具体影响机制进行理论分析并提出假说，依次为第四、第五和第六章的实证分析提供了研究支撑。其中，在分析货币政策不确定性影响企业投资资本成本敏感性的作用机制时，为便于分析，建立了企业投资理论模型，根据模型推导结果提出假说。

第四章，货币政策不确定性对预期管理效果的影响研究。这一章旨在探究货币政策不确定性如何削弱预期管理效果、引起公众通胀预期扭曲。实现"稳预期"目标有赖于确定的经济环境和有效的预期管理，货币政策不确定性的存在不仅增加了经济环境中的不确定因素，而且可能会影响货币政策调控效果，从这两方面共同作用于预期形成过程。引导公众通胀预期以减轻预期扭曲是预期管理有效的重要体现，预期扭曲的结果表明预期管理效果不佳，而且考虑到央行沟通在预期管理中的重要性，本章以其反映预期管理，由此将研究目标转化为探究两个问题：①货币政策不确定性是否会导致公众通胀预期扭曲；②在货币政策不确定性存在的情况下，央行沟通在减轻公众通胀预期扭曲方面的效果是否会受到影响。结合第三章第一节分析的货币政策不确定性影响预期形成过程的一般性影响途径和特殊影响途径，在第四章的实证检验部分对上述两个问题做出了肯定回答。为检验这两条影响途径，基于 2001 年第一季度到 2019 年第四季度的《中国人民银行储户问卷调查报告》、《中国货币政策执行报告》、《政府工作报告》以及 CEIC 数据库的多项中国宏观经济数据构建了货币政策不确定性、通胀预期扭曲和央行沟通等指标。在研究设计中，面临的首要难题是如何规避测度的货币政策不确定性与通胀预期之间可能存在的双向因果关系，考虑到新闻报道与公众预期会相互影响，将基于新闻报道编制的不确定性指标用于这部分的研究可能会引起内生性问题，所以在 Fernández-Villaverde（2015）、Jurado 等（2015）研究结论的基础上，本书提出了一种不依赖新闻报道的测度方法用来测度货币政策不确定性。此外，考虑到即便存在内生性和同时性偏误，基于 ARDL 模型的长期关系参数估计量仍是超一致性估计（Islam，2004），因此在 ARDL 模型框架下检验货币政策不确定性影响公众通胀预期扭曲的长期效应。最后，在稳健性检验部分，替换核心解释变量重复实证过程。

第五章，货币政策不确定性对投资资本成本敏感性的影响研究。这一章把 2003~2019 年中国 A 股非金融类上市公司年度数据作为样本，旨在探究货币政策不确定性对货币政策利率传导渠道的影响。企业投资对资本成本敏感是价格型货币政策工具有效的重要条件和微观基础，有助于识别货币政策利率传导渠道畅通与否（Chirinko et al.，1999；徐明东、陈学彬，2012；徐明东、田素华，2013；徐明东、陈学彬，2019）。鉴于此，本章探究了货币政策不确定性是否影响投资对资本成本的敏感性及其影响机制，试图从微观层面为货币政策不确定性干扰利率传导渠道、影响货币政策有效性提供证据。首先为了检验第三章第三节中基于企业投资理论模型的推导结果，即货币政策不确定性的存在会降低企业投资对资本成本的敏感性，根据理论模型设计计量模型，实证分析结果验证了理论模型推导的结论。其次，为了检验其中的影响机理，即货币政策不确定性降低了企业对其未来经营表现的预期，导致企业优化资源配置以提高盈利能力的激励减弱，使其根据经济因素变化及时调整投资策略的积极性降低，表现为企业投资对资本成本的敏感性下降，本章从企业成长性、企业生命周期、行业成长性以及融资约束四个方面进行比较分析，验证了上述影响机理的合理性。对影响机制的分析结果不仅表明企业的发展预期在不确定经济环境下的企业投资决策中发挥了重要作用，而且表明货币政策不确定性的这种抑制效应在企业间存在异质性。最后，在稳健性检验部分，从货币政策不确定性下的预防性动机、投资不可逆性等多个角度进行实证分析，通过比较实证结论和基准结论，发现不存在明显差异，从而验证了结论的稳健性。

第六章，货币政策不确定性、债务期限结构与企业经营表现。这一章把 2003~2019 年中国 A 股非金融类上市公司年度数据作为样本，从债务期限结构的角度揭示了货币政策不确定性向微观经济传导的具体机制，研究目的是在货币政策不确定性所创造的不利经济环境下探索能够激励企业改善治理、提升绩效的手段。首先，分别从流动性风险效应和治理效应两个方面系统性探讨了在货币政策不确定性作用下，债务期限结构对企业经营决策的影响。其次，考虑到流动性风险效应和治理效应均会影响企业经营表现，并且作用效果相反，为了考察在货币政策不确定性作用下这两种效应中的哪一种起主导作用，将这两种效应统一于影响企业经营表现的分析框架中进行研究。其中，流动性风险效应是从企业的投资和融资两个方面进行分析，治理效应是从企业的过度投资和经理人代理成本两个方面进行分析，两种效应的综合作用以企业绩效加以反映。研究发现，在货币政策不确定性作用下，企业债务期限结构的流动性风险效应和治理效应均得到了强化，这两种效应共同影响企业经营表现，并且作用效果相反，其中治理效应起主导作用，使缩短企业债务期限有助于提升企业绩效。由此表明，在货币政策不确定性创造的不利经济环境下，可以通过调整企业的债务期限结构激励企业提升治理水平，进而提升企业绩效。再次，从企业异质性和货币政策不确定性的非对称效应两个方面对货币政策不确定性作用下企业债务期限结构的流动性风险效应和治理效应以及两种效应在企业绩效上的综合影响做进一步研究，分析结果不仅是对这些影响效应的验证，还表明这些影响效应具有异质性。最后，在稳健性检验部分，从货币政策不确定性下的企业现金持有、企业风险承担、银行优化信贷配置等多个角度进行实证分析，比较实证结论和基准结论，发现不存在明显差异，从而验证了结论的稳健性。

第七章，研究结论与启示。这一章总结了全书主要的研究工作，系统性阐述研究发现，并基于研究发现，提出政策建议，最后简述了本书的研究不足与研究展望。

第五节 研究的创新点

对货币政策不确定性影响经济的具体作用机制以及减少其不利影响的手段的探讨是本书在这一主题下的主要研究内容，为此从三个方面对货币政策不确定性及其经济效应问题开展研究：①货币政策不确定性是否削弱货币政策预期管理效果及其影响途径。②货币政策不确定性是否干扰货币政策利率传导渠道及其影响途径。③在货币政策不确定性创造的不利经济环境下，探究化危为机、转危为安的手段。以下结合研究内容说明研究的创新点。

第一，为货币政策不确定性提供新的测度方法。由于政策的不确定性无法直接观测，研究中通常构建各类代理指标。例如，Baker 等（2016）根据新闻报道中"经济政策""政策变动""不确定性"等关键词的词频，编制了政策不确定性指数（也称 BBD 指数），该指数在后续研究中被广泛应用，但这种基于新闻报道编制的指数在研究中存在一些局限，有一定的适用范围（Altig et al.,2020）。本书在第四章探究货币政策不确定性对公众通胀预期的影响中，考虑到新闻报道与公众通胀预期会相互影响，将基于新闻报道编制的不确定性指数用于这部分的研究可能会引起内生性问题，在Fernández-Villaverde（2015）和 Jurado 等（2015）的基础上，本书提出一种不依赖新闻报道的货币政策不确定性测度方法，这丰富了已有的测度手段，也拓展了相关研究的范围。

第二，通过研究货币政策不确定性损害央行沟通的预期引导效果、引起公众通胀预期扭曲，为这一不确定性削弱预期管理效果及其影响机制提供经验证据，研究表明货币政策不确定性不仅干扰货币政策工具发挥效果，而且导致公众通胀预期不稳定，这为货币政策不确定性影响货币政策调控发挥效力及其影响途径增添了新证据。与已有文献相比，这部分研究的边际贡献主要体现在以下几个方面：首先，分析了货币政策不确定性如何影响通胀预期扭曲，这是对已有研究的重要拓展。不同于通胀预期的上升或下降是中性的，预期扭曲程度上升意味着公众通胀预期的无序化水平扩大，是通胀预期不稳定的重要表现，因此，研究通胀预期扭曲问题对实现"稳预期"目标具有现实意义。其次，区分了货币政策不确定性引起公众通胀预期扭曲的一般性影响途径和特殊影响途径。其中，一般性影响途径是指货币政策不确定性作为一种不确定因素，在影响通胀预期形成方面与其他不确定因素具有类似的作用机制，而特殊影响途径强调货币政策不确定性在影响公众通胀预期形成的过程中具有区别于其他不确定因素的独特作用机制。本书探讨的特殊影响途径是指货币政策不确定性通过影响预期管理效果间接参与公众通胀预期形成过程，即货币政策不确定性损害了央行沟通对公众预期的引导效果，使央行沟通无法充分发挥引导和管理公众通胀预期的作用，从而间接导致公众通胀预期扭曲，这是本书的重要发现之一。对一般性影响途径和特殊影响途径的区分还为在不确定的经济环境下有效管理公众预期提供了有益思考。最后，特殊影响途径的存在，不仅为特殊时期央行沟通效果不佳提供了新的解释，还为已有研究发现的不同类型政策不确定性对公众通胀预期的差异化影响提供了解释。

第三，研究了货币政策不确定性对企业投资资本成本敏感性的影响及其作用机制。这部分通过货币政策不确定性抑制企业投资资本成本敏感性的研究发现，说明这一不确定性产生了阻碍企业间资源再配置的激冷效应，能够削弱价格型货币政策工具的效果，造成货币政策利率传导渠道的不畅通，这为货币政策不确定性影响货币政策调控发挥效力及其影响途径增添了新证据。与已有研究相比，这部分研究的边际贡献主要体现在以下几个方面：一是对货币政策不确定性降低企业投资资本成本敏感性的作用机制进行理论建模和实证分析，其中对理论模型的拓展有助于开展进一步的研究。二是研究发现，货币政策不确定性通过降低企业对其未来经营表现的预期，抑制了企业投资对资本成本的敏感性，影响机制检验的结果表明，这种抑制效应具有企业异质性。研究发现有三层含义：首先，企业的发展预期在不确定性经济环境下的企业投资决策中发挥重要作用。其次，资本成本是企业投资的重要影响因素，企业投资对资本成本的敏感程度是定量评估利率等价格型政策工具的作用机制及其效果的重要依据（徐明东、陈学彬，2019），企业投资对资本成本敏感不仅是价格型货币政策工具有效的重要条件和微观基础，能够识别货币政策利率传导渠道是否畅通，而且关乎企业投资效率，为货币政策不确定性干扰利率传导渠道，影响货币政策调控发挥效力和企业投资效率及其影响机制提供了微观层面的经验证据。最后，抑制效应具有企业异质性，表明投资的资本成本敏感性是状态依赖的，易受经济环境与企业自身特征的影响，在货币政策不确定性的作用下受到抑制，并且抑制效应受企业对未来经营收益重视程度的影响，在企业间具有异质性，丰富了投资敏感性的影响因素研究。三是对于"中国实业投资率下降之谜"，即投资率呈持续下滑趋势，而宽松政策和刺激措施没能明显改善此状况（张成思、张步昙，2016），这部分研究从货币政策不确定性的角度为此谜题提供了一种新的诠释，与已有研究成果形成重要互补。四是为 Bloom（2014）强调的不确定性的激冷效应（Chilling Effect）提供了经验证据，并为该效应的内在机理提供解释。研究发现间接表明不确定性能够通过抑制企业间资源再配置的方式阻碍生产率的提升，丰富了对货币政策不确定性影响机制的研究。

第四，从流动性风险效应与治理效应两个方面探究了在货币政策不确定性作用下企业债务期限结构对企业经营决策及其表现的影响。与已有研究相比，这部分研究的边际贡献主要体现在以下几个方面：一是为在这一不确定性所创造的不利经济环境下寻求化危为机、转危为安的应对措施提供了新的思路。研究结果表明，在高度的货币政策不确定性环境下，可以通过调整债务期限结构减轻其在微观层面的负面影响，激励企业改善治理、提升企业绩效。因此，在政策上不应盲目强调延长债务期限，否则可能造成更大的效率损失，这一发现为经济新常态下完善总需求管理、提高货币政策调控效果提供了启示。二是从企业债务期限结构这一新的视角揭示了货币政策不确定性影响企业决策及其经营表现的机制，深化了货币政策不确定性影响下的微观主体行为研究。研究发现，企业债务期限结构同时具有流动性风险效应和治理效应，并且这两种效应在货币政策不确定性作用下均得到了强化，后者起主导作用，因而缩短债务期限有助于提升企业绩效。这从债务期限结构的视角进一步解释了货币政策不确定性向微观经济传导的具体机制，不仅有助于理解货币政策不确定性对企业行为的影响，而且为在高度的货币政策不确定性环境下通过调整企业的债务期限结构来激励企业改善治理、提升企业绩效提供了经验证据。三是以转型经济体为背景，从货币政策不确定性的角度为债务期限结构的流动性风险效应和治理效应增添了证据。四是从货币政策不确定性的角度为转型经济体的企业债务期限结构偏向于短期化的现象（也被称为"债务期限结构谜题"）提供了解释。研究发现，在高度的货币政策不确定性环境下，偏短的债务期限结构不仅有助于商业银行管控风险，而且便于对企业施加约束和监督，能够有效激励企业改善治理，缓解代理问题，进而提升企业绩效，鉴于转型经济体的制度建设不够完善，复杂的国际形势使其政策（尤其是货币政策）调整相对频繁，由此引起的货币政策不确定性问题不容忽视，这一研究发现表明转型经济体的企业债务期限结构偏向于短期化的现象具有合理性。

第五，面对货币政策不确定性具有的削弱预期管理效果、引发不稳定预期、干扰利率传导渠道、扭曲微观主体行为、损害政策效果等负面影响，本书从两个方面提出建议：直接降低货币政策不确定性，以及减轻这一不确定性存在情形下的不利影响。关于前者，可采取的措施除了已有研究中提及的提高货币政策透明度、保持政策的连续性等，本书还创新性地提出要重视货币政策的结构性作用，在发挥货币政策工具总量功能的同时重视发挥其结构功能，不同于统一的货币政策调控，结构性货币政策工具的运用对经济运行状况的影响是非全局性的，因而其在调整过程中不会造成大规模的货币政策不确定性冲击。此外，通过发挥结构性货币政策工具的精准滴灌作用能够有效提高政策的"直达性"，为实体经济薄弱环节提供精准支持，提升政策传导效率，激发微观主体活力，提升微观层面的资源配置效率。至于后者，考虑到货币政策不确定性将持续存在并且短期内可能处于偏高水平，探究如何减少这一不确定性存在情形下的不利影响是现阶段研究应重点关注的问题，本书的研究为此问题做出了一些有益思考，即有针对性地减少其在各个领域的不利影响，降低货币政策不确定性是个漫长的过程，相较于此，减少其不利影响是一项更现实的选择，具有可操作性，因而具有现实意义。本书基于研究发现，从相应领域提出了应对措施。首先，针对预期管理效果受损的情况，提出政策当局应充实和调整政策工具箱以提升货币政策预期管理效果。其次，货币政策不确定性通过降低企业对其未来经营表现的预期，抑制企业投资对资本成本的敏感性，损害了货币政策利率传导渠道的效率和企业的投资效率，基于这一研究发现，本书强调要重视企业的发展预期在企业投资决策中的重要作用，为了刺激企业投资需求、提高资源配置效率，政策上应积极采取措施以稳定和引导企业发展预期。再次，基于对货币政策不确定性创造的不利经济环境下，企业债务期限结构的治理效应和流动性风险效应的研究发现，本书提出，可以通过调整企业债务期限结构减轻这一不确定性环境下的不利影响，因此，为避免造成更大的效率损失，在政策上不应盲目强调延长债务期限。最后，针对货币政策不确定性下企业的异质性反应，本书认为不仅应重视发挥结构性货币政策工具的精准滴灌作用，还应根据企业的发展诉求制定相应的产业政策并调整其配套措施，健全政策的市场反馈机制，使市场主体诉求能够被政策制定部门及时获悉。

第二章

理论基础与研究综述

本书在中国背景下从预期管理、企业投资的资本成本敏感性、企业债务期限结构三个角度探究货币政策不确定性影响经济主体决策的具体机制，鉴于理论和文献基础是进行分析和研究的有效保证，本章的重点是对研究中涉及的理论及其发展脉络进行梳理，以及对货币政策不确定性相关文献的回顾与评述，以期为本书的理论分析和实证分析提供支持和指导。首先，对本书涉及的理论及其发展脉络进行梳理，其中包括预期形成理论、预期管理理论、信息不对称理论、两权分离理论、委托代理理论和代理成本理论，并结合研究问题做简明分析。其次，对货币政策不确定性研究的相关文献进行回顾与评述，通过对国内外相关研究的梳理和总结，厘清货币政策不确定性研究的脉络和最新国际国内研究动态，为本书研究问题的提出以及研究的开展提供相对完整的分析框架，本书的研究是在已有研究基础上做出的拓展，因此本章内容对本书的研究非常重要。研究综述部分主要由货币政策不确定性的测度、影响以及影响因素三部分构成，继而对这些研究做出评述，分析其中可能存在的不足，提出本书的研究切入点。

第一节　研究的理论基础

本书在中国背景下依次从预期管理、企业投资的资本成本敏感性、企业债务期限结构三个角度探究货币政策不确定性影响微观主体决策的具体机制，作为研究的理论基础，本节对研究中涉及的理论及其发展脉络进行简单梳理，其中包括预期形成理论、预期管理理论、信息不对称理论、两权分离理论、委托代理理论和代理成本理论。本书的研究主要由三部分构成：首先，从预期管理的角度展开研究，探究货币政策不确定性对预期管理效果的影响及其影响机制，这一部分研究涉及的重要理论主要包括信息不对称理论、预期形成理论和预期管理理论。其次，从企业投资的资本成本敏感性的角度展开研究，通过探讨货币政策不确定性如何影响企业投资对资本成本的敏感性，分析这一不确定性对利率传导渠道的影响及其影响机制，这一部分研究涉及的重要理论主要包括信息不对称理论。最后，从企业债务期限结构的角度展开研究，探究在货币政策不确定性所创造的不利经济环境下，如何设计企业的债务期限结构以激励企业改善治理、提升绩效，这一部分研究涉及的重要理论主要包括信息不对称理论、两权分离理论、委托代理理论和代理成本理论。在第三章中，将结合以上理论对这三部分研究中的具体问题做详尽分析。

一、预期形成理论

人们对公众预期形成的理解历经漫长的探索过程。最早将预期理论引入经济学领域的是美国经济学家缪达尔，他认为人们在做经济决策时会基于历史信息和自身对经济状况的判断预测未来可能的变化。预期理论的发展进程也是人们对预期形成过程逐渐深入了解的过程，人们对预期的认识由静态预期理论开始，然后向外推型预期理论发展，之后向适应性预期理论以及理性预期理论发展。

1. 静态预期理论

静态预期是指经济行为主体完全依据历史信息对未来的经济变量变化做出预测和判断，在这一理论中，经济行为主体不关注经济的动态变化过程，而是机械地将第 $t-1$ 期经济变量数据作为对该经济变量在第 t 期的预期，静态预期理论形成过程的模型表达式为 $p_t^e = p_{t-1}$，其中，p_t^e 为公众对该经济变量在第 t 期的预期，p_{t-1} 为该经济变量在第 $t-1$ 期的历史数据。在经济运行稳定、经济变量无明显波动的情形下，根据静态预期理论能够做出较准确的预期，然而，在经济运行中存在较多不稳定因素的情况下，如在高度的经济不确定性环境下，静态预期理论的适用性不佳，因为静态预期理论仅考虑静态的历史信息，而忽略动态调整过程，为了克服这种不足，学者将静态预期理论推广到外推型预期理论。

2. 外推型预期理论

不同于静态预期理论，外推型预期理论额外考虑了经济变量的变动趋势在预期形成中的重要作用，经济行为主体在形成预期时综合了历史信息和自身对经济变量变动趋势的判断。这种预期部分克服了静态预期的缺陷，既考虑了历史信息，又引入了公众对经济变量变动趋势的主观判断。正是由于预期中包含经济行为主体的主观判断，而不同经济行为主体对未来的判断不同，这将会加强不同经济行为主体预期的差异性，整体上提升预期的不确定性。外推型预期理论的模型表达式为 $p_t^e = p_{t-1} + \alpha \cdot (p_{t-1} - p_{t-2})$，其中，$\alpha$ 为预期调整系数，反映了人们对经济变量变动趋势的主观判断，部分缓解了静态预期理论中仅以历史信息为依据的缺陷，考察了预期形成过程中的动态变化，但仍然存在一些缺陷，如在第 t 期的预期形成中仅考虑了第 $t-1$ 期和第 $t-2$ 期的历史信息，以及预期形成中虽引入了预期调整系数 α 来反映公众的主观判断，但未曾考虑经济行为主体受限于自身能力所做出的预期可能是不准确的，以及具有主观能动性的个体会基于自身预期与现实的差距自发调整预期，因而外推型预期理论同人们的实际预期形成过程存在一定差距，有必要进一步发展预期理论。

3. 适应性预期理论

美国经济学家卡根（Cagan）提出了适应性预期理论，将预期形成建立在对历史信息的使用以及对历史预期效果的判断和调整上，如果人们此前的预期与现实情况高度契合，则延续自身判断形成新的预期，如果发现之前的预期与现实情况存在差异，就在做下一期的预期时进行相应的调整以形成新的预期。这一过程将公众在第 t 期的预期 p_t^e 同此前做出的预期 p_{t-1}^e 以及历史信息 p_{t-1} 联系起来。由此可见，适应性预期理论是在静态预期理论和外推型预期理论基础上的进一步发展，适应性预期形成过程的模型表达为 $p_t^e = p_{t-1} + \alpha \cdot (p_{t-1} - p_{t-1}^e)$，其中，$\alpha$ 反映公众根据上一期预期误差做出的调整，即公众第 t 期预期的形成依赖于第 $t-1$ 期的历史信息和对第 $t-1$ 期预期效果的评价，表明预期的形成具有适应性，同时受到历史信息与历史预期误差的影响。该模型很好地解释了公众为什么会自发调整预期，即公众会在历史信息的基础上修正历史预期误差，形成新的预期。但适应性预期理论只考虑历史信息和历史预期误差在预期形成过程中的作用，而没有将公众对未来信息的判断和预测引入预期形成过程，这在一定程度上影响了该理论的应用效果。

4. 理性预期理论

无论是静态预期理论还是外推型预期理论，抑或进一步发展了的适应性预期理论，这些预期理论均仅考虑了历史信息在预期形成过程中的重要作用，而忽略了公众对未来信息的判断。尽管适应性预期理论额外加入了公众基于自身主观判断对历史预期误差做出的修正，但预期的形成实质上仍以经济变量的历史信息(包括历史实际值和历史预期值)为基础。在现实生活中，公众对现在和未来经济形势的判断在预期形成中起到重要作用，尽管这在很大程度上受限于经济行为主体理解和利用信息的能力，具有较强的主观性和可变性，但在经济分析中具有较强的现实意义。理性预期理论由经济学家穆斯提出，他认为，预期的形成以经济行为主体自身对经济运行态势或经济变量的合理预测为基础，从而将预期的形成与未来信息联系起来。理性预期理论认为公众预期的形成以尽可能多的信息为基础，不仅包括历史信息，还包括经济行为主体对未来的预测信息，如公众对未来经济运行形势和相关经济信息的预测。总之，公众会利用一切可获得的信息来形成并修正预期。此后，美国经济学家卢卡斯(Lucas)、萨金特(Sargent)等对理性预期理论进行了推广和应用，使该理论成为现代西方经济学的核心之一，渗透到经济学的各个领域。理性预期理论也是现阶段各国或地区进行货币政策预期管理的重要理论基础。

在货币政策不确定性环境下，预期的形成过程受到这一不确定因素的影响，可能会出现意想不到的变化，如偏离现实，不利于政策目标实现，因此，预期管理的重要性在当今时代背景下得以凸显。

二、预期管理理论

尽管已发展到理性预期理论，但公众预期在绝大多数情况下是非理性的，不稳定性是公众预期的一个重要特征。一方面，由于信息不对称的存在，公众占有的信息是各不相同的，同时个体差异性使个人理解和处理信息的能力千差万别，这会导致个人对经济发展规律的理解片面化，在利益驱使下出现不同程度的恐慌心理，从而引发不理性的公众预期，这可能会造成经济波动和社会不稳定；另一方面，在形成预期的过程中，公众会根据持续更新的经济信息不断调整和修正自身的预期，但由于个体接收的信息和认知信息的能力均存在差异，使不同个体修正预期的速度和强度有很大差异，这就导致公众预期在整体上呈现较强的不稳定性，不稳定的公众预期可能会不利于政策调控目标的实现。正因为公众预期是非理性的，且具有不稳定性，预期管理理论的重要性得以凸显。

长期以来，预期管理理论作为经济理论的重要内容，最早可追溯到对"看不见的手"的论述。2008年全球金融危机后，以前瞻性引导和量化宽松为代表的非常规货币政策被许多国家或地区采用，预期管理在货币政策调控中的重要作用备受关注，这使预期管理回归大众视野，并受到极大的重视。预期管理理论在学者对预期形成机制的探讨以及对货币政策实践的探索和经验总结中逐步得到发展。例如，在早期的探索中，Friedman（1968）和Phelps（1968）认为，在失业率与通胀水平的关系中，适应性通胀预期形成机制起着重要作用：在短期内，通胀型政策能够降低失业率，但会提升通胀预期，使长期内的实际通胀水平提升。尽管这些研究说明失业与通胀在长期内不存在替代关系，表明政策与公众预期形成过程存在密切联系，但未明确是政策外生性地塑造公众预期，还是公众预期外生性地影响政策效果。理性预期理论强调政策对公众预期的重要影响，借助理性预期，微观主体的经济决策和宏观经济变量以及政策之间产生紧密关联。在理性预期下，DSGE 模型因为具有微观基础而成为研究公众预期的重要工具，在DSGE 模型中，公众的经济决策依赖公众预期形成机制，而这一机制严格依赖模型的微观设定（Woodford and Walsh，2005；Milani，2012），由于模型存在多重理性预期均衡，其中的影响机制变得非常复杂。因此，在这种DSGE 模型的分析框架下，管理公众预期成为货币政策调控中的重点关注目标。在这种背景下，Woodford 和 Walsh（2005）正式提出了预期管理的概念，强调宏观调控应将预期管理视为与常规利率调整同等重要。预期管理表现为政府运用特定政策工具影响人们的预期，实质上是政府与公众之间的博弈过程：公众从政策中提取信息更新自身的预期，而政策制定者利用这一预期形成机制提升调控效果，持续性的博弈过程使公众预期的形成机制内生于宏观政策本身并受政策可信度的影响（马文涛，2014）。虽然预期管理的概念是在理性预期的基础上形成的，但预期管理的内容和作用对象不仅涉及理性预期，还对非理性预期有更显著的作用。Woodford（2013）指出，预期管理的目的是引导公众预期，不仅使其趋于理性预期，还有助于保持预期稳定。

Morris 和 Shin（2008）结合预期管理在货币政策理念和货币政策实践中的具体演化，将预期管理划分为传统预期管理阶段和现代预期管理阶段。前者是指预期管理的实质在于央行通过直接操纵货币政策工具来实现政策目标，在这一过程中直接引导公众预期；至于后者，央行的任务不再是直接干预公众预期，而是通过多种渠道发布信息，借此间接地参与公众预期形成过程，实现引导和塑造公众预期的目标，进而实现政策目标。因此，在现代预期管理阶段，货币政策调控的重点不再是运用政策工具的力度，而是借助发布信息参与公众预期形成的过程。这就要求提高货币政策透明度，降低动态不一致性，其中足够高的货币政策可信度是实现现代预期管理的核心条件，此外还需要缓解信息不对称的负面影响。总的来说，在现代预期管理阶段更加强调"说"的重要作用，而在传统预期管理阶段更加突出"做"的重要作用，即根据现代预期管理理论，提供信息起到的作用胜于采取行动，这与传统预期管理理论提倡的做法截然不同。现代预期管理理论萌芽于 20 世纪 80 年代后期，在这一时期，发达经济体已实现货币政转型，货币政策以稳定价格为核心，货币政策透明度与央行独立性的提高保证政策调控得以实现，货币政策调控的主要工具由数量型货币政策工具向价格型货币政策工具转变。

不同于传统预期管理理论强调操作数量型货币政策工具和价格型货币政策工具直接引导公众预期，现代预期管理理论突出了央行作为信息发布者的重要地位，在这一过程中发挥作用的被称为央行沟通。传统预期管理理论向现代预期管理理论的演变，归功于在货币政策实践中人们越发意识到，公众的认知受限与既定的经济和制度环境有关，因而并不存在普适的最优预期管理方法，因此通过央行沟通的方式向公众解释成为预期管理的重要环节。央行沟通是指中国人民银行借助口头或书面的形式向公众披露有关央行对经济形势的解读、货币政策决策的内容、货币政策策略和对未来货币政策的看法等方面的信息，并在此过程中寻求公众的理解与认同的信息交流过程(马文涛,2014)。央行沟通的目标在于缩小央行与公众之间的信息差距，从而减轻央行与公众之间的信息不对称，帮助公众形成正确预期。政策意图不易被理解，因此需要通过央行沟通的方式帮助公众理解与认同政策意图，且央行沟通也是政策制定者向公众做出承诺的过程，有助于管理公众预期，而且公开化的表达能够激励政策制定者实现承诺，因此央行沟通有助于提升货币政策有效性。至于央行沟通的方式，由于央行是信息优势方，公众是信息劣势方，因此央行沟通主要是央行向公众的单方向信息披露，在此过程中可以忽略央行从公众那里得到的信息反馈，公众获得的信息严重依赖央行向公众的单方面信息输出。前瞻性引导是对央行沟通的深化，是指央行在现阶段经济形势下向公众发布有关未来的货币政策走势和经济形势的判断和预测的信息，通过这种方式引导公众对未来货币政策路径和经济形势的预期，促使公众预期贴近政策目标。2008年全球金融危机后，一些发达国家或地区接近零利率下限，在这种情况下，常规货币政策工具的可操作余地大大缩小，作为常规货币政策手段的补充，前瞻性指引已成为发达国家或地区非常重视的非常规货币政策工具。

在货币政策不确定性环境下，不仅公众预期的形成过程受到这一不确定因素的影响，而且预期管理的难度大大提升。我国的货币政策调控越发重视现代预期管理理论的指导作用，特别是央行沟通在引导公众预期中起到的重要作用。央行沟通以减轻央行和公众之间的信息不对称为目标，但货币政策不确定性的存在使这一目标难以实现，一方面，公众无法及时理解与认同政策意图；另一方面，政策制定者借助央行沟通向公众做出的承诺会有所偏离。因此，在货币政策不确定性环境下，预期管理的效果可能会受到干扰。

三、信息不对称理论

信息经济学是研究信息影响个体行为和市场交易，并引发各种制度安排的科学。信息不对称理论作为现代信息经济学的核心内容，被广泛运用于经济金融领域，成为分析经济问题不可或缺的工具。为了奖励经济学家斯蒂格利茨(Stiglitz)、阿克尔洛夫(Akerlof)和斯彭斯(Spence)在信息不对称理论研究方面的杰出贡献，在2001年授予这三位美国经济学家诺贝尔经济学奖。经济学家斯蒂格勒(Stigler)在交易费用理论的基础上，放松完备信息假设，将信息的作用纳入经济学范畴，他提出信息不充分、信息具有价值以及信息的获取需要成本等重要观点，使信息不对称问题的发现成为经济理论的重要突破。

信息不对称问题的产生源于私人信息与公共信息的对立，所谓私人信息，是指契约的一方拥有的信息而另一方无法获得的信息，就私人信息而言，契约双方的地位是不平等的。公共信息是指契约双方都能通过观察获得的信息，在公共信息面前，契约双方的地位是平等的。在市场中，由于私人信息的存在，部分人拥有更多的信息，这种信息占有量的差异被称为信息不对称。在信息经济学研究中，将契约中掌握私人信息的一方称为代理人，而将契约中处于信息劣势的一方称为委托人，根据契约理论，信息不对称问题就转化为委托代理问题。信息不对称描述的是人们拥有信息的数量和质量存在差异的状态。相对而言，掌握的信息更充分、更全面的人会在市场中处于更有利的位置，能够更理性地做出决策，并从中获益，而掌握信息相对贫乏、有偏的人处于不利位置，可能会做出错误的决策，并遭受损失。例如，根据信息不对称理论，在市场经济活动中，由于卖方比买方掌握更多、更详尽的商品信息，因此卖方可以向买方传递信息进而在市场中获益。当然，在此过程中不能忽视市场的作用，市场信号能够在一定程度上减少信息不对称引起的各种问题。

现实中的信息不对称问题可能与人们获取、理解和利用信息的能力相关，如市场中的卖方通常掌握了比买方更多、更详尽的商品信息，因而成为市场的优势方。信息不对称有两种具体形式：事前信息不对称和事后信息不对称。前者会导致"劣币驱逐良币"等逆向选择问题，而后者会导致信息优势方主动隐藏自身不利信息等道德风险问题，是契约一方故意损害对方利益以换取自身利益最大化的行为。产生逆向选择问题的主要原因在于委托人在订立契约前不知道代理人的真实信息。逆向选择问题是1970年阿克尔洛夫在分析美国二手车市场后提出的，由于卖方拥有二手车性能的全部信息，而买方仅能从卖方那里获得部分信息，在这种信息不对称的情况下，买方并不知道二手车的真正价值，只能借由二手车市场上的平均价格判断二手车的平均性能，买方如果按照平均性能二手车的市场价支付购车款，只能购买到性能低于市场平均水平的二手车，这种情况导致性能高于市场平均水平的二手车由于要价相对较高而无法卖出，导致性能更好的二手车反而退出了市场，这就是经典的柠檬市场模型。类似地，产生道德风险的主要原因是委托人并不承受他们行动的全部后果，部分风险能够转嫁代理人。企业在经营中会存在信息不对称引发的道德风险问题。企业管理层拥有大量有关企业经营和发展状况的真实信息，而投资者和债权人由于不能直接参与企业的经营和管理，所以在企业核心信息方面显然处于劣势地位，导致企业的经营者与投资者和债权人在企业经营方面存在信息不对称。在这种情况下，企业向外界公开披露的有关经营和发展的重要信息备受投资者和债权人的关注。企业公开披露信息有助于提高市场参与者对企业的认知水平，缩小市场参与者间的信息差距，减轻市场上的信息不对称。企业是信息优势方，因此能够主动隐藏自身不利信息，发布对自身相对有利的信息，从资本市场上套取资金，在获取资金后，企业有动机投资高风险项目以期获得高回报，其中的原因在于一旦投资成功，企业将获得全部的超额收益，而投资失败，企业只需要承担有限责任，部分损失将由投资人和债权人承担，即引发了道德风险。此外，企业所有权和经营权的分离，引起企业所有者和职业经理人之间的利益冲突，由于企业管理层是信息优势方，可能为了实现自身利益最大化而引起道德风险问题，如过度扩充企业规模的"帝国建造"行为。这就要求设计一个激励契约促使职业经理人以企业所有者利益最大化为目标，保证企业所有者和职业经理人目标的一致性。

总之，信息不对称理论表明信息在市场经济活动中的重要地位。尽管市场信号能够在一定程度上减轻信息不对称引起的各种问题，但信息不对称会引发逆向选择问题和道德风险问题，这可能会造成市场无效率乃至市场失灵。解决信息不对称的一项重要办法是使拥有更多信息的一方提高信息的披露程度，这会增加原本拥有信息少的一方的信息量，缩小双方的信息差距，降低信息不对称性。现实中，由于市场参与者在获取信息的渠道、拥有的信息量、信息的质量以及对信息的利用能力等方面均有所不同，因此信息不对称问题普遍存在。货币政策不确定性是经济环境中一项重要的不确定因素，高度的货币政策不确定性环境将扩大契约双方的信息差距，这会加剧信息不对称问题，进而影响市场参与者的经济决策。

四、两权分离理论

公司治理理论是在西方国家的企业中发展起来的，在企业的经营权与所有权能够正式分离后才诞生了两权分离理论、委托代理理论、利益相关者理论等一系列理论。在 19 世纪 70 年代之前，由于企业的经营权与所有权统一，几乎不存在企业治理问题，此后伴随着企业规模的逐渐扩大，企业的经营权逐步被交至职业经理人手中。20 世纪 70 年代以后，伴随着现代企业的飞速发展，企业所有权进一步分散化，这进一步促进了企业的经营权与所有权分离，职业经理人控制权的持续扩张，使企业治理问题逐渐受到重视。职业经理人控制权的过度扩张，导致企业所有者与职业经理人之间的矛盾加剧，这已成为企业治理过程中不容忽视的问题。

两权分离理论是指企业的所有权与控制权分离的理论，这一理论的代表人物有经济学家钱德勒（Chandler）、贝利（Berle）等。在企业发展的现阶段，企业实际上已经是由职业经理人控制。钱德勒指出，企业股权的分散化不断加剧，随着管理专业化程度的提升，使掌握专业知识并垄断企业经营管理详细信息的职业经理人拥有企业控制权，导致企业的所有权与控制权分离。企业的经营权与所有权的分离引发了代理问题，这是公司治理问题出现的根本原因。货币政策不确定性环境会加剧职业经理人和企业所有者间的信息不对称问题，由于企业的所有权与控制权分离，从而使企业所有者对职业经理人的监督和约束作用有限，经理人可能会利用这种信息不对称最大化自身利益而损害企业所有者权益。由此可见，在企业经营权与所有权分离的大背景下，货币政策不确定性可能会影响公司治理。

五、委托代理理论

委托代理理论作为公司治理理论的主要组成部分，建立在所有权与控制权分离的公司制度之上。企业的股东是企业的所有者，也是委托代理理论中的委托人，企业聘请的职业经理人是委托代理理论中的代理人。委托代理理论的基本思想是委托人和代理人之间的利益目标不完全一致，代理人具有自利动机，会出于最大化自身利益的目的做出损害委托人利益的经营决策。总之，企业的所有权与控制权分离会导致拥有企业所有权的委托人和拥有企业经营控制权的代理人之间出现利益冲突：委托人和代理人之间的利益目标不完全一致，承担的风险不同，并且对企业经营信息的掌握存在差距，代理人拥有企业控制权并负责企业运营，因而相对于委托人而言占据绝对的信息优势，在信息不对称的条件下，代理人有动机利用这种信息不对称来最大化自身利益，尽管这是以损害委托人的利益为条件的。因此，委托代理理论试图探究的核心问题是，在所有权与控制权分离的现代公司制度背景下，企业所有者失去了企业的控制权，而职业经理人获得了企业的控制权，那么企业所有者应该如何有效地监督、激励和制约拥有控制权的职业经理人，使其忠实地履行义务，即以最大化企业所有者的利益为经营目标做决策，而不是滥用职权损害企业所有者的利益而为自己牟取私利。

委托代理理论主要探究了现代企业的所有权和经营权分离而导致的委

托代理关系，并探讨在信息不对称和外部环境存在不确定性的情况下，如何规避代理人的逆向选择和道德风险问题（Ross，1976；Mirrlees，1974），通过设计一种激励机制，促使代理人以最大化委托人的利益为目标采取行动。在高度的货币政策不确定性环境下，一方面，代理人和委托人之间的信息不对称问题加剧；另一方面，代理人会面临更多的企业经营上的不确定性，因此企业的经营决策会受到这种不确定性的影响。

六、代理成本理论

代理成本理论伴随着企业的所有权与控制权分离而产生。两权分离导致代理人与委托人最大化利益的目标不一致，将不可避免地产生代理成本，这是因代理人与委托人之间的利益冲突而产生的成本，不仅包括委托人监督代理人所产生的成本，还包括委托人因代理人的决策可能遭受的损失。Jensen 和 Meckling（1976）系统性地分析了在信息不对称条件下，代理人与委托人之间由于利益冲突而产生的代理问题，主要分为两种：一种是企业所有者与债权人间由于利益冲突产生的代理成本，另一种是企业所有者与职业经理人间由于利益冲突产生的代理成本。代理成本理论综合分析了债权代理成本和股权代理成本，并且详细阐述了两者如何影响企业价值，进而得出承担相应成本的原因。代理成本理论认为企业资本结构的转换仅是在这两种代理成本之间的相互变换，一方减少另一方就会提升，在不考虑企业缴纳税收的情形下，通过权衡两者间的关系即可得到总代理成本，与最低总代理成本相适应的资本结构即最优资本结构。

所谓股权代理成本，源于企业所有者和经营者之间的利益冲突。由于现代企业中经营权与所有权分离，职业经理人在掌握绝大部分企业控制权的情况下，却只拥有与控制权不相适应的少量股份，所以职业经理人对企业没有完全的剩余索取权，无法享受企业盈利的全部收益，却需要承担全部努力成本。在这种情况下，职业经理人有两种选择：其一，减少努力，从而减少自身的损失；其二，职业经理人利用职位之便在信息不对称情形下为自身谋求利益，由于只需要承担自身行为的有限成本，但能够获得自身行为的全部收益，因此也是理性的选择，尽管这会损害其他股东利益，可以选择的方式有很多，如将企业的流通资金用于给自己营造更舒适的环境，将本应该支付给企业所有者的红利用于在职消费等，由此造成的损失由企业所有者承担，这会导致无效性。为了约束职业经理人的这种行为，可以采取两种较为有效的措施：一是提高职业经理人的持股占比，二是增加企业的债务融资。随着企业债务融资比例的上升，尽管企业总资产不变，但职业经理人的持股占比会有所提高，而且债务在到期后需要还本付息，因此可以减少职业经理人可以干预的自由现金流，降低代理成本。此外，企业拥有高比例的债务融资可能会导致企业面临更高的破产风险，破产对职业经理人有严重惩罚，不仅失去企业控制权，而且严重损害职业经理人的职业声誉，为了避免这种情况的发生，职业经理人会更加努力地工作，同时约束自身的自利诉求，做出更符合企业所有者利益的投资决策，降低破产概率。因此，更高比例的债务融资会激励管理者更加努力地工作。

所谓债权代理成本，是指由企业所有者与债权人间的利益冲突而产生的代理成本。债务融资的增加会加剧企业所有者与债权人之间的利益冲突，产生此问题。当企业濒临破产时，企业所有者和经营者都将更倾向于投资兼具高风险和高回报项目，过多的企业负债意味着，一旦企业的项目投资失败，企业就会破产，企业资产将优先用于抵债，企业所有者仅拥有剩余索取权；若企业的项目投资成功，企业所有者将获得高额收益，因此企业所有者有动机冒险，但这会使债权人面临无法收回借款的风险。尽管债务融资增加了职业经理人的持股占比，提高了对职业经理人的破产惩罚，并限制了职业经理人可支配的自由现金流，有助于减少股权代理成本，但与债务融资相伴随的是产生了投资效率低下以及资产替代效应问题，进而提升了债权代理成本。总之，在企业的发展过程中，债权代理成本和股权代理成本此消彼长，企业在对债权代理成本和股权代理成本的综合权衡中确定了最优资本结构。

七、小结

本节对研究中涉及的理论及其发展脉络做了简单梳理，包括预期形成理论、预期管理理论、信息不对称理论等，为本书的研究奠定了理论基础。本书的研究工作主要由三部分构成，依次从预期管理、企业投资敏感性、企业债务期限结构三个角度探讨货币政策不确定性对微观主体行为的影响效应及其作用机制，在第三章中将结合上述理论对这三部分研究中的具体问题做详尽分析。

第二节　货币政策不确定性的研究综述

本节是对货币政策不确定性相关研究的总体概述，在此后的章节中将结合具体研究问题对相关研究做更细致的分析。关于本节研究综述部分的结构安排，本书重点探究的是货币政策不确定性及其经济效应，因而本节包含了货币政策不确定性的测度和影响的研究综述，且由于本书的研究只涉及这一不确定性对我国国内经济活动的影响，因此在货币政策不确定性的影响的研究综述中重点梳理研究这一不确定性影响各国或地区内经济活动的文献。至于货币政策不确定性影响因素的研究综述，本书基于研究发现所提出的一项重要建议是采取措施以减少这一不确定性，因此，为更好地提出建议，本节同样将这部分研究综述作为重要内容。此外，本节在梳理中发现，相关研究以国外文献居多，主要原因在于国内对政策不确定性的研究起步较晚，且相对而言更加关注经济政策不确定性这一综合性指标的影响，这从侧面反映现阶段国内研究对货币政策不确定性问题的重视程度可能尚有欠缺。

一、引言

货币政策作为政府宏观调控的最重要手段之一，历来是宏观经济领域的重要研究主题，一直是理论界和实务界关注的焦点。Bernanke 和 Mihov（1998）指出，准确衡量货币政策变化对经济的影响至关重要，这不仅有利于制定良好的政策，还有利于选择合适的宏观经济理论进行分析。然而，绝大多数文献侧重于研究货币政策紧缩或扩张冲击(一阶矩)带来的水平效应,而较少关注货币政策频繁调整产生的波动性(二阶矩)的影响。正如Stock 和 Watson(2012)所强调的,宏观经济冲击兼具一阶矩(水平)和二阶矩(波动性)成分,尽管二阶矩(波动性)冲击已展现出一定的规模和规律性,但大量的文献仅集中于讨论一阶矩(水平)冲击的影响。实际上,已有文献充分表明货币政策水平变化冲击和政策波动性冲击的影响及影响机制可能存在很大差异,如 Fasolo(2019)发现,货币政策水平变化,如名义利率的意外上升,将暂时性降低产出和通胀,而货币政策波动性的提高不仅降低了产出,还使通胀水平小幅上升。新古典主义和新凯恩斯主义的宏观经济调控理论均表明,货币政策水平变化向实体经济传导的机制是通过总需求实现的,而 Nocholas 和 Miller(2010)的研究表明,货币政策波动性通过导致全要素生产率的波动而影响供给侧,进而影响经济增长或相关经济活动。由此可见,研究货币政策效果、评估货币政策有效性或进行货币政策调控,不仅应关注货币政策工具水平冲击的影响,也应关注政策波动性冲击的影响。事实上,早在 1967 年 Brainard 就认为以往研究没有找到货币政策中最重要的组成部分,即政策中令人意外的部分。Friedman(1977)也很早就指出波动性研究的重要性,他认为虽然通货膨胀不能改变自然失业率,但通货膨胀方差的上升能产生严重的经济无效率,并通过自然失业率而影响长期经济表现。Fatas 和 Mihov(2013)指出,如果考虑政策水平(Level),长期货币中性是成立的,但如果考虑政策波动性,则长期货币中性不成立。他们还强调,与政策工具水平相比,政策波动性能更好地评价政策效果。Kato 和 Hisata(2005)、Tillmann(2020)指出,货币政策波动性为"格林斯潘难题"提供了解释,而该难题无法用货币政策水平来解释。另有文献指出,在后危机时代,政策不确定性日益驱动全球经济周期波动(Baker et al.,2016;Bloom,2014;IMF,2013)。政策的波动性和不确定性都是政策波动变化的产物,由于较高的政策波动性意味着较高的政策不确定性(Doganlar,2002;Boug and Fagereng,2010),且不确定性和波动性多以波动率的形式展现,在具体测度方法上,政策波动性与研究中使用的政策不确定性等价(Fernández-Villaverde et al.,2011),因此本章对政策波动性和政策不确定性不予区分,以下统一口径,统称为不确定性。

很多研究表明，政策不确定性对宏观经济和微观主体行为产生了很多不利影响。Friedman（1968）、Hassett 和 Metcalf（1999）等很早就发现，货币、财政和监管政策的不确定性会对经济造成不利影响。Bloom（2014）指出，不确定性是影响经济波动的重要因素：在一个不确定性的环境中，企业会降低劳工雇佣和投资，金融中介的借贷意愿降低，家庭会增加储蓄倾向。Nocholas 和 Miller（2010）的研究表明，货币政策不确定性通过导致全要素生产率波动进而对供给侧有负面影响。Chong 和 Gradstein（2006）发现，宏观经济的不可预测性和宏观经济政策的不稳定性均对企业销售增长有显著的负面影响。Stock 和 Watson（2012）指出，就中期而言，政策不确定性增加会产生"波动性超调"，引起不确定性上升，不仅会使经济活动放缓，还会使企业短期内变得对价格变化极度不敏感。Mumtaz（2018）指出，政策不确定性冲击可能是经济周期波动的一个重要来源。另有文献指出，货币政策不确定性对股市波动有重要影响，如 Kaminska 和 Roberts-Sklar（2018）、Gupta 和 Wohar（2019）、Bouri 等（2020）、周德才等（2017）、林建浩等（2021）。类似文献还包括 Fernández-Villaverde 等（2011）、Kumo（2015）、Sinha（2016）、Aastveit 等（2017）、Mueller 等（2017）、Albulescu 和 Ionescu（2018）。此外，政策当局和实务界也在密切关注货币政策不确定性所带来的不利影响（IMF，2012；IMF，2013；王红建等，2014）。特别是，近年来面对全球经济复苏缓慢，各国家或地区政府频频调整货币政策以刺激经济，政策路径对经济态势越依赖，不确定性就不可避免地越大，使货币政策的影响变得越复杂，严重影响货币政策的有效性。当今世界正处于大发展、大变革、大调整时期，面临的不稳定性、不确定性突出，而且经济增长动能不足，在这种大环境下，各国或地区政府尝试使用各种货币政策以刺激经济，正如 Bloom（2014、2007）所指出的，多变的货币政策带来的不确定性会对国内经济产生不可预料的影响，影响货币政策调控发挥效力。正是在这一背景下，货币政策不确定性问题变得越来越重要。

一些文献，如 Fatas 和 Mihov（2013）、Fernández-Villaverde 等（2011）指出，政策不确定性可能是政策调控的重要代价或潜在成本，对其进行有效管理将是一件极其重要的事情。因此，要完善宏观调控体系，提高货币政策效率，降低货币政策调控的潜在成本与代价，促进宏观经济稳定与支持实体经济发展，绝不能仅仅关注货币政策紧缩或扩张冲击带来的水平效应，更应该关注货币政策调整产生的不确定性带来的影响。即使货币政策在短期内对刺激经济是有效的，仍有理由担心因用得过于频繁而产生潜在不利的长期影响，应重视货币政策的长期潜在成本。特别地，已有文献充分表明货币政策不确定性与货币政策水平变量作为货币政策的两个层次，并非彼此独立，而是相互影响的。Herro 和 Murray（2013）、Albulescu 和 Ionescu（2018）等测度货币政策不确定性的方法表明，货币政策水平的变化是货币政策不确定性产生的原因，而货币政策不确定性也会反作用于货币政策水平。Stulz（1986）研究发现，货币政策不确定性的增加会提高预期实际利率，降低名义利率，即影响货币政策水平，Jorda 和 Salyer（2003）、Fernández-Villaverde 等（2011）、Kurov 和 Stan（2018）等证实了这一点。因此，假如我们要根据经济环境调整货币政策工具，也应采取一种成本最低、代价最小的方式，这都需要深入了解货币政策不确定性的影响机理或渠道以及货币政策不确定性的决定因素。党的十九大报告明确提出，要着力构建市场机制有效、微观主体有活力、宏观调控有度的经济体制，要做到这一点，有效管理货币政策不确定性、完善货币政策预期传导机制显得尤为重要，这也是坚持新发展理念、推动高质量发展的题中应有之义。鉴于此，本章从货币政策不确定性的测度、货币政策不确定性的影响及内在机制、货币政策不确定性的影响因素等方面系统梳理货币政策不确定性领域的最新研究进展，以期为中国货币政策不确定性的研究与有效管理提供文献资料和成果借鉴。

二、货币政策不确定性的测度研究

通过总结和梳理已有文献可以看出，已有研究文献在对货币政策不确定性进行估计和测度过程中所选用的测度指标和测度方法存在较大差异。具体而言，文献中常用的测度方法和测度指标如下：

1. 以货币政策工具或中介目标的不可预测部分度量货币政策不确定性

这部分文献大体可分成两类：单一变量代理方法和多变量综合指标方

法。首先，单一变量代理方法，选取某一项和货币政策工具或中介目标紧密相关的代表性变量，以此单一变量的不可预测部分度量货币政策不确定性，如 Stulz(1986)认为家庭利用可获得信息预测货币供应量增长率的分布，并且将分布的均值中不能被历史信息所解释的部分作为家庭所感知到的货币政策波动或不确定性。Favero 和 Mosca(2001)认为短期利率的预测误差直接反映了货币政策的不确定性。Herro 和 Murray(2013)基于泰勒规则和不变增益学习模型(Constant Gain Learning Model)计算出联邦基金利率的预期值，利用其与实际值的均方根误差的加权值来衡量货币政策不确定性。Albulescu 和 Ionescu(2018)认为，与预测利率相比，短期利率的正负偏差都是不确定性的来源，因此他们在研究中，使用短期利率(三个月期货币市场利率)与其预测值之间的差值的绝对值作为货币政策不确定性测度指标，并且用长期利率(10 年期政府债券利率)测度的不确定性指标进行稳健性检验。由于长久以来我国将数量型货币政策作为宏观调控的主要手段，国内早期研究以货币增长的不确定性表示，如贾俊雪等(2006)、苏梽芳和胡日东(2010)、隋建利和刘金全(2011)、唐晓彬和刘金全(2012)。其次，多变量综合指标方法，选取多项和货币政策工具或中介目标紧密相关的代表性变量，在提取出各变量的不可预测部分后，使用这些不确定性成分构建综合指标以度量货币政策不确定性。Jurado 等(2015)认为，对经济决策来说，经济是否可预测意味着不确定性的多少，不确定性广泛存在于宏观经济变量的变化中，可将多项与政策相关的宏观经济序列中不可预测成分的共同部分作为政策不确定性指标，为此，他们选取大量的宏观经济、金融指标，借助高维因子模型获得这些变量共同的不确定性因子，将其用于衡量宏观层面的不确定性。Meinen 和 Roehe(2017)发现，按照 Jurado 等(2015)的思路构造的政策不确定性指标在不同的模型设定和国家或地区中均表现稳健，但该指标可能掺杂了经济基本面不确定性因素。类似文献还包括 Rossi 和 Sekhposyan(2015)、Fontaine(2016)、Dahlhaus 和 Sekhposyan(2018)。相关的国内研究如周德才等(2017)使用 HP 滤波法得到货币供应量、利率、汇率和信贷四项货币政策变量的不确定性成分，构建金融状况指数作为货币政策不确定性的代理变量。王博等(2019)借鉴 Jurado 等(2015)的做法，选取 45 项中国货币政策和宏观经济方面的变量，

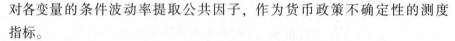

对各变量的条件波动率提取公共因子，作为货币政策不确定性的测度指标。

2. 借助金融衍生品的隐含波动率及已实现波动率测度货币政策不确定性

考虑到利率期货合约反映了市场对未来货币政策的预期（Gurkaynak et al.，2007），Chang 和 Feunou（2013）计算了利率期货价格的已实现波动率和利率期货期权价格的隐含波动率，评估加拿大货币政策的不确定性，前者反映过去（后顾性）货币政策不确定性，而后者是对未来（前瞻性）货币政策不确定性的预期。Bundicky 等（2017）、Mueller 等（2017）、Kaminska 和 Roberts-Sklar（2018）以欧洲美元期货、国债期货期权等利率衍生品的隐含波动率反映市场参与者感知到的货币政策不确定性。Gospodinov 和 Jamali（2018）认为欧洲美元期货能够捕捉到未来一到两个季度的货币政策预期，选择其已实现的波动率作为前瞻性货币政策不确定性测度。类似地，Kurov 和 Stan（2018）借助欧洲美元期货的已实现波动率来度量货币政策不确定性，具体而言，由于该波动率具有很长的记忆过程，其将货币政策不确定性用自回归异方差—已实现波动率（HAR–RV）模型的拟合值来度量。Chadwick（2019）直接把美林证券期权波动率估计指数（MOVE）作为货币政策不确定性指标。丁剑平和刘璐（2020）参考 Kurov 和 Stan（2018）的做法，选用银行间 7 天回购操作利率的已实现波动率作为中国货币政策不确定性的代理变量。

3. 利用 GARCH 模型估计货币政策不确定性

Jorda 和 Salyer（2003）以 GARCH 模型测度出的货币增长率波动率表示货币政策不确定性。Nocholas 和 Miller（2010）借助 GARCH 模型分别测度联邦基金利率、非借入准备金和非借入准备金占总准备金比例的条件异方差作为货币政策不确定性的度量指标。由于汇率是货币政策的重要表现之一（Mckinnon，1974），Boug 和 Fagereng（2010）使用 GARCH 模型测度了名义汇率的条件异方差作为货币政策不确定性指标。考虑到南非采用通货膨胀目标制的货币政策框架，Kumo（2015）以 GARCH 模型拟合物价指数得到通货膨胀波动率来反映货币政策不确定性。Kato 和 Hisata（2005）借助 GARCH 模型估计了泰勒规则，将欧洲美元的三个月期利率的条件异方差作为货币政策不确定性的代理指标。国内研究如王玲等(2021)对上海银行间同业拆借 7 日利率建立 GARCH(1,1)模型，将条件方差的年度均值用于衡量中国货币政策不确定性。

4. 利用随机波动模型估计货币政策不确定性

Creal 和 Wu(2017)指出，相对于广义自回归条件异方差模型，随机波动(SV)模型认为波动自身会受到冲击，而不是历史数据的确定函数。Mumtaz 和 Zanetti(2013)、Balcilar 等(2017)、Mumtaz 和 Surico(2018)、Fasolo(2019)用随机波动模型描述利率变化，将其嵌入具有内生随机波动反馈的结构向量自回归(SVAR)模型来评估货币政策不确定性冲击的影响，Mumtaz 和 Zanetti(2013)、Creal 和 Wu(2017)明确指出了这种测度方法的优越性。类似文献还包括 Fernández-Villaverde 等(2011)、Istrefi 和 Mouabbi (2018)、Bouri 等(2020)。国内相关研究如何德旭等(2020)对银行间质押式债券回购 7 天加权平均利率建立 SV 模型进行测度；邓创和曹子雯(2020)借鉴 Mumtaz 和 Surico(2018)的做法，使用 SVAR-H-SV 模型分别构建了中国的数量型和价格型货币政策不确定性指数；任曙明等(2021)、周磊等(2021)、李力和黄新飞(2021)都采取建立货币政策反应函数并结合 SV 模型的方法进行测度；林建浩等(2021)以货币供应量增长率度量中国数量型货币政策，将 SVAR 模型和 SV 模型结合以测度货币政策不确定性。

5. 基于新闻关键词搜索方法测度货币政策不确定性

Baker 等(2016)首次提出使用新闻关键词搜索的方法来构造经济政策不确定性(EPU)指标，其中与货币政策相关的政策不确定性指标可用于衡量货币政策不确定性。该方法记录了报纸文章中包含美联储有关货币政策和不确定性的术语按比例计算的频次，其反映了公众对美联储政策行动及其后果所感知的不确定性程度。Husted 等(2020)沿袭了这一做法，构建了货币政策不确定性(MPU)指数。与 Baker 等(2016)所构造的指数的区别在于，两种指数涉及的媒体数目有很大不同，后者的搜索范围更窄。具体而言，Baker 等(2016)构建的政策不确定性指数是基于美国 10 家主要报纸上随机抽取的 12000 篇文章的搜索结果，而 Husted 等(2020)的搜索范围仅覆盖三种领先的金融期刊，即《华盛顿邮报》、《华尔街日报》和《纽约时报》。后续文献分别借助这两种指数进行货币政策不确定性方面的研究，如 Tillmann(2020)采用 MPU 指数作为货币政策不确定性的度量，而 Jiang 和 Tong (2016)、Arbatli 等(2022)、Gabauer 和 Gupta(2018)、Thiem(2018)、Trung (2019)、Antonakakis 等(2019)、朱军和蔡恬恬(2018)、邝雄等(2019)、Huang 和 Luk(2020)借鉴了 Baker 等(2016)的做法，基于相应国家和地区的报纸分别构建了美国、日本、希腊、欧洲、中国等国家和地区的货币政策不确定性指标。金春雨和张德园(2020)、李成等(2020、2021)、周晔和王亚梅(2021)、张哲等(2021)在研究中直接使用 Huang 和 Luk(2020)构建的中国货币政策不确定性指数。

6. 利用标准差或残差度量货币政策不确定性

部分文献直接借助标准差或残差作为货币政策不确定性的测度指标，如 King 和 Levine(1993)将国内信贷增长率的标准差作为货币政策不确定性的测度指标。Hayford 和 Malliaris(2012)、Tillmann(2020)分别在稳健性检验中以密歇根州家庭调查数据和专业预测者调查(SPF)数据中利率预期的分歧(横截面标准差)表示前瞻性货币政策不确定性。Arnold 和 Vrugt (2010)、Nguyen 和 Phan(2017)也使用类似方法构造了货币政策不确定性指标。Arnold 和 Vrugt(2010)还使用了联邦储备银行的宏观经济学实时数据集(RTDSM)的 3 个月期国债利率预期数据，利用 AR(1)过程得到残差，以滞后几期的残差绝对值之和的对数来反映货币政策不确定性。但 Jurado 等(2015)指出，上述使用调查数据测度的货币政策不确定性可能会存在缺陷，除序列长度受限，调查人员的预测还可能出现系统性偏差，致使预测的不一致更多地反映了主观意见上的差异，而不是政策的不确定性。Sinha (2016)使用芝加哥期货交易所交易的两年期美国国债 30 日至 90 日合约看涨期权的观察价格的标准差作为利率不确定性的代理指标。Bauer 等(2022)认为期权合约价格隐含货币政策不确定性的信息，这部分信息使相同到期日但不同成交价的期权合约之间不存在套利机会，因此在无套利假设下，从欧洲美元期货的期权价格中计算出未来短期利率的有条件的、风险中性的标准差作为货币政策不确定性的测度指标。Cai(2018)在 Husted 等(2020)构建的货币政策不确定性指数基础上，构建了对数形式且有截距项的 AR(1)过程，用该随机过程的残差表示货币政策不确定性冲击。国内部分研究使用上海银行间同业拆借 7 日利率日度数据的年度标准差衡量中国的货币政策不确定性，如钟凯等（2017、2021）、孙健等（2017）、杨忠海和解宏爽（2018）、杨鸣京等（2019）、徐亚平和汪虹（2020）、汪虹（2021）以及顾海峰和朱紫荆（2022）。

综上所述，已有研究文献在对货币政策不确定性进行估计和测度过程中所选用的测度指标和测度方法存在较大差异，各种测度方法和指标有不同的适用条件或内涵，各有优缺点。Bloom（2007）指出，不同方法测度的不确定性指标相关性很强，这也导致难以判断哪种可作为货币政策不确定性的广泛且有效的代理指标。Jurado 等（2015）指出，最大挑战是无法度量真实的政策不确定性，只能以各种代理指标来表示，其优点是可直接观测，但作为政策不确定性指标的充分性取决于其与真实不确定性的相关性有多强，而这一点无从验证。学者在进行货币政策不确定性方面的研究时，应根据研究目的和具体国情选择适用的测度指标。

三、货币政策不确定性的影响研究

货币政策不确定性不仅影响本国经济活动，还会对其他国家或地区的经济产生影响，后者被称为溢出效应。鉴于本书的研究内容只涉及这一确定性对我国国内经济活动的影响，这一部分重点梳理了研究货币政策不确定性影响各国或地区内经济活动的文献。梳理已有文献不难发现，尽管政策不确定性冲击对经济有负面影响的结论经常出现，但已有研究并未形成一致结论。从研究结论出发，已有文献主要分为以下几个方面：

首先，部分文献认为货币政策不确定性对经济活动产生不利影响，Imbs（2007）研究了47个国家或地区不同部门的经济波动与增长的关系后指出，总波动率与总增长负相关，这实质上反映的是一国或地区财政、货币政策等特定成分的不确定性对整体经济增长不利。Herro 和 Murray（2013）研究发现，货币政策不确定性冲击会造成失业率和产出增长率的波动。Creal 和 Wu（2017）针对美国的研究表明，货币政策不确定性会引起经济波动，提高失业率，不利于经济发展。Pastor 和 Veronesi（2011）、Nguyen和 Phan（2017）认为，由于投资的不可逆性或调整成本异常高，政策不确定性将使企业推迟甚至放弃投资和招聘，对经济产生不利影响。Fernández-

Villaverde 等(2011)指出,更高的货币政策不确定性意味着资本收入风险增加,预防性储蓄是对这种风险的反应,代表性家庭还将通过减少消费来减少债务,导致消费减少。此外,在小型开放新兴经济体中,本国或地区货币政策和财政政策的不确定性上升可能会引起资本外逃,从而会削弱高度开放的小型经济体的经济增长。Balcilar 等(2017)构建了 SVAR-SV 模型评估货币政策不确定性冲击对南非经济的影响,研究发现,货币政策不确定性冲击会降低利率、通胀和产出。Mumtaz 和 Zanetti(2013)、Dahlhaus 和 Sekhposyan(2018)指出,货币政策的高不确定性是美国最近几次经济衰退的特征和原因。Stock 和 Watson(2012)、Julio 和 Yook(2012)、Gulen 和 Ion(2016)、Antonakakis 等(2019)认为,与税收、政府支出和货币政策等相关的不确定性阻碍了大衰退后的经济复苏。Istrefi 和 Mouabbi(2018)针对多个国家或地区的研究表明,货币政策不确定性对经济存在巨大、持续的消极影响。周磊等(2021)考察了金融摩擦背景下货币政策不确定性对宏观经济的紧缩效应,研究表明,这种紧缩效应会通过预防性储蓄、粘性价格和内生边际成本加成等传统渠道抑制消费、投资和劳动力雇佣。这方面的代表性文献还包括 Aizenman 和 Marion(1993)、Jorda 和 Salyer(2003)、Nocholas 和 Miller(2010)、Pastor 和 Veronesi(2011)、Kumo(2015)、Sinha(2016)、Leduc 和 Liu(2016)、Aastveit 等(2017)、Castelnuovo 和 Pellegrino(2018)、Albulescu 和 Ionescu(2018)、Kurov 和 Stan(2018)、Mueller 等(2017)、Fasolo(2019)、Tillmann(2020)、Bauer 等(2022)、Davis(2019)。相关的国内研究如杨鸣京等(2019)、王玲等(2021)研究发现,货币政策不确定性会抑制企业创新活动。钟凯等(2017)、邝雄等(2019)、王博等(2019)、何德旭等(2020)、李力和黄新飞(2021)的研究表明,货币政策不确定性会提升债务违约风险,抑制银行信贷供给,加剧市场摩擦,降低资本结构调整速度,给实体经济活动造成紧缩效应。针对货币政策不确定性的负向影响,已有文献也探讨了其内在影响机制,主要包括:①实物期权效应。当不确定性较大时,延迟期权价值较高,由于投资的不可逆性或调整成本异常高昂,政策不确定性将促使企业推迟甚至放弃投资和招聘(Pastor and Veronesi,2011;Nguyen and Phan,2017)。Aastveit 等(2017)、Castelnuovo 和 Pellegrino(2018)也得出类似结论。②激冷效应。Bloom(2014)指出,在不确定性环境下，生产效率高的企业在扩张方面的积极性和生产效率低的企业在收缩方面的积极性均有所降低，高度的不确定性使它们都更加谨慎，随经济因素变化的反应降低，不利于资源跨公司重新分配，阻碍了生产率的提高，不利于总体生产率的增长，即产生降低市场参与者敏感性的激冷效应。激冷效应是对实物期权效应的另一种解释。Kurov 和 Stan（2018）利用日内期货数据研究发现，在货币政策不确定性上升时期，股市和原油市场对宏观经济消息的反应减弱，即存在激冷效应。丁剑平和刘璐（2020）在中国背景下的研究也发现，高度的货币政策不确定性加剧了市场对未来政策判断的分歧，这会降低市场对宏观经济基本面信息的反应。③风险溢价效应。较高的货币政策不确定性往往意味着较大风险，这将导致风险溢价，提高融资成本（Mueller et al.，2017）。期限溢价是风险溢价的一种表现形式，Kato 和 Hisata（2005）研究表明，货币政策不确定性越高，长期利率也越高，两者之间呈正相关关系，且这一关系随着期限的延长而提高。Kumo（2015）也指出，更高的货币政策不确定性意味着更高的潜在经济成本，将阻碍合约达成，不利于经济增长。Jiang 和 Tong（2016）研究表明，货币政策不确定性是造成美国国债市场的风险溢价的重要原因，对未来的美国月度国债超额收益的预测有显著影响。Pastor 和 Veronesi（2013）研究表明，货币政策不确定性带来的风险溢价在经济状况较弱时更大，货币政策不确定性降低了政府向市场提供的隐含看跌期权保护的价值，推高了股市波动。Husted 等（2020）借助 VAR 模型估计了货币政策不确定性冲击的影响后发现，货币政策不确定性的正向冲击会显著提高信贷息差，信贷成本上升，导致产出降低。Tillmann（2020）从期限溢价的角度为实物期权效应提供了理论解释。张哲等（2021）对中国利率传导机制的研究表明，货币政策不确定性降低了短期利率向期限溢价传导的效率。④预防性储蓄效应。从家庭的角度来看，更高的不确定性会使家庭更关心未来收入，倾向于通过减少消费来增加预防性储蓄（Leduc and Liu，2016）。Jorda 和 Salyer（2003）指出，面对货币政策不确定性的提高，家庭部门的反应是增加储蓄，这降低了短期债券的收益率，同时由于不确定性对名义跨期替代率的影响，也使长期债券的收益率降低。Fernández-Villaverde 等（2011）指出，更高的货币政策不确定性意味着资本收入风险增加，预防性储蓄是对这种风险的反应，从而导致消费减少。Sinha(2016)通过构建具有 Epstein-Zin 偏好的新凯恩斯 DSGE 模型研究货币政策不确定性对家庭优化行为的影响发现，货币政策不确定性增加会鼓励家庭进行预防性储蓄，导致消费下降，对产出、通胀以及短期和长期资产收益率产生抑制作用。

其次，部分文献研究表明货币政策不确定性可能对经济存在正向影响。Bloom(2014)指出，如果政策不确定性扩大了潜在回报的规模，面对不确定性，部分公司可能更愿意投资于创新性研发活动，以寻求在未来占领更大市场的机会。Born 和 Pfeifer(2014)认为，在货币政策方面，如果当局对经济变化的反应足够迅速，政策不确定性冲击对经济的影响将受到抑制，而且企业和消费者会通过更加努力地工作来使自己免受或减轻政策不确定性的不利影响，从而可能使经济活动增加而不是收缩。此外，如果资本的边际收益是凸的，人们还可能会增加投资。Gupta 和 Wohar(2019)、Kaminska 和 Roberts-Sklar(2018)、Bouri 等(2020)也证实了货币政策不确定性对发达股市波动具有重要预测力，这对投资者而言是个好消息，他们可以利用不确定性信息来预测股市波动，周德才等(2017)、林建浩等(2021)对中国股市的研究也表明，货币政策不确定性是股市的重要定价因子。另有文献研究了货币政策不确定性在决定货币超额收益中的作用，Mueller 等(2017)发现，美国货币政策不确定性的提高将增加其他货币在外汇市场上的超额回报，作为对承担这一额外风险的金融家的补偿。尽管利率差的增加会导致汇率调整，但由于金融家的风险承受能力有限，使这种调整几乎不会一对一抵消利率差的增长，从而导致利率差越大的货币将拥有越高的超额收益。Bloom(2014)指出，货币政策不确定性的实物期权效应并不是普遍存在的，如果投资等决策是可逆的，则货币政策不确定性不会造成期权损失。Balcilar 等(2017)提出，如果所有经济变量都接近各自的稳态，则货币政策不确定性冲击并不会对经济产生影响。Bauer 等(2022)甚至强调，当货币政策不确定性较低时，政策意外会造成更大的波动，因此这种潜在的权衡关系需要进一步研究。相关的国内研究如孙健等(2017)认为货币政策不确定性能够促使企业提高会计信息质量，并且对盈利企业的影响更显著。周磊等(2021)研究发现，在金融摩擦情形下，货币政策不确定性冲击引起通胀水平上升，从资本收益率和实际债务两方面改善企业的资产负债表状况，降低企业的外部融资溢价，一定程度促进投资。

再次，另有文献指出，货币政策不确定性的影响存在异质性及条件依存性，即货币政策不确定性的影响在不同经济条件下会存在差异。Mumtaz和 Zanetti（2013）、Fasolo（2019）的研究表明，货币政策不确定性的影响可能会随着经济发达程度而有所差异，两篇文献使用相同方法分别探究了货币政策不确定性在发达经济体和新兴经济体中的影响，最终得出不同结论。Mumtaz 和 Zanetti（2013）构建了 SVAR-SV 模型来分析美国各个内生经济变量与货币政策的时变波动率之间的动态相互作用，研究结果表明，货币政策不确定性冲击具有与需求冲击相似的效应，不确定性的增加将导致名义利率、通胀和产出增长率下降，并且借助具有随机波动率的 DSGE 模型验证了结论的稳健性。然而，Fasolo（2019）拓展了 Mumtaz 和 Zanetti（2013）设定的 SVAR-SV 模型，探究新兴经济体货币政策不确定性的影响，得出了不同的结论：货币政策不确定性增加导致了产出下降，但引起通胀和利率的持续上升。Istrefi 和 Mouabbi（2018）指出，货币政策不确定性的影响程度可能受到经济结构和体制框架（如行业特征和劳动力市场僵化程度）的影响，其对美国、日本、英国、加拿大、瑞典，以及德国、法国、意大利和西班牙四个欧元区国家的研究表明，货币政策不确定性在利率敏感行业占较大份额，对劳动力市场僵化程度较高的国家或地区的负面影响更为严重，将导致更大的失业和产出下降。Pham（2018）发现货币政策不确定性对长期经济增长的影响可能受到要素收入对比状况的影响。他建立了以名义工资刚性和生产性公共支出为特征的标准货币增长模型，研究结果表明，货币政策不确定性对长期经济增长的负向影响关系只在资本收入份额大于劳动收入份额的情况下成立，这与 Aizenman 和 Marion（1993）的发现并不一致。此外，Dahlhaus 和 Sekhposyan（2018）研究发现，货币政策不确定性的宏观经济效应是非线性的，宽松货币政策下货币政策不确定性的负面影响要比紧缩政策下货币政策不确定性的影响更强。相关的国内研究如朱军和蔡恬恬（2018）发现，货币政策不确定性对通胀预期的影响呈现出短期内提升、长期降低的"非线性"效果。邓创和曹子雯（2020）分别考察中国数量型和价格型货币政策不确定性的宏观经济效应，研究表明，相较于经济新常态时期，在经济高速增长时期，数量型货币政策不确定性对经济增长和通货膨胀的影响更强，价格型货币政策不确定性对宏观经济的影响呈短期促进、中长期抑制的特征。李成等（2020）借助 TVP-SV-VAR 模型研究发现，货币政策不确定性的宏观经济的影响具有非对称性，经济周期上行阶段，能够增加投资、消费和经济产出，提升价格水平，而在经济周期下行阶段，会减少投资、消费和经济产出，并且对价格水平的提升作用减弱。徐亚平和汪虹（2020）研究表明，货币政策不确定性的上升通过金融摩擦放大效应抑制企业投资，国有企业受到的影响更大，这会影响资金向实体投资的转化。任曙明等（2021）发现，货币政策不确定性会降低企业风险承担水平，进而抑制企业创新，并且这种抑制效应作用对非国有企业、非高科技企业、高管无金融背景的企业的抑制程度更严重。李成等（2021）基于 SVAR 模型的研究结果表明，货币政策不确定性减少了投资和消费，其中投资受到的负面影响更强，并且能够持续性降低经济产出和价格水平，在经济增长的减速阶段，这些负面效果更强、响应滞后期更长、受到冲击后的恢复速度更慢。钟凯等（2021）研究发现货币政策不确定性通过影响现金股利分配来影响企业现金持有策略，且对非国有企业现金持有策略的影响更显著。周晔和王亚梅（2021）研究发现，货币政策不确定性增加银行风险，从而抑制商业银行流动性，并且在资产规模小、盈利水平低以及风险程度高的银行中这种抑制作用更强。顾海峰和朱紫荆（2022）的研究表明，货币政策不确定性通过影响利差收入对银行资本配置效率起到抑制作用，并且对股份制银行资本配置效率的抑制力度强于国有银行与城商行，债务杠杆的提高会加剧这种抑制效果，而银行竞争的提高会减弱这种抑制效果。

最后，有文献研究了货币政策不确定性与其他政策不确定性（如财政政策不确定性、贸易政策不确定性等）之间的关系，认为货币政策不确定性对其他政策不确定性存在显著影响。Thiem（2018）分析了 1985~2017 年美国的货币、财政、医疗、国家安全、监管和贸易六个方面的政策不确定性之间的关系，发现这些政策不确定性密切相关。Gabauer 和 Gupta（2018）探究了 1987~2017 年美国和日本两大发达经济体的货币政策不确定性，研究结果表明，货币政策不确定性支配着财政政策、贸易政策以及相关政策的不确定性。Antonakakis 等(2019)研究了希腊内部的政策不确定性冲击的传导机制后发现，税收、债务和养老金不确定性指数(以及由此产生的总体财政政策不确定性)永远是货币政策不确定性冲击的净接收者，这表明，与财政政策相关的不确定性受到与货币政策相关的不确定性的驱动。Jiang 等(2019)也发现了各种政策不确定性相互关联的证据。

四、货币政策不确定性的影响因素研究

本书重点探究了货币政策不确定性及其经济效应，基于研究发现提出的一项重要建议是采取措施以减少这一不确定性的不利影响，其中的有效手段之一是直接降低货币政策不确定性，因此，为了更好地提出建议，有必要对影响货币政策不确定性的因素进行分析。货币政策的不确定性主要产生于政策制定和传导过程，梳理已有文献不难发现，影响货币政策不确定性的因素主要包括宏观经济波动、预测偏差、政治稳定性、央行独立性、政策目标多元化程度、央行沟通与透明度，以及制度稳定性和货币规则等。以下对研究货币政策不确定性影响因素的文献进行系统梳理和总结。

1. 宏观经济波动引致的货币政策不确定性

货币政策的制定环境不可避免地充满着不确定性(Feldstein,2003)，同时央行也是在相当不确定的环境下进行货币政策操作(Le and Sahuc,2002)，现代货币当局必须在信息不完善和不确定的情况下实施货币政策已经成为一个公认的事实(Pavasuthipaisit,2010)。Fernández-Villaverde 等(2011)也发现，货币政策和财政政策的波动性在经济发展面临高度不确定的时期会加剧。Davis(2019)认为，重大金融危机是多年来全球货币政策不确定性水平上升的重要原因。Trung(2019)指出，2008 年全球金融危机之后，全球货币政策不确定性大幅增加。同样，Arbatli 等(2022)也发现，不可预知的负面经济冲击，如亚洲金融危机、2001~2002 年经济衰退以及2008~2009 年的全球金融危机，导致日本等国家和地区的财政和货币政策的不确定性出现峰值。Ben-Haim 等(2018)强调，不断变化的全球宏观经济和金融环境、分散在大多数经济领域的欧元区治理，以及私人和公共债

务的空前高企，加大了货币政策所适用体系的不确定性。换言之，货币政策的不确定性与宏观经济的不确定性密切联系、不可割裂（Balcilar et al.，2017）。Davis（2019）强调，负面冲击能否推高政策不确定性取决于基础环境，而基础环境在一定程度上受到过去政策的影响，如果政策制定者要求银行更多地依赖不受挤兑影响的融资，2008年全球金融危机就不会那么严重，这表明，金融监管制度为防范重大金融危机和随之而来的政策不确定性奠定了基础。类似地，Antonakakis等（2019）考察了希腊的分类不确定性对欧洲的负面影响后指出，降低希腊的货币政策和货币等的不确定性需要对银行业和政府债务管理方式进行改革，加强监管框架建设。

2. 预测偏差引致的货币政策不确定性

央行对新信息的响应往往存在延迟，为了设定合适的政策目标并选择最佳实施时机，央行需要对经济形势进行事前评估，经济预测将不可避免。Eusepi和Preston（2010）指出，央行在设定任何时期的名义利率时，都必须预测通胀率和产出缺口。但由于经济的真实结构不可知，基于认知中的经济结构所构建的模型可能不正确，借助这些模型所做出的经济预测可能会偏离事实，从而引致货币政策不确定性。正如Balcilar等（2017）指出，面对多个来源的外生性冲击，央行使用模型预测出的产出和通胀水平往往存在较大的不确定性。类似地，Traficante（2018）也指出，制定货币政策时，各国或地区央行无法确定经济运行的真实模型和关键关系，这种不确定性和经济结构性变化以及难以观测的重要宏观经济变量，可能会导致人们对货币政策预期效果产生分歧，进而产生不确定性。Brainard（1967）、Le和Sahuc（2002）认为，这种不确定性表现在模型的参数估计中，特别是结构关系的参数估计。Nantob（2015）进一步指出，数据的不完善及使用的计量技术不准确等因素，将导致有偏的参数估计，且这些参数可能随时间的推移而发生变化，而模型的调整需要时间，这些问题使货币政策制定过程中存在很大不确定性。此外，Setterfield（2018）强调，源于经济"真实"模型的系统性事件是（误设的）政策模型无法预测的，尽管有证据表明，政策模型不确定性不一定完全阻碍货币政策有效性，但如果政策的成功被误解为政策模型对经济运行机制的正确解释，政策制定者更容易受到意外事件的影响，而这些意外事件的出现将加剧货币政策的不确定性。因此，其建议应避免"政策模型自满"(Policy Model Complacency)风险，货币政策制定者必须更密切地关注新共识宏观经济学(NCM)框架，这相当于为"政策模型自满"所固有的下行风险(负面意外)提供了免费保险。

3. 政治不稳定因素引发货币政策不确定性

Funke 等(2016)对 1870~2014 年 20 个发达国家或地区的研究表明，在系统性金融危机后，政治两极分化加剧是导致较高政策不确定性的根本原因。并且，金融危机往往被视为政策失败、道德风险和偏袒的结果，选民们将其归咎于政治问题，这又降低了人们对政策制定者的信任，加剧了货币政策不确定性程度。Mian 等(2014)也发现，金融危机后的政治两极分化导致了政治僵局和政策不确定性。Fernández-Villaverde 等(2011)指出，新兴经济体的政治不稳定是其政策不确定性的来源，如墨西哥国债息差波动性的突然变化，在相当大的程度上是由国内政治事件引起的，与生产率或实物资本等经济基本面因素无关。Arbatli 等(2022)研究发现，日本央行的领导换届和政策转变有时会带来货币政策不确定性的激增。类似地，Brunetti(1998)表明，由政府内部不稳定的博弈规则导致的政策不确定性往往会使经济发展付出高昂的代价。

4. 央行独立性影响货币政策不确定性

央行的独立性能够发挥重要作用，因为央行独立性可以保证货币政策的制定和实施过程不受政治因素的干扰(Orphanides,2015)，设定明确的政策目标有助于规范央行行动(Kobayashi,2004)，而央行就货币政策目标进行明确的沟通将有助于稳定公众预期，从而降低货币政策不确定性(Arbatli et al.,2022)。Dovern 等(2009)针对七个发达国家的研究发现，央行独立性的提高显著降低了市场参与者在通胀和利率预期上的分歧。与之相关，在央行已经具有相对较高的独立性的情况下，Schaling 和 Nolan(1998)认为，不受问责制约束的独立性可能会使央行采取投机行为，不利于实现社会目标最大化，而有问责制的独立性将避免央行出现由政治因素导致的政策分歧，有效减少因政策制定者的主观偏好而造成的货币政策不确定性。

5. 政策目标多元化引致的货币政策不确定性

如上所述，央行独立性可以使其对货币政策的制定和实施享有自由裁量权，以鼓励有系统的货币政策，但当央行背负较多可能不相容的政策目标时，央行所采取的行动有太多可能，公众难以预料到，这将导致不准确的货币政策预期，是货币政策不确定性产生的原因。正如 Schaling 和 Nolan（1998）指出，如果公众不知道央行将如何行动，或央行在通货膨胀与产出稳定中偏好哪一个，则他们对通货膨胀的预期就会变得更不准确，引发较大的不确定性感知。Herro 和 Murray（2013）指出，像美联储这样的央行承担双重使命，其具体目标是增加就业还是物价稳定并不明确，为了实现这些目标应该对利率做多大调整也不确定，使市场参与者在很大程度上依赖历史信息所形成的货币政策预期往往偏离实际情况，而且当美联储的行动偏离其为宏观经济变量设定的目标时，将导致更大的政策不确定性。Orphanides（2015）也指出，美联储同时实现就业最大化和物价稳定这两个不相容的目标，其混乱的使命导致了以短期目标为导向的自由决策，这些决策与长期以来为经济做出最佳贡献所需要的系统性货币政策调控手段不一致，从而引致了货币政策不确定性。同样地，Schaling 和 Nolan（1998）、Beechey 等（2011）、Orphanides（2015）等分别强调了单一货币政策目标在降低货币政策不确定性方面的作用。其中，Schaling 和 Nolan（1998）认为，通过法律建立一个独立的央行，并对央行建立起问责制，明确授权其关注单一政策目标，将有效减少由于政策制定者的主观偏好所造成的政策不确定性。Primiceri（2005）发现，在沃尔克时期，实施了严格的货币总量目标制后的货币政策不确定性非常低，接近于平稳状态，这一结论与 Bernanke 和 Mihov（1998）一致。Beechey 等（2011）比较了欧元区和美国长期通胀预期的演变后发现，与美联储兼顾就业和物价两个目标相比，欧洲央行明确强调价格稳定的目标，并且对中期通胀目标有具体定义，这使欧元区的长期通胀预期远比美国稳定，从而货币政策不确定性较低。Kumo（2015）研究表明，通过实施通货膨胀目标制，南非成功地实现了低且稳定的价格水平，从而降低了货币政策不确定性。Osborne（2016）的研究也表明，2006 年出台的新框架引入了平均准备金率和自愿准备金目标，成功地降低了隔夜拆借利率的波动性，在 2009 年引入最低限额制度后，利率波动性进一步降低。Kobayashi（2004）、Balcilar 等（2017）、Alper 等（2017）也强调了设定单一且明确的操作目标在降低货币政策不确定性方面的重要性。

6. 央行沟通与透明度对货币政策不确定性的影响

已有文献研究结果充分表明，央行透明度和沟通确实减少了专业预测者间的分歧，降低了货币政策不确定性。Fontaine（2016）的研究表明，美联储的沟通不仅影响了预期的路径，还影响了未来货币政策决策的不确定性。Osborne（2016）评估了过去20年英国央行操作框架改革的影响后指出，央行就未来可能的货币政策决策进行额外沟通，有助于降低定期利率的波动性。Kurov和Stan（2018）也指出，经济新闻可以改变公众的政策预期，市场参与者会根据最新发布的宏观经济数据更新货币政策预期，而这一预期可能会偏离事实，不明确或不可信的央行沟通将误导这一预期，造成货币政策不确定性。货币政策预期偏离事实越远，市场参与者对利率等政策目标的看法越多样化，表明货币政策不确定性的上升，也意味着多样化的市场交易，这将进一步扩大不确定性。Tucker（2005）指出，虽然货币政策已经变得越来越可信，但美国货币政策仍存在较大的不确定性，因为政策利率远离了自然利率水平，在央行没有对此做明确说明的情况下，人们不仅无法确定未来货币政策调整的时间，还无法确定央行将采取何种手段使利率回归自然利率水平。Jansen（2011）指出，央行透明度和沟通可以潜在地减少央行意图和未来行动的不确定性，央行提供的信息可以丰富经济主体决策时的依据，这大大提高了货币政策的可预测性，降低了货币政策的不确定性。Arbatli等（2022）也指出，虽然央行的领导换届是不可避免的，由于重大发展可能需要政策转变，但这些事件对货币政策不确定性的影响取决于先前建立的制度和政策框架，就货币政策目标进行明确的沟通，可能会使货币政策的实施更具连续性，减少公众对其未来方向的焦虑和不确定性感知，增强人们对经济表现的信心。Dahlhaus和Sekhposyan（2018）指出，在过去的几十年里，央行透明度在稳定各国家或地区经济方面起到宝贵作用，随着央行透明度的提高和采取更好的沟通策略，利率的可预测性已经得到了改善，公众可以对现在和未来的利率走势（作为经济条件的函数）形成更准确的预期，这进而被认为会转化为较低水平的货币政策不确定性，这种不确定性通常会产生扩张性效果，因为它会鼓励投资和支出。Chang和Feunou（2013）发现，在央行宣布政策利率后，平均货币政策不确定性下降，这些公告降低了未来政策利率的不确定性和利率不确定性的风险溢价。类似地，Bauer 等（2006）、Hayford 和 Malliaris（2012）对美国、日本等国家的研究表明了央行透明度和沟通降低了市场参与者对未来货币政策预期的不确定性。Mariscal 和 Howells（2010）的研究也表明，旨在提高美联储操作框架透明度的连续改革降低了货币市场的波动性和不确定性。Husted 等（2020）比较了联邦公开市场委员会（FOMC）会议召开前后的货币政策不确定性后发现，加强政策沟通有助于缓解货币政策的不确定性，因为它能够帮助公众建立对货币政策的短期和长期过程的更加准确的预期。Istrefi 和 Mouabbi（2018）也指出，如果央行、企业和家庭都对当前的经济状况不完全了解，那么央行可以采用抑制短期利率路径不确定性的政策，如清晰的沟通，帮助市场参与者构建更准确的预期，从而实现稳定预期的目的。Ehrmann 等（2012）对 12 个发达经济体的研究表明，央行可以设计货币政策操作框架和策略来提高央行的透明度以缓解货币政策不确定性。同时，他们还指出，尽管央行透明度降低了货币政策不确定性，但透明度的边际效应正在减少。

Arnold 和 Vrugt（2010）认为，央行可以通过设计和发展一种谨慎的策略来引导和管理市场预期，以降低货币政策不确定性。例如，Creal 和 Wu（2017）认为，央行可以通过货币政策前瞻性指引来引导人们对货币政策未来变化的预期，从而降低货币政策不确定性。Balcilar 等（2017）、Bundicky 等（2017）、Bauer 等（2022）研究也表明，前瞻性指引有助于引导和锚定预期，降低通胀和未来短期利率的不确定性，Bauer 等（2022）还指出，美联储的前瞻性指引改变了市场对政策路径的不确定性。事实上，由于政策利率受到有效下限（the Effective Lower Bound）的约束，Tillmann（2020）发现，美联储等央行越来越依赖前瞻性指引，通过与公众沟通货币政策，引导货币环境，减少货币政策的不确定性。Tillmann（2020）还指出，只有在货币政策不确定性不高于其历史平均水平时，央行采取前瞻性指引才能取得效果。此外，Eusepi 和 Preston（2010）分析了央行遵循几种不同的沟通策略对稳定预期及政策不确定性的影响，研究表明，在没有央行沟通的情况下，政策无法稳定宏观经济动态，政策不确定性较大，导致预期的波动，但通过公布政策过程的细节，或者只公布政策所依赖的变量，就可以恢复稳定，沟通允许公众构建更准确的预测，从而在观察到的产出、通胀和名义利率方面表现出更大的稳定性。如果央行只公布预期的通胀目标，那么持续受到冲击的经济体就容易出现由预期驱动的经济波动，这表明，仅仅宣布所期望的目标是不够的，还必须同时宣布实现这些目标的政策的系统组成部分。另外，Husted 等（2020）也指出，当央行的承诺不可信时，家庭的货币政策预期将存在很大不确定性，即使有前瞻性指引，央行也很难达到预期目标。由此可见，措辞含糊或缺乏可信度的货币当局声明是货币政策不确定性的来源之一。Dovern 等（2009）指出，只有可信的货币政策沟通，才有助于锚定通胀和利率预期。

7. 制度稳定性和货币规则影响货币政策不确定性

制度不稳定通常会造成货币政策不确定性，Mascaro 和 Meltzer（1983）、Roley 和 Walsh（1985）早已指出，货币制度的不稳定会使家庭对货币增长的真实分布失去信心，为家庭的货币政策预期注入很大的不确定性。Mankiw 和 Miron（1985）的研究结果表明，随着美联储的成立，货币制度发生了变化，导致政策利率的可预测性显著下降。Rudebusch（1995）、Balduzzi 等（1997）也提供证据证实这一结论。Favero 和 Mosca（2001）认为，制度变动不仅提高了货币政策不确定性，还为利率期限结构预期理论的失败提供了一个解释，Alper 等（2017）也发现，在肯尼亚的货币政策框架由通胀目标制向更具前瞻性的框架转化的过程中，相对于持续贯彻通胀目标制的国家，如加纳、匈牙利、波兰、泰国等国家，肯尼亚表现出较强的货币政策不确定性传导。由此可见，制度不稳定是货币政策不确定性的来源之一。Trung（2019）、Arbatli 等（2022）也强调了制度稳定性的重要性。Tucker（2005）的研究也表明，在可信度较低的货币政策制度中，由于人们的主观预期，高度的货币政策不确定性在中长期内将持续存在。另外，Schaling 和 Nolan（1998）、Beechey 等（2011）、Orphanides（2015）、Setterfield（2018）分别强调了简单的货币政策规则在降低货币政策不确定性方面的作用。其中，Orphanides（2015）指出，为了应对政策目标不相容的情况，用一个简单的货币政策规则取代一个接一个会议的自由决策，能够避免自由裁量权的过度使用，形成系统性的货币政策调控手段，这有助于降低货币政策正常化过程中的不确定性。

五、简评

当今世界正经历百年未有之大变局，全球经济发展充满了不确定性，贸易保护主义抬头，贸易摩擦不断，对各国家和地区经济发展带来不利影响。为了防止经济下滑，促进经济增长与高质量发展，各国或地区政府日益重视提高宏观调控的针对性、有效性和精准性。鉴于货币政策的重要作用和货币政策不确定性可能会对经济增长、通货膨胀、全要素生产率及微观主体行为(消费行为、投资行为等)产生重要影响，货币政策不确定性近年来成为理论界和实务界关注的焦点，相关研究文献不断涌现。本章从货币政策不确定性的测度、影响及其影响因素等方面对已有文献进行系统梳理后发现，已有研究仍存在许多不足，本部分将鉴于这些不足，提出本书的研究切入点。

1. 货币政策不确定性测度指标

已有文献在测度货币政策不确定性方面所用测度指标和测度方法存在较大差异。不同测度方法各有优缺点和相应适用条件，且得到的测度结果具有不同的含义，有的方法测度的是主观性货币政策不确定性，有的方法测度的是客观性货币政策不确定性①，Bloom(2007)指出不同方法测度的不确定性指标有很强的相关性，难以判断哪种可作为货币政策不确定性的广泛且有效的代理指标，但选用不同的方法和指标测度出的货币政策不确定性在含义上存在差异(Husted et al.,2020)，存在不同的适用范围(Jurado et al.,2015)，这也使不同方法和指标测度的不确定性不可直接比较，从而无法在统一框架下比较不同测度方法或测度指标带来的研究结论差异性。已有文献充分表明，不同测度指标会导致不同文献的研究结论存在较大差异，如 Herro 和 Murray(2013)、Mumtaz 和 Zanetti(2013)均研究了美国货币政策不确定性对宏观经济的影响，但由于测度方法不同，两项研究结论存在很大区别。此外，已有文献在测度货币政策不确定性方面存在不恰当之

---

① 客观性货币政策不确定性主要产生于政策制定过程，而主观性货币政策不确定性主要产生于政策传导过程，即由于种种因素导致政策意图未能正确传达给市场参与者或被错误解读，使市场参与者无法形成准确的政策预期。

处，如在很多国家或地区已达到或接近零利率下限的情况下，利率的变动范围被压缩到极小，此时仍然以名义利率的波动来测度货币政策不确定性是不准确的(Mumtaz and Surico, 2018; Aastveit et al., 2017)；作为经济中重要不确定因素，政策不确定性如何影响人们的预期在研究中受到关注，部分研究将基于新闻报道构建的不确定性指标用于研究此问题，这种做法未能考虑新闻报道与预期之间的相互影响。这些事实使实证结果难以令人信服，在今后的研究中应结合具体研究的问题和国情选择合适的测度方法和测度指标。也正是基于这一考虑，本书结合研究需要，研究过程中分别使用了两种测度方法的测度结果作为货币政策不确定性测度指标。一种是基于新闻报道的关键词搜索编制出的货币政策不确定性指标，这类指标用于微观企业行为的影响研究有一定优势，因此在本书第五章、第六章中使用这种测度指标；另一种是本书提出的不依赖新闻报道的货币政策不确定性测度方法，在第四章中研究货币政策不确定性对公众预期的影响时使用了这种测度指标。考虑到新闻报道与公众预期会相互影响，基于新闻报道编制的不确定性指标与公众预期之间可能存在双向因果关系，引起内生性问题，为避免出现这种情况，本书提出一种新的测度方法，借鉴并且结合Fernández-Villaverde(2015)、Jurado 等(2015)的研究，选取货币政策代理变量，建立政策反应函数，并将该函数与随机波动模型结合起来，用于剔除变量变化中的可预测部分，获得其中的不确定成分。鉴于货币政策不确定性是对宏观层面共同风险的度量，任何单一数据序列的不确定性都不足以反映其全貌，应该使用多个方面的不确定性的共同变化加以度量，因此采用多项经济指标，在取得各信息集的不可预测部分后，对这些不可预测部分提取共同因子，作为货币政策不确定性的衡量指标。这种做法得到的指标不仅符合货币政策不确定性的内在含义，而且满足这部分的研究需要。

2. 货币政策不确定性的影响研究

首先，理论研究不足，缺乏系统性的理论分析，缺乏货币政策不确定性影响的理论框架和模型分析，传导机制和影响机理不清楚。已有文献主要侧重货币政策不确定性宏观层面的影响研究，忽视宏观经济影响的微观基础研究，缺乏微观层面的证据，宏观影响的微观机理不清楚。Chong 和

Gradstein（2006）指出，宏观数据往往是多种因素综合作用的结果，很难分离各变量之间的影响，波动性和增长都受到一些缺失变量的驱动，致使很多研究结论的可信度和稳健性不高。特别地，Benigno 等（2012）、Mumtaz 和 Zanetti（2013）、Istrefi 和 Mouabbi（2018）、Fasolo（2019）发现货币政策不确定性的影响在不同国家或地区存在较大差异，却没有理论帮助分析这一表象背后的深层次原因。其次，实证研究方法存在缺陷，导致研究结论不稳健。比如，国内存在多种政策不确定性，且多种政策不确定性是相互联系在一起的（Gabauer and Gupta，2018；Thiem，2018；Antonakakis et al.，2019；Jiang et al.，2019），在这种情况下，使用无法考虑这种相互作用的计量模型分析其中一种政策不确定性变化的影响可能会产生有偏的估计结果。很多文献使用各种 VAR 模型研究货币政策不确定性的影响，其结果可能混杂除货币政策不确定性之外其他冲击的影响（Aastveit et al.，2017）。Carriero 等（2015）借助模拟实验表明，如果政策不确定性的代理指标与真实不确定性间存在误差，借助各种 VAR 模型得到的不确定性冲击对经济影响的估计是有偏的。又如，由于不了解真实经济结构、变量间的真实关系、结构性变化等因素，部分文献使用少数几个变量构造 SVAR 模型进行分析，可能忽略了其他可能的冲击传播路径（Balcilar et al.，2017；Mumtaz and Zanetti，2013）。再次，许多已有文献计量模型中存在遗漏变量偏差或双向因果关系导致的内生性问题，而这些文献在模型估计时并没有考虑到这一问题，导致研究结论的稳健性较差。已有文献在模型构建或参数设定上较少考虑货币政策不确定性的影响随着经济发展程度、经济结构、体制框架、要素收入对比状况、制度环境等的变化而变化的特性。Gospodinov 和 Jamali（2018）、Dahlhaus 和 Sekhposyan（2018）研究表明，货币政策不确定性存在非对称或非线性效应，表明这一不确定性的影响效果具有状态依赖特征，但这在已有研究中未受到重视，导致研究发现的价值降低。最后，已有研究多是以美国等发达经济体为样本，来自中国及其他转型经济体的经验证据较少，如上所述，这些经济体在经济发展程度、经济结构、体制机制、要素收入状况、制度建设等方面具有与发达经济体完全不同的特点，来自发达经济体的证据无法推论中国和转型经济体的货币政策不确定性情况，而且理论观点差异较大，也无法根据已有理论做出一般性推断。鉴于这些不足，本书第五章、第六章分别从企业投资的资本成本敏感性和企业债务期限结构两个角度探究货币政策不确定性的微观经济效应，微观层面的考察便于分析货币政策不确定性的影响向微观主体传导的链条和微观机制，且便于考察微观主体的异质性反应，能够提出更具针对性的建议，因而提升了研究发现的价值。本书的研究以中国这一转型经济体为背景，中国的经济结构、体制机制等均有别于发达经济体，这引起一些特殊现象，如转型经济体的企业债务期限普遍低于发达经济体，这一现象被称为"债务期限结构谜题"（刘海明、李明明，2020），并且中国的企业债务期限远低于国际平均水平（Fan et al.，2012）。本书在第六章中结合中国的这一特殊现象分析了货币政策不确定性的影响，从货币政策不确定性的视角为中国企业债务期限结构偏短的现实提供了解释。

3. 货币政策不确定性的影响因素研究

首先，已有研究缺乏对货币政策不确定性决定因素的系统研究和分析。如上所述，虽然部分文献从不同角度指出货币政策不确定性可能会受到央行独立性、透明度、政治稳定性、宏观经济波动性等因素的影响，但系统性地研究货币政策不确定性影响因素的文献比较缺乏，无法使我们清楚理解各个因素在决定货币政策不确定性方面的重要性，也无法使我们全面理解货币政策不确定性的影响因素或依存条件。其次，理论研究不足，缺乏对货币政策不确定性决定因素的系统性理论研究成果，很多因素影响的微观机制不清楚。再次，已有研究结论存在较激烈的争论，许多已有文献的计量模型没有讨论或较好地解决内生性问题，且已有文献在模型构建或参数设定上较少考虑各个因素影响的异质性。最后，货币政策是宏观调控的主要手段，受现阶段我国货币政策规则处于量价转型进程、复杂的国内外经济形势要求货币政策适时调整等影响，在此过程中产生的不确定性问题不容忽视，尽管已有研究提出的一些举措（如提高央行独立性、货币政策透明度等）为降低货币政策不确定性提供了思路，但目标实现是个长期过程，那么货币政策不确定性将持续存在并且短期内可能处于偏高水平。因此，探究如何减少这一不确定性的不利影响，提升货币政策有效性和政策调控效果，是现阶段研究应重点关注的问题，遗憾的是，这一问题在研究中未得到应有的重视，探讨这一问题要求深入了解货币政策不确定性影响经济的具体作用机制，对其具体影响机制以及减少其不利影响的手段的探讨是本书在货币政策不确定性这一研究主题下的主要研究内容。在第四章、第五章中分别分析了货币政策不确定性通过削弱央行沟通的预期管理效果、引发不稳定预期以及阻碍利率传导两条重要途径影响货币政策调控发挥效力，并基于两条影响途径提出减少这一不确定性的不利影响、提升货币政策调控效力的建议；第六章探究在货币政策不确定性所创造的不利经济环境下能够激励企业改善治理、提升绩效的手段。

综上所述，已有的研究成果能够为我们重新审视和科学评估货币政策效率效果、提高货币政策调控的有效性、降低货币政策调控的潜在成本和代价等方面提供了较大帮助，有一定的借鉴意义，但结合以上分析也可以看出，货币政策不确定性研究领域仍具备继续拓展的空间。例如，对货币政策不确定性影响政策有效性的研究主要是基于宏观总量层面的分析，并借助 VAR 类模型进行检验，这些研究为认识货币政策不确定性在宏观层面的影响提供指导，但无法进一步考察其产生影响的传导链条和微观机制，也无法考察企业的异质性反应，而从微观层面开展的研究具备这些优势。鉴于此，结合我国背景，本书从三个方面深入分析货币政策不确定性对微观主体行为的影响效应，探讨其中的作用机制，并进一步探讨这对货币政策效果的影响：①探究货币政策不确定性是否削弱货币政策预期管理效果，以及相应的影响途径。②探究货币政策不确定性是否干扰货币政策利率传导渠道，以及相应的影响途径。③在货币政策不确定性所创造的不利经济环境下，探究化危为机、转危为安的手段。这三个方面的研究为货币政策不确定性影响政策有效性及其影响机制提供微观层面的证据。本书力图通过对这三个方面的研究和探讨，为降低货币政策不确定性的不利影响、提升货币政策有效性和政策效果建言献策。

第三章

理论分析与研究假说

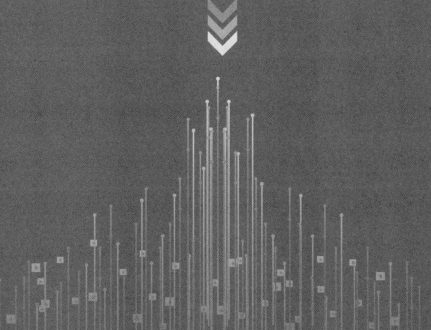

本书试图在我国背景下深入分析货币政策不确定性对经济主体行为的影响效应及其作用机制，并进一步探讨其对货币政策效果的影响，为此探究三个重要问题：货币政策不确定性是否影响货币政策调控发挥效力？通过何种渠道产生影响？面对货币政策不确定性的诸多不利影响，是否存在化危为机、转危为安的手段？为回答这些问题，从预期管理、企业投资的资本成本敏感性、企业债务期限结构三个角度展开对货币政策不确定性及其经济效应和影响机制的探究：①探究货币政策不确定性对货币政策预期管理效果的影响以及相应的影响途径。②探究货币政策不确定性是否干扰货币政策利率传导渠道以及相应的影响途径。③在货币政策不确定性所创造的不利经济环境下，探寻化危为机、转危为安的手段。鉴于研究发现货币政策不确定性对经济发展有诸多负面影响，结合现阶段我国货币政策规则处于量价转型进程、复杂的国内外经济形势要求货币政策适时调整的背景，货币政策不确定性将持续存在并且短期内可能处于偏高水平，探究这一不确定性的具体影响机制，进而探寻减少其不利影响的手段，具有重要的理论和现实意义。

本章分三部分依次从以上三个角度对其中的具体影响机制进行理论分析并提出假说，这三个部分的分析依次为本书在第四章至第六章的实证分析提供研究支撑。其中，本章第一部分是对货币政策不确定性影响货币政策预期管理效果及其影响机制的分析。这部分试图通过对货币政策不确定性削弱预期管理效果、引起公众通胀预期扭曲的研究，说明这一不确定性不仅干扰货币政策工具发挥效果，而且导致公众预期不稳定，进而影响货币政策调控发挥效力。鉴于引导公众通胀预期以减轻预期扭曲是预期管理有效的重要体现，以及央行沟通在预期管理中的重要性，将研究目标转化为对两个问题的探究：货币政策不确定性是否会导致公众通胀预期扭曲，以及在货币政策不确定性存在的情况下，央行沟通在减轻公众通胀预期扭曲方面的效果是否受到影响。这一部分对这两个问题展开分析并提出研究假说。本章第二部分是对货币政策不确定性影响企业投资资本成本敏感性及其影响机制的分析，企业投资对资本成本敏感是价格型货币政策工具有效的重要条件和微观基础，有助于识别货币政策利率传导渠道畅通与否，这部分试图通过对货币政策不确定性抑制企业投资资本成本敏感性的研究，说明这一不确定性产生了阻碍企业间资源再配置的激冷效应，造成货币政策利率传导渠道的不畅通，削弱了价格型货币政策工具的效果，进而影响货币政策有效性。在这部分的分析中，结合已有研究分析货币政策不确定性和资本成本对企业投资的影响，然后为便于考察货币政策不确定性影响企业投资资本成本敏感性的作用机制，建立了企业投资理论模型，结合模型推导结果提出研究假说。本章第三部分探究货币政策不确定性对债务期限结构微观经济效应的影响及其影响机制。这部分试图在货币政策不确定性存在情形下，探寻化危为机、转危为安的手段，为此，从企业债务期限结构的角度展开探究，即在货币政策不确定性所创造的不利经济环境下，分析如何设计企业的债务期限结构以激励企业改善治理、提升绩效。按照分—总的结构，依次对货币政策不确定性作用下企业债务期限结构的流动性风险效应、治理效应以及两种效应对企业经营表现的综合作用展开探讨。对货币政策不确定性作用下企业债务期限结构带来的流动性风险效应进行分析，从企业投融资两个方面提出研究假说。然后，对货币政策不确定性作用下企业债务期限结构产生的治理效应进行分析，从企业的过度投资和经理人代理成本两个方面提出研究假说。考虑到流动性风险效应和治理效应对企业经营表现的作用效果相反，并且这两种效应均会受到货币政策不确定性的影响，进而影响企业经营表现，将这两种效应统一于影响企业经营表现的分析框架下，即分析货币政策不确定性影响下企业债务期限结构的这两种效应对企业绩效的综合作用，并提出研究假说。

第一节　货币政策不确定性对预期
管理效果的影响分析

这部分探究货币政策不确定性是否削弱货币政策预期管理效果以及相应的影响途径。实现"稳预期"目标有赖于确定的经济环境和有效的预期管理，货币政策不确定性的存在不仅增加了经济环境中的不确定因素，还可能会干扰货币政策调控，影响预期引导效果，从这两方面共同影响预期形成过程。引导公众通胀预期以减轻预期扭曲是预期管理有效的重要体现，预期扭曲的结果表明预期管理效果不佳，而且考虑到央行沟通在预期管理中的重要性，研究中以其反映预期管理，由此将研究目标转化为探究两个问题：①货币政策不确定性是否会导致公众通胀预期扭曲；②在货币政策不确定性存在的情况下，央行沟通在减轻公众通胀预期扭曲方面的效果是否会受到影响。本节分别从货币政策不确定性影响预期形成过程的一般性影响途径与特殊影响途径两方面对这两个问题展开细致分析。

已有文献表明，货币政策不确定性影响通胀预期的强度大于财政等方面的政策不确定性（Istrefi and Piloiu, 2014; 朱军、蔡恬恬, 2018），但造成这种差异的原因尚未被探究，本书认为可能的原因是货币政策不确定性存在影响通胀预期的特殊途径，区别于其他不确定性。以下从一般性影响途径与特殊影响途径两方面分别分析货币政策不确定性如何引起公众通胀预期扭曲。其中，特殊影响途径强调货币政策不确定性在影响预期形成过程中区别于其他不确定因素的独特作用机制，即货币政策不确定性损害了央行沟通对预期的引导效果，使央行沟通无法充分发挥引导和管理公众通胀预期的作用，从而间接导致公众通胀预期扭曲；一般性影响途径是指货币政策不确定性作为一种不确定因素，在影响通胀预期形成方面与其他不确定因素具有类似作用机制。特殊影响途径不仅为现实中的央行沟通效果不佳提供新的解释，也为不同类型政策不确定性对通胀预期的差异化影响提供解释。以下依次对两条影响途径进行理论分析，并提出研究假说。

一、货币政策不确定性与通胀预期扭曲

经检验，我国公众通胀预期兼具后顾性和适应性[1]，这些性质意味着通胀预期在形成中极易受经济主体之前的经历或历史信息的影响，预期在形成中根据历史预测误差做调整，却无法及时地根据时势做出合理调整，在这一过程中，一旦意外冲击发生，公众的预期很难达成一致，预期将呈现无序化状态，通胀预期扭曲产生并持续存在。在后顾性预期的形成过程中，意外的冲击、复杂的局势，都会使预期无所适从、动荡不安、发生漂移（程均丽等，2015）。由此可见，环境中的不确定因素与预期者的心理因素是干扰此类预期形成的重要原因，通胀预期扭曲主要源自与此相关的两个方面：①预期形成过程中的信息不完备性；②经济主体心理活动的随意性和有限理性。货币政策不确定性作为一种重要的不确定因素，从两方面干扰预期形成、造成预期扭曲。

第一，它的存在表明公众在形成预期时无法获得完备信息。在不完全信息的经济中，无法保证所有人按照相同规则采取行动（Frydman and Phelps，1983），因为个体行为是建立在个体认知基础上而非集体确认、信念一致的结果。心理学、行为或实验经济学对人类行为规律的研究也表明，人是有限理性的，不同个体的预期模式不具有相似性（程均丽、姚南，2011），共同信念的缺失使人们很难在相同的通胀预期上达成一致，不确定因素的增加会引起经济主体基于自身认知进行预期调整的过程。在这个渐进的过程中，由于不同经济主体获取、处理经济信息的能力存在差异，使预期呈现出异质性（岳正坤、石璋铭，2013），个体间的预期难以达成一致，从总体上看是公众通胀预期无序化水平较高，即预期扭曲程度较高。[2]

第二，鉴于经济主体心理活动的随意性和有限理性，它的存在给公众形成准确预期带来挑战。有研究指出，政府政策变化带来的不确定性会导致预期形成困难。不确定因素的增加还将刺激经济主体心理活动的随意性，提高预期无序化水平。在充斥着不确定因素的社会中，有限理性的个

---

[1]　检验过程详见第四章的核心指标测度部分。

[2]　因为不确定性是预期的本质特征。

体易受"动物精神"的驱使形成异质性预期(程均丽、姚南,2011),不同群体对信息冲击的反应模式相似却不尽相同(张成思、田涵晖,2020),重大不确定性冲击会扩大人们的认知偏差,强化预期的异质性,扩大个体通胀预期分歧(程均丽等,2015),即不确定性环境下个体通胀预期更加难以达成一致,预期无序化水平进一步提高,预期扭曲程度加深。

以上两点分析了货币政策不确定性引起公众通胀预期扭曲的一般性影响途径。由此提出假说1:货币政策不确定性会引起公众通胀预期扭曲。

二、货币政策不确定性与央行沟通效果

借助信息沟通进行预期管理是当代央行重要的政策实践(王少林、林建浩,2017)。央行沟通在我国预期管理实践中越来越重要,是央行预期管理的重要手段。一些研究表明,我国央行沟通有助于引导公众的通胀预期(卞志村、张义,2012),央行的信息披露能够有效地降低通胀预期异质性,起到引导预期的作用(闫先东、高文博,2017)。成功的央行沟通具有"减少噪声"的功能(陈良源等,2021),引导公众对物价水平和利率的预期趋同(Lamla and Vinogradov,2019),从总体上看表现为预期的无序化水平降低,即央行沟通通过发挥引导和管理公众通胀预期的作用,将有助于减轻通胀预期扭曲。央行沟通有效引导和管理预期的前提:具有公信力的央行拥有完备信息并对经济做出准确判断,同时央行传递的信息被公众有效接收。然而,货币政策不确定性的存在将损害该前提,因此导致央行沟通的预期引导效果降低,主要体现在以下三个方面。

第一,作为重要的不确定因素,货币政策不确定性会干扰央行的信息获取,使其对经济形势的预判出错,不仅导致披露的信息无效,在央行公信力背书的情况下还可能造成更加严重的后果。李成和王东阳(2020)指出,在不确定条件下,央行对经济环境的错误判断或不恰当的信息披露,极有可能导致市场从众行为和过度反应,进而放大经济波动。Cukierman(2009)也表明,央行发布的不恰当信息可能会引发不稳定预期。

第二,损害央行公信力。公众相信央行将保持言行一致时,央行便具有公信力,即央行遵守承诺和公众对央行的信任缺一不可,公众的信任是

央行沟通成功引导预期的关键(王少林、林建浩,2017)。一方面,当货币政策不确定性较高时,意味着具体的政策目标以及相应调控在发生动态变化,在此过程中,央行言行一致很难实现,因为货币政策公告和公众获取信息都存在时滞;另一方面,央行言行不一致使公众对央行的信任度下降,而且在政策变化期间,由于信息时滞的存在,央行传递的信息滞后于时势,使它不再被公众视为决策的重要依据。这两方面原因导致央行公信力下降,央行沟通所传递的信息不能被适时且准确地掌握,沟通的效果减弱。

第三,作为某种意外冲击,货币政策不确定性影响人们对货币政策信息的关注和反应程度,这会进一步影响信息能否被有效接收,从而影响央行沟通效果。已有研究表明,政策(信息)冲击会影响公众自主获取信息的行为,即影响公众对相关信息的关注度,进而影响政策工具有效性。近年来我国公众对信息的关注度不断提高,但由于公众出于自利动机采取的对冲行为以及受限于公众自身的信息解读能力,公众未能形成与货币政策目标一致的预期。此外,尽管在不确定性高企时期,央行沟通传达的信息更易受到关注,但Shin(2017)也指出,公众对央行沟通的过多关注将导致市场信号失灵,央行一方面通过评估市场来预测经济,另一方面试图通过制定政策重塑市场,由于同时扮演着双重角色,频繁的沟通可能使央行对经济基本面的观测无效,沟通进而失效。

以上三点分析了货币政策不确定性引起公众通胀预期扭曲的特殊影响途径,即在货币政策不确定性影响下,央行沟通对预期的引导和管理效果减弱。基于以上分析,提出假说2:尽管有效的央行沟通能够通过引导和管理预期来减轻通胀预期扭曲,但货币政策不确定性的存在损害了央行沟通的预期引导效果,引起公众通胀预期扭曲。

第二节　货币政策不确定性对投资资本成本敏感性的影响分析

本节对货币政策不确定性影响企业投资资本成本敏感性及其影响机制

进行分析。企业投资对资本成本敏感是价格型货币政策工具有效的重要条件和微观基础，有助于识别货币政策利率传导渠道畅通与否，因此这部分的分析为货币政策不确定性干扰利率传导渠道、影响货币政策有效性提供理论依据。在这部分的分析中，首先结合已有研究分析货币政策不确定性和资本成本对企业投资的影响；其次为便于探讨货币政策不确定性影响企业投资资本成本敏感性的作用机制，建立了企业投资理论模型；最后，结合模型推导结果提出研究假说。

一、企业投资与资本成本

资本成本和预期的现金流共同构成投资决策的核心（Sharpe and Suarez，2021），其中，资本成本是企业使用资本而付出的代价。对企业管理层而言，只有预期回报大于资本成本、净现值大于零的项目才值得投资。对回报率既定的项目而言，资本成本越高，企业越不愿意投资，或者将减少在其上的投资支出；反之亦然。这就导致随着资本成本的增加，一方面，企业投资项目的可选择范围缩小；另一方面，对单个项目的投资支出减少，最终相应实现的企业总投资减少。总之，企业的资本成本和投资水平之间的关系是明确的，即资本成本的增加会导致投资率降低，两者的关系被企业决策者广泛利用（Graham and Harvey，2001），而且在政策实践中，降低企业资本成本（典型做法如降低利率）也是各国或地区政策制定者为刺激投资常采取的手段。企业投资对资本成本敏感是价格型货币政策工具有效性的重要微观基础，分析企业投资的资本成本敏感性有助于识别利率传导渠道的微观作用机制（Bertola et al.，2005；徐明东、田素华，2013；徐明东、陈学彬，2012；徐明东、陈学彬，2019）。

尽管实践中已肯定了资本成本对投资的影响，寻求其中的理论支撑仍然必要。根据新古典投资理论，资本成本是企业投资决策的重要影响因素，以利润最大化为目标的企业最优投资决策是资本成本与资本边际产出相等，由于资本边际产出递减，资本成本的提高将导致在更低的投资水平下达到均衡。Frank 和 Shen（2016）以最大化企业价值为目标建立理论模型，将企业的投资与现金流和资本成本联系起来，该模型也预测高资本成本会导致低投资。理论模型的建立不仅弥补了此前相关研究的缺失，而且为开展进一步研究奠定基础。一些研究将两者间关系的讨论拓展到对企业投资敏感性的分析。经估计，法国、意大利、德国和西班牙的企业投资对资本成本(或利率)的长期弹性为$-1 \sim -0.2$(Chatelain et al.,2011;Bertola et al.,2005)，美国的这一弹性为$-1 \sim -0.25$(Chirinko et al.,1999;Gilchrist and Zakrajsek,2007)，对中国企业的长期弹性估计为$-0.27 \sim -0.13$(徐明东、田素华,2013;徐明东、陈学彬,2012;徐明东、陈学彬,2019)。这些研究发现为资本成本的增加将降低企业投资水平的论断提供理论和经验支持，也表明不同国家或地区、不同时期的投资对资本成本的敏感性存在差异，造成这一差异以及敏感性变化的原因有待进一步探讨。

二、货币政策不确定性、企业投资与资本成本

经济政策是政府进行宏观调控的重要手段，为企业运营活动塑造外部经营环境和制定"游戏"规则(Pastor and Veronesi,2011)，政策调整中产生的不确定性将改变企业面临的外部环境，作为这种环境的直接作用对象，微观企业的经营状况和管理模式的变动可由其投融资行为的变化反映(张成思、刘贯春,2018)。对政策不确定性如何影响非金融企业投融资决策的研究主要集中于实证层面，并侧重从现金流视角展开分析，仅有小部分研究从资本成本角度分析。这些研究在政策不确定性抑制企业投资行为的结论上已基本达成共识(陈国进、王少谦,2016)，主要从三个方面解释(经济政策)不确定性对企业投融资的抑制作用。一是预防性储蓄理论，面对高度不确定性，为避免未来现金流不确定性带来的冲击使企业陷入流动性困境，企业放弃眼前的投资机会而选择保有现金(Stulz,1996;张成思、刘贯春,2018)，不确定性还会促使企业管理层提高风险规避意愿(Panousi and Papanikolaou,2012)。二是融资约束理论，不确定性冲击会引起项目违约风险的提升(王博等,2019)，这会降低银行的风险承担意愿(顾海峰、于家珺,2019)，强化企业融资约束(Pastor and Veronesi,2011;才国伟等,2018)。三是实物期权效应，当面临高度不确定性时，企业的最优选择是推迟不可逆投资，这样可以"等待和观望"，以避免代价高昂的错误(Bernanke,1983;

Gulen and Ion, 2016)。已有研究大多利用实物期权效应解释不确定性对投资的负向作用机制(李凤羽、杨墨竹, 2015; 谭小芬、张文婧, 2017)。部分从资本成本角度的研究表明, 政策不确定性也能够通过资金的成本及其边际收益率渠道影响企业投资决策(陈国进、王少谦, 2016; Drobetz et al., 2018), 其中的影响机制值得进一步探讨。

资本成本和预期的现金流作为影响企业投资决策的核心因素(Sharpe and Suarez, 2021), 它们对企业投资决策的影响不仅取决于自身的大小(边际影响), 还取决于企业对它们的反应程度(敏感性), 然而已有研究缺失了政策不确定性影响企业敏感性的分析。除了不确定性引起"等待的期权价值"提升, Bloom(2014)指出, 实物期权效应还存在另一层含义, 即不确定性的存在使经济参与者对商业环境变化的敏感性降低, 抑制了企业间的资源再配置, 而资源再配置推动大部分的总生产率增长(Foster et al., 2006), 因此不确定性抑制了生产率提高, 这种不确定性降低企业敏感性的方式为顺周期生产率提供了解释, 也意味着在高度的不确定性环境下, 使用货币政策工具和财政政策工具稳定经济的效力降低。尽管部分研究发现的证据表明, 不确定性能够降低经济主体对经济信号的敏感性或响应(Foote et al., 2000; Bertola et al., 2005; Bloom, 2009; Drobetz et al., 2018), 然而已有研究并未重视考察不确定性对微观主体敏感性这方面的影响。

基于以上分析, 本书对货币政策不确定性是否影响企业投资的资本成本敏感性及其作用机制进行探讨。一方面, 探讨企业投资对资本成本的敏感程度非常重要, 它是定量评估利率等价格型政策工具的作用机制及其效果的重要依据(徐明东、陈学彬, 2019)。我国货币政策调控框架逐渐向以利率为代表的价格型为主转型, 货币政策调控越来越倚重利率传导渠道, 该渠道畅通与否密切关系到货币政策有效性。本书能够为货币政策不确定性影响货币政策的利率传导渠道和货币政策有效性及其影响机制提供微观层面的证据。已有研究分析了金融市场上货币政策不确定性对利率传导机制的影响(陈守东等, 2016; 张哲等, 2021; Pooter et al., 2021), 仅从宏观层面揭示不确定性影响利率对货币政策冲击的响应以及利率间的相互影响, 而本书不仅从微观层面分析了不确定性如何影响企业投资决策对利率(资本成本)的反应, 而且能够考察企业在不同情形下的异质性表现。另一方面,随着利率市场化推进，利率已成为央行宏观调控的逆周期调节工具和新常态下经济增长定向调控的重要工具（陈守东等，2016），本书的分析表明货币政策不确定性可能会导致逆周期调节失效，这不仅拓展了政策不确定性影响研究，而且对制定有效的逆周期调控政策具有指导意义。鉴于已有研究未能提供一个行之有效的理论框架来回答货币政策不确定性是否以及通过何种渠道影响企业投资对资本成本的敏感性反应，故本书在已有研究的基础上，将货币政策不确定性引入企业投资理论模型来探究这一问题。以下借助理论模型进行分析。

三、货币政策不确定性与企业投资敏感性的理论模型

首先在 Abel 和 Blanchard（1986）分析的基础上推导出可直接检验企业投资与其现金流和资本成本关系的基准模型，然后结合已有研究的结论，将货币政策不确定性引入基准模型，使分析这一不确定性影响企业投资敏感性问题成为可能，此模型也有助于分析货币政策不确定性影响企业投资决策的渠道。为便于解释，定义以下变量：在 t 时期，企业价值为 $V(a_t,K_t)$，根据净现值方法得到；企业的收入为 $\pi(a_t,K_t)$；资本调整成本为 $c(I_t,K_t)$。其中：K_t 为资本存量；a_t 为利润冲击；I_t 为投资；δ 为资本折旧率且 $\delta\in(0,1)$；r_t 为 Abel 和 Blanchard（1986）提到的资本成本；$r_t\in(0,1)$。ϕ 为调整成本的参数（$\phi>0$），Ω_t 为企业可用的信息集。资本调整成本函数对 I_t 和 K_t 是齐次线性的，即 $c(I_t,K_t)=I_t+\phi/2\cdot(I_t/K_t)^2K_t$。资本积累过程为 $K_{t+1}=K_t(1-\delta)+I_t$。为简化推导过程，假设所有企业是同质的，模型中省去表示企业的下角标 i。企业投资的目标是最大化企业的预期现值：

$$V(a_t,K_t)=E\left\{\sum_{j=0}^{\infty}\frac{\pi(a_{t+j},K_{t+j})-c(I_{t+j},K_{t+j})}{\Pi_{s=1}^{j}(1+r_{t+s})}|\Omega_t\right\} \tag{3-1}$$

式（3-1）是风险中性假设下的结果（Frank and Shen，2016），不考虑风险的影响。如果考虑风险的影响，式（3-1）变为：

$$V(a_t,K_t)=E\left\{\sum_{j=0}^{\infty}\frac{\pi(a_{t+j},K_{t+j})-c(I_{t+j},K_{t+j})}{\Pi_{s=1}^{j}(1+r_{t+s})}\cdot\frac{1}{1+\vartheta_{t+j}^2}|\Omega_t\right\} \tag{3-2}$$

式中，ϑ_{t+j} 为风险（在本节中是指货币政策不确定性，即 *MPU*）的影响，是风险的单调递增非负函数，即 $\vartheta_{t+j} = \vartheta(MPU_{t+j}) > 0$ 且 $\vartheta' > 0$。对式（3-1）向式（3-2）的转变，可以从两个方面进行解释：第一，从风险和损益的角度看，承担风险意味着企业有一定概率出现损失。无风险情形下的预期回报是 $E[\pi(a_{t+j}, K_{t+j}) - c(I_{t+j}, K_{t+j})]$，而在货币政策不确定性的影响下，企业预期以概率 $p_{t+j}[p_{t+j} = \vartheta_{t+j}^2 / (1 + \vartheta_{t+j}^2)]$ 只能得到零回报，以概率 $1 - p_{t+j}$ 能够得到和无风险情形下相同的回报，类似于看涨期权。因此，考虑货币政策不确定性影响的预期回报是这两种概率以及相应可获得回报的加权平均值 $E[(\pi(a_{t+j}, K_{t+j}) - c(I_{t+j}, K_{t+j})) / (1 + \vartheta_{t+j}^2)]$。相较于无风险情形的回报，其中的 $E[(\pi(a_{t+j}, K_{t+j}) - c(I_{t+j}, K_{t+j}))\vartheta_{t+j}^2 / (1 + \vartheta_{t+j}^2)]$ 是企业在货币政策不确定性影响下的损失期望。第二，从已有的研究发现看，许多研究表明政策不确定性对企业未来净现金流预期的影响是负向的，不确定性的上升将降低未来现金流预期、增大现金流波动以及提高资本调整成本（Bloom，2009；谭小芬、张文婧，2017；张成思、刘贯春，2018），$(1 + \vartheta_{t+j}^2)^{-1}$ 表示货币政策不确定性对企业未来净现金流预期的影响程度，写成这种形式以保证 $(1 + \vartheta_{t+j}^2)^{-1} \in (0, 1)$，在将没有受到不确定性影响的情况标准化为 1 后，受到不确定性负面影响的结果记为这一形式。上述两种解释均表明货币政策不确定性降低了企业对未来经营表现的预期，式（3-2）的最终设定与已有研究得出的政策不确定性会降低企业价值的结论保持一致（Yang et al.，2019；李浩举等，2016；常媛、刘云莉，2021）。值得一提的是，式（3-2）以独立项的形式直接引入货币政策不确定性的影响，这种做法是基于已有研究发现，政策不确定性显著降低了企业的未来现金流，而不显著影响外部融资成本（张成思、刘贯春，2018），因此式（3-1）向式（3-2）的变化是认为货币政策不确定性通过影响企业对自身未来发展前景的预期影响企业投资决策，以此为契机探究货币政策不确定性对企业投资敏感性的影响。

根据投资的一阶条件，满足目标的最优投资公式可以写成：

$$\frac{I_t}{K_t} = -\frac{1}{\phi} + \frac{1}{\phi} \cdot q_t \qquad (3-3)$$

$$q_t = E\left\{ \sum_{j=1}^{\infty} \frac{(1-\delta)^{j-1}[\pi_K(a_{t+j}, K_{t+j}) - c_K(I_{t+j}, K_{t+j})]}{\Pi_{s=1}^{j}(1+r_{t+s})} \cdot \frac{1}{1+\vartheta_{t+j}^2} \mid \Omega_t \right\}$$

$$(3-4)$$

式中，I_t/K_t 为一单位资本用于投资的比例；q_t 为在货币政策不确定性影响下再增加一单位资本所产生的所有未来边际效益预期的现值之和。如果可直接观察到 q_t，将无须进行下一步推导，然而现实中无法度量 q_t，这里参考 Abel 和 Blanchard(1986) 的做法，借助向量自回归方法将 q_t 分解为几项基本驱动因素。令折现因子 $\beta_{t+s} = (1-\delta)/(1+r_{t+s})$[由于 $\delta, r_{t+s} \in (0,1)$；$\beta_{t+s} \in (0,1)$]，资本边际产出 $M_{t+j} = [\pi_K(a_{t+j}, K_{t+j}) - c_K(I_{t+j}, K_{t+j})]/(1-\delta)$，$M_{t+j} \geq 0$，则 q_t 可以重新写为：

$$q_t = E\left\{ \sum_{j=1}^{\infty} (\Pi_{s=1}^{j}\beta_{t+s}) M_{t+j} \cdot \frac{1}{1+\vartheta_{t+j}^2} \mid \Omega_t \right\} \qquad (3-5)$$

为简化计算，取 $\vartheta = \min\{\vartheta(MPU_t), t = 1, 2, \cdots\}$，$\vartheta > 0$，以 ϑ 代替式(3-5)中随时间变化的 ϑ_{t+j}，令 $F(\vartheta) = 1/(1+\vartheta^2) \in (0,1)$。[①] 然后在 β_{t+s} 和 M_{t+s} 的均值($\bar{\beta}$ 和 $\bar{M}$)附近对式(3-5)做一阶泰勒展开，得到：

$$q_t = E\left\{ \left[\frac{\bar{M}\bar{\beta}}{(1-\bar{\beta})} + \sum_{j=1}^{\infty} \bar{\beta}^j (M_{t+j} - \bar{M}) + \frac{\bar{M}}{(1-\bar{\beta})\bar{\beta}} \cdot \sum_{j=1}^{\infty} \bar{\beta}^j (\beta_{t+j} - \bar{\beta}) \right] \cdot F(\vartheta) \mid \Omega_t \right\}$$

$$(3-6)$$

式(3-6)将 q_t 分解为常数项，资本的边际产出偏离其均值部分的现值之和，以及折现因子偏离其均值部分的现值之和。借鉴 Frank 和 Shen (2016) 的做法，使用 AR(1) 模型描述 β_{t+s} 和 M_{t+s} 的动态变化过程：

$$\beta_{t+s} = \bar{\beta} + \rho_{\beta}(\beta_{t+s-1} - \bar{\beta}) + \sigma_{\beta}\varepsilon_{\beta,t+s} \qquad (3-7)$$

$$M_{t+s} = \bar{M} + \rho_M(M_{t+s-1} - \bar{M}) + \sigma_M\varepsilon_{M,t+s} \qquad (3-8)$$

① 这种做法不会影响理论模型推导出的结论，事实上对 $\vartheta > 0$ 取任意值均不影响这一结论。因为借助上述模型仅是为了推导出企业投资的敏感性是否会降低，至于降低多少则不是理论模型关注的重点，而是实证分析部分讨论的内容。

式中，$\varepsilon_{\beta,t+s}$，$\varepsilon_{M,t+s} \sim N(0,1)$；$\rho_\beta$，$\rho_M \in (0,1)$；$\rho_\beta$、$\rho_M$、$\sigma_\beta$ 和 σ_M 为企业已知的常数。将式(3-7)和式(3-8)用来计算式(3-6)右边的三项，其中第一项是一个常数，第二项如下：

$$E\left[\sum_{j=1}^{\infty} \bar{\beta}^j (M_{t+j} - \bar{M}) \cdot F(\vartheta) \mid \Omega_t\right] = \sum_{j=1}^{\infty} \bar{\beta}^j \rho_M^j (M_t - \bar{M}) \cdot F(\vartheta)$$

$$= \frac{\bar{\beta}\rho_M F(\vartheta) \cdot (M_t - \bar{M})}{1 - \bar{\beta}\rho_M} \tag{3-9}$$

第三项如下：

$$E\left[\frac{\bar{M}}{(1-\bar{\beta})\bar{\beta}} \cdot \sum_{j=1}^{\infty} \bar{\beta}^j (\beta_{t+j} - \bar{\beta}) \cdot F(\vartheta) \mid \Omega_t\right]$$

$$= \frac{\bar{M}}{(1-\bar{\beta})\bar{\beta}} \cdot \sum_{j=1}^{\infty} \bar{\beta}^j \rho_\beta^j (\beta_t - \bar{\beta}) \cdot F(\vartheta) \tag{3-10}$$

$$= \frac{\bar{M}\rho_\beta F(\vartheta) \cdot (\beta_t - \bar{\beta})}{(1-\bar{\beta})(1-\bar{\beta}\rho_\beta)}$$

使用式(3-9)和式(3-10)替换式(3-6)中的相应项，得到

$$q_t = \frac{\bar{M}\bar{\beta}F(\vartheta)}{(1-\bar{\beta})} + \frac{\bar{\beta}\rho_M F(\vartheta) \cdot (M_t - \bar{M})}{1-\bar{\beta}\rho_M} + \frac{\bar{M}\rho_\beta F(\vartheta) \cdot (\beta_t - \bar{\beta})}{(1-\bar{\beta})(1-\bar{\beta}\rho_\beta)} \tag{3-11}$$

对 β_t 使用一阶近似，得到 $\beta_t \approx 1-\delta-r_t$。根据 Abel 和 Blanchard(1986)、Frank 和 Shen(2016)的工作，假设不可观测的边际利润等于可观测的平均利润，即 $\pi_K(a_t, K_t) - c_K(I_t, K_t) = [\pi(a_t, K_t) - c(I_t, K_t)]/K_t$，通常使用现金流占资本的比率($CF_t/K_t$)作为平均利润的代理，$WACC$ 是以债务资本成本与权益资本成本的加权和表示的资本成本。式(3-3)的投资方程变为：

$$\frac{I_t}{K_t} = \alpha_0 + \alpha_1 F(\vartheta) \cdot \frac{CF_t}{K_t} + \alpha_2 F(\vartheta) \cdot WACC \tag{3-12}$$

式中，$\alpha_0 = -1/\phi + (\bar{M}\bar{\beta}/(\phi(1-\bar{\beta})) - \alpha_1\bar{M} - \alpha_2 \overline{WACC}) \cdot F(\vartheta)$，$\overline{WACC} = 1-\delta-\bar{\beta}$，$\alpha_1 = \bar{\beta}\rho_M/[\phi(1-\delta)(1-\bar{\beta}\rho_M)]$，$\alpha_2 = -\bar{M}\rho_\beta/[\phi(1-\bar{\beta})(1-\bar{\beta}\rho_\beta)]$。由于 ϕ，

$\overline{M}>0$ 且 δ，$\overline{\beta}$，ρ_{β}，$\rho_M \in (0,1)$，则 $\alpha_1>0$ 且 $\alpha_2<0$。截距项 α_0 中的 $\overline{M}\overline{\beta}/(1-\overline{\beta})$ 是无风险情况下的长期边际收益 q [如果考虑货币政策不确定性的作用，q 为 $\overline{M}\overline{\beta}F(\vartheta)/(1-\overline{\beta})$]，$(\alpha_1\overline{M}+\alpha_2\overline{WACC})$ 是无风险情况下现金流和资本成本变化的长期影响，假定资本成本和现金流的均值从长期来看都不发生变化，则 α_0 是常数项。α_1 实际上包含了所有未来边际利润冲击对最优投资的影响，其中的 $\overline{\beta}\rho_M/(1-\overline{\beta}\rho_M)$ 是折现参数 $\overline{\beta}$ 和边际利润冲击持续性参数 ρ_M 的组合。α_2 中的 $\rho_{\beta}/[\phi(1-\overline{\beta})(1-\overline{\beta}\rho_{\beta})]$ 可视为一个比例因子，该比例因子与 $\overline{M}$ 的乘积表示由一单位资本成本的增加导致资本的边际产出减少。这两方面的变化引起边际利润变化，从而确定当前最优投资。

　　式(3-12)有两方面含义。第一，$F(\vartheta)=(1+\vartheta^2)^{-1}\in(0,1)$，表明在货币政策不确定性的作用下，单位资本用于投资的比例相较于不受其影响的情形可能会有所下降。① 第二，如果不考虑货币政策不确定性的作用，相当于为 $F(\vartheta)$ 赋值1，现金流对投资的影响由系数 $\alpha_1>0$ 给出，而如果考虑它的作用，这一影响变为 $\alpha_1F(\vartheta)$。由于 $\alpha_1F(\vartheta)>0$ 且 $\alpha_1F(\vartheta)<\alpha_1$，即货币政策不确定性没有改变现金流影响投资的方向(仍为正向促进作用)，但使现金流对投资的影响程度降低，或者说投资对现金流的反应程度减弱、敏感性降低。式(3-11)向式(3-12)转化中，为便于分析资本成本($WACC$)的影响，对 β_t 采用一阶近似，β_t 与 $WACC$ 变化的方向相反，这意味着 $\alpha_2<0$。同理，当 $F(\vartheta)$ 等于1，资本成本对投资的影响由系数 α_2 给出，而如果考虑货币政策不确定性的作用，这一影响变为 $\alpha_2F(\vartheta)$。由于 $\alpha_2F(\vartheta)<0$ 且 $|\alpha_2F(\vartheta)|<|\alpha_2|$，即货币政策不确定性没有改变资本成本对投资的负向影响，但使资本成本对投资的影响程度降低，或者说投资对资本成本的反应程度减弱、敏感性降低。结合式(3-2)的分析，上述结果的影响机制：在高度的货币政策不确定性环境下，企业倾向于低估未来的经营成效，对通过优化资源配置提高未来盈利能力的态度更加保守，认为调整当前的投资策略不会对预期收益产生重要影响(或将产生负面影响)，所以对重要经济影响因素的变化反应程度减弱。这与 Bloom(2014)指出的不确定性的实物期权效应(第二层含义)相一致，即高度的不确定性使企业

---

　　① 一般情形下，$\overline{M}\overline{\beta}/\phi(1-\overline{\beta})-\alpha_1\overline{M}-\alpha_2\overline{WACC}\geq0$ 且 $\alpha_1\cdot CF_t/K_t+\alpha_2\cdot WACC\geq0$。

更加谨慎，这种谨慎对企业间提高生产率的资源再分配产生了激冷效应，本书认为，货币政策不确定性降低了企业对自身发展前景的预期，削弱企业优化资源配置、调整投资策略的积极性，在企业投资决策中造成激冷效应，表现为企业投资对资本成本等重要经济影响因素的敏感性下降。

综上所述，对理论模型的分析表明，货币政策不确定性的存在影响企业投资决策。在高度的货币政策不确定性环境下，企业的投资水平会降低，如果不考虑这一环境的作用，只考虑现金流和资本成本的影响的话，那么现金流的增加会促进投资，而资本成本的增加会抑制投资。如果考虑这一环境的作用，尽管货币政策不确定性的存在不会改变资本成本等经济影响因素对企业投资的作用方向，但会抑制企业投资对其反应程度（敏感性），这种抑制效应的内在逻辑是，货币政策不确定性降低了企业对其未来经营表现的预期，使企业优化资源配置以提高未来盈利能力的激励减弱，这会导致企业根据资本成本等经济影响因素的变化及时调整投资策略的积极性下降，表现为投资的敏感性降低。尽管理论模型包含对企业投资的现金流敏感性分析，本书的重点仍放在对企业投资的资本成本敏感性的分析上。

基于以上分析，本节提出假说3：货币政策不确定性的存在不会改变资本成本对企业投资的负向影响，但会降低企业投资对资本成本的敏感性。

第三节　货币政策不确定性对债务期限结构微观经济效应的影响分析

鉴于此前分析中货币政策不确定性具有诸多负面影响，如削弱预期管理效果、引发不稳定预期、干扰利率传导渠道等，影响货币政策调控发挥效力，这部分分析试图在货币政策不确定性存在的情形下，探寻化危为机、转危为安的手段。为此，从企业债务期限结构的角度展开探究，即在货币政策不确定性所创造的不利经济环境下，探究如何设计企业的债务期限结构以激励企业改善治理、提升绩效。本节从流动性风险效应和治理效应两个方面系统性探讨在货币政策不确定性作用下债务期限结构对企业经营决策及其表现的影响。首先，企业的债务期限结构关系着企业面临的流动性风险，即具有流动性风险效应，并且适当的债务期限结构能够起到激励企业改善治理的效果，即具有治理效应。其次，流动性风险效应和治理效应对企业经营表现的作用效果相反，企业的债务期限结构对企业经营表现的影响取决于这两种效应的综合作用。最后，企业债务期限结构的流动性风险效应与治理效应都会受到货币政策不确定性的影响，进而影响企业经营表现。本节将依次对货币政策不确定性作用下企业债务期限结构的流动性风险效应、治理效应以及两种效应对企业经营表现的综合作用展开理论分析，并提出研究假说。

一、货币政策不确定性、债务期限结构与流动性风险效应分析

这部分考察在货币政策不确定性存在的情况下，企业债务期限结构对企业面临的流动性风险的影响。首先考虑货币政策不确定性对银行和企业的影响。从银行层面进行分析，高度的货币政策不确定性会使银行紧缩信贷供给，实施更严格的信贷标准，从而使企业面临更强的融资约束（Francis et al.，2014；Bordo et al.，2016；宋全云等，2019）。信贷渠道仍是我国货币政策传导的主要途径，通过影响商业银行的信贷行为影响微观主体决策。货币政策变化中产生的不确定性直接影响金融市场上的风险，进而影响商业银行扩大贷款规模的能力和意愿。货币政策不确定性的上升会扩大银行面临的违约风险（王博等，2019），通过加剧银行和企业间的信息不对称，特别在银行普遍倚重抵押物作为重要还款来源的情况下，不确定性上升带来的资产价格波动会引起信贷管理人员的决策偏差，还提高了企业经营管理决策失误的概率，使银行贷款的违约概率上升，造成银行负债成本上升和加剧银行资产负债结构的不匹配，由于商业银行信贷行为具备趋利避险的特性，这将促使银行提高信贷审核标准并提高贷款利率以平衡收益与风险（何德旭等，2020）。其次，从企业层面分析，政策不确定性扩大了

企业经营不确定性，导致企业未来现金流的不确定性提升以及固定资产收益率下降(刘贯春等,2020)，企业自身流动性受到严重影响。以上分析表明，高度的货币政策不确定性环境会产生两个方面的影响：一方面使银行减少信贷供给，导致企业外部融资约束收紧；另一方面加剧企业经营的不确定性，其内部融资能力有所降低，因而更依赖外部融资。这两方面的影响共同导致外部融资(主要是银行贷款)对企业经营越发重要。

进一步分析在货币政策不确定性作用下企业债务期限结构对企业面临的流动性风险的影响。短期债务会产生流动性风险(Douglas,1991)。对企业获得的不同期限的银行借款进行分析，在银行的资产负债表中，存量贷款以短期贷款和长期贷款形式存在，长期借款是指距离到期日一年以上的借款，与短期借款相反。在高度的货币政策不确定性环境下，银行为了规避风险而紧缩信贷供给，但银行无法随意地停贷、断贷，有企业与银行签订的协议作为保障，如果企业未违反协议，银行很难直接对长期借款断贷，而面对一年内到期的短期借款，银行可以在贷款到期后不予续借，这是银行限制信贷增量的主要方式，因而相比长期借款，短期借款更容易受到银行紧缩信贷供给的影响。根据中国人民银行发布的近年的《社会融资规模增量统计数据报告》，商业银行在我国金融体系中占据了相当重要的地位，债券市场尚不发达，银行信贷仍是企业主要的融资渠道。因此，当货币政策不确定性处于较高位时，信贷供给紧缩导致外部融资环境恶化，拥有短期借款越多的企业受到来自银行的不予续借威胁越大，使这类企业更易受到信贷供应冲击的负面影响，企业获得的新增贷款更少，面对的流动性风险更高(Almeida et al.,2011)。基于以上分析，提出假说4：在高度的货币政策不确定性环境下，短期借款占比越高，企业取得的新增贷款越少。

企业贷款期限结构还会影响企业在货币政策不确定性存在情况下的投资决策，这能够进一步验证流动性风险效应的存在。第一，就企业投资的资金可获得性而言，结合此前分析，当货币政策不确定性处于高位时，企业经营上的不确定性促使其通过内部融资满足投资需求的能力降低，导致投资更加依赖外部融资，而此时企业外部融资约束也被收紧，在这种情况下，短期借款越多的企业受到的负面影响越大，获得的贷款越少，因而企业投资水平越低。第二，就企业投资的资金成本而言，政策不确定性升高会触发银行的"自我保险"动机，银行倾向于通过提升企业贷款成本的方式甄别"好"企业(宋全云等，2019)，短期借款越多的企业承受的贷款成本越高，这将促使企业缩减投资。第三，就企业融资目的而言，王义中等(2015)的研究表明，信贷紧缩时，企业的融资目的也随之改变，企业倾向于将可获得资金用于补充流动性而非增加投资。因此，在高度的货币政策不确定性环境下，短期借款多的企业即便能够获得贷款，但由于面临更高的流动性风险，可能倾向于优先拿贷款补充流动性，这也导致投资减少。基于以上分析，提出假说5：在高度的货币政策不确定性环境下，短期借款占比越高，企业的新增投资越少。

二、货币政策不确定性、债务期限结构与治理效应分析

这部分考察货币政策不确定性存在情况下企业债务期限结构如何影响企业治理。企业债务期限结构的治理效应主要体现在，以断贷作为威胁，银行得以发挥约束和监督企业管理的作用，进而激励企业改善治理。

首先分析货币政策不确定性影响下银行行为的变化。一是从风险承担渠道进行分析，货币政策不确定性影响银行风险承担，风险规避的银行经理人在面对外部不确定性时倾向于持有更多资本以保护股东利益，从而降低了风险承担意愿，即政策不确定性的上升将遏制银行的主动风险承担行为(顾海峰、于家珺，2019)。二是从贷款渠道进行分析。货币政策不确定性影响银行信贷决策，银行信贷决策受外部政策和经济环境的共同作用，货币政策不确定性通过影响银行对未来流动性需求的预期影响银行信贷决策，不确定性的增加会促使银行采取谨慎保守的信贷策略，抑制信贷供给，以及调整信贷结构以降低信贷风险，倾向于发放风险较低的担保贷款(邝雄等，2019)。货币政策不确定性的上升还提升了银行负债成本，加剧了银行资产负债结构的不匹配程度，从而敦促银行提高信贷审核标准(何德旭等，2020)。这两方面分析都表明，货币政策不确定性的存在使银行对流动性风险和信贷风险更加敏感，在信贷资源配置方面更加谨慎，进而提高了银行对企业施加约束和监督的意愿，因而有更多激励敦促企业改善治理。

其次，从企业债务期限结构角度分析银行如何影响企业治理。债务期限结构是银行参与企业治理的重要方式（刘海明、李明明，2020）。相比中长期借款，短期借款的期限更短，易于及时回收本金，对企业具有更强的监督作用，有助于缓解银行与企业间的信息不对称，降低银行面临的信贷风险（邝雄等，2019）。短期债务使得债权人能够以最小的代价灵活、有效地监督债务人（Rajan and Winton，1995）。结合我国实际，由于金融市场尚不完善，风险管控技术落后，商业银行采取的加强信贷风险管理的方式是重点发放短期贷款，审慎发放长期贷款，前者相对较短的周转期便于约束债务人的投机行为，使银行能够及时发现坏账，管控风险（冯旭南，2012）。根据债务期限结构理论，缩短债务的有效期限能减少债权人与债务人之间的利益冲突，短期债务不仅要求到期还本付息，而且到期后要面对债权人不予续借的情况，这触发了有效监督，迫使债务人定期向债权人提供有关主要经营决策的风险和收益信息，债权人将根据这些信息为不同期限的债务重新定价，进而缓解资产替代问题（Myers，1977；Barnea et al.，1980；肖作平，2011），提高了信贷资源配置效率。这些分析表明，企业的短期借款越多、占比越高，续借过程中银行对企业的约束和监督作用越强。

综合以上分析，高度的货币政策不确定性会强化银行对企业施加约束和监督的意愿，而企业的短期借款越多、占比越高越有助于银行发挥作用，企业受到银行的约束和监督作用越强，越能激励企业改善治理，进而体现出更强的治理效果。因而在高度的货币政策不确定性环境下，企业的债务期限结构短期化或者说提高短期借款占比，有助于提升企业治理效果。那么这种治理效应体现在什么方面呢？相较于长期债务，短期债务由于期限更短，需要频繁续借，在此过程中受到更加频繁的监督，因而有助于约束企业管理者对自由现金流的使用和企业的清算（Hart and Moore，1995），制约企业管理者的投机行为（Stulz，1990），缓解债务人与债权人之间的代理问题（肖作平，2011）。由此可见，这种企业治理效应主要体现为减少代理问题的产生，在资金利用效率方面，代理问题表现为资产替代问题，而在企业的经营管理方面，则反映为经理人代理问题。以下分别从资产替代和股东与经理人之间的代理问题两个方面对治理效应展开分析。

第一，债务期限结构对股东与经理人之间的代理问题的影响，反映的是短期借款的间接治理效应。经理人代表股东管理企业，仅持有少部分股份甚至是不持有股份，因此其目标函数和股东之间存在偏差，做决策不会以股东利益最大化为目标，这会引起经理人和股东之间的利益冲突，即产生代理成本（陈耿、周军，2004）。自由现金流假说认为，出于自利动机，经理人倾向于将企业的自由现金流用于扩张企业规模，而不是作为股利发放给股东，因为这将减少经理人的可支配资金，并增加企业未来的融资压力，这种扩张企业规模的倾向被称为"帝国建造"（Jensen，1986）。债务能够从经理人激励与经理人约束两方面降低代理成本。首先，从经理人激励的角度分析，债务的增加减少了企业对外部股权资金的需要，间接提高了经理人的持股比例，使经理人与股东的目标函数趋于一致，从而缓和经理人与股东之间的代理冲突（Stulz，1990）。其次，从经理人约束的角度分析，负债的存在使企业面临还本付息的压力，能够降低企业自由现金的数量，约束经理人对企业自由现金流的滥用（Jensen，1986），减少对企业规模的盲目扩张，这被称为负债的相机治理作用（童盼、陆正飞，2005）。特别是短期借款的增加，由于债务期限短，经理人面临短期内还本付息、频繁续借和再协商问题，从而将经理人置于债权人的约束和监督下（Rajan and Winton，1995）。为了避免这些监督与制约影响自身利益，经理人倾向于接受长期债务融资（Datta et al.，2005）。由此可见，短期借款能够从激励与约束两个方面修正经理人行为，缓和经理人与股东之间的代理冲突，降低代理成本。这种间接治理效应在货币政策不确定性存在的情况下会被强化，当面对高度的货币政策不确定性时，银行有更大激励控制风险，将加强经理人的监督和约束，经理人出于自利动机能够从企业经营过程中攫取的利益越少，企业经理人代理成本越低。基于以上分析，提出假说 6：在高度的货币政策不确定性环境下，短期借款占比越高，经理人代理成本越低。

第二，债务期限结构对资产替代问题的影响，反映的是短期借款的直接治理效应，主要体现在对企业过度投资行为的约束上。企业在获得贷款后倾向于投资高风险项目，因为其在投资成功时能够获得巨额收益，而失败时只需要承担有限责任，由债权人承担主要损失，从而将风险转嫁于债权人（Jensen and Meckling，1976），引起债权人和债务人之间的典型代理冲突，即资产替代问题。短期借款有助于制约资产替代，比起长期借款，短期借款偿还期限短，频繁的续借和再谈判过程使债权人可以强化对债务人的监督和约束，从而使债权人受到蒙骗的概率降低（Myers，1977；Barnea et al.，1980）。短期借款通过以下方式缓解了企业的资产替代问题：当短期借款较多且占比较高时，企业将面临短期内清偿债务和再融资的压力，一方面，在这种情况下扩张企业规模容易导致企业现金流不足，有出现财务危机的风险，企业为规避这种风险会减少对企业规模的盲目扩张，因而有助于约束企业的过度投资行为；另一方面，如果企业将低风险债务资金投资了高风险项目，可能出现无法如期还款的情况，不仅无法获得下一轮融资，而且面临被清算的风险，为了避免这种情况发生，企业会更慎重地权衡投资收益与风险，这也会减少企业的过度投资。Gomariz 和 Ballesta（2014）、黄乾富和沈红波（2009）也证实了短期借款对企业过度投资的约束作用。当面对高度的货币政策不确定性时，银行对信贷风险更加敏感、有更大激励控制风险，而企业的短期借款越多、占比越高，在续借过程中银行对企业起到的监督和约束作用就越强，对企业过度投资行为的震慑力也就越强。因此，在货币政策不确定性存在的情况下，企业的短期借款越多、占比越高，对企业过度投资行为的约束作用就越强。基于以上分析，提出假说7：在高度的货币政策不确定性环境下，短期借款占比越高，企业的过度投资越少。

三、货币政策不确定性、债务期限结构与企业绩效分析

综合以上分析，企业债务期限结构同时具有流动性风险效应和治理效应，并且这两种效应在货币政策不确定性的影响下均得到强化，鉴于这两种效应对企业发展的影响截然相反，流动性风险效应对企业经营表现有负面影响，而治理效应产生的是正向作用，引起的一个疑问是，在货币政策不确定性的作用下，哪一种效应起主导作用？这一问题也是对货币政策不确定性作用下企业债务期限结构如何影响企业经营表现的回答。

转型经济体的债务期限结构远低于发达经济体，这一现象被称为"债务期限结构谜题"，而在全球金融危机爆发后，发达国家或地区的企业债

务期限结构也呈现出短期化趋势，其中的一项重要原因是，偏短的企业债务期限便于银行管控风险。如果将货币政策不确定性视为经济环境中的一项重要风险因素，则可以从这一不确定性存在情况下短期借款所展现出来的风险控制作用为"债务期限结构谜题"提供解释：转型经济体的经济制度建设尚未完善，如市场经济制度，经济发展对政府政策调整有依赖，而且货币政策体系尚不健全，复杂的国际经济形势要求货币政策需适时调整，市场主体无法对政策形成一致预期，在此过程中产生的不确定性处于偏高水平，加重了经济环境中的风险，在这一背景下，一方面，金融体系尚不完备，银企双方存在严重的信息不对称，再加上信息不透明，商业信用体系难以建立，使银行面临极高的债务违约风险，但经济发展亟须金融中介提供金融服务，在这种情境下，缩短债务期限是银行控制此风险的所有手段中成本最为低廉的一项，为了实现更优的金融资源配置，银行倾向于提供短期借款，在频繁的续借过程中强化对企业的监督和约束，降低债务违约风险；另一方面，债务期限结构是企业对短期债务的优势和劣势权衡后的理性选择（袁卫秋，2005），货币政策不确定性的存在将加剧企业经营中的不确定性，转型经济体中企业债务期限结构短期化的事实表明，偏短的债务期限结构可能更适合转型经济体背景下企业发展的需要，会激励企业有更好的经营表现。以上两方面的分析表明，短期化的企业债务期限结构对转型经济体可能更有利。因此，本书认为，在货币政策不确定性所创造的不利环境下，更短的债务期限结构产生的治理效应超过了流动性风险效应，尽管偏短的债务期限结构迫使企业面对更多流动性风险，但其发挥的治理效果超过其引发的流动性风险，即治理效应占据主导地位，因而短期借款更多的企业有更好的业绩表现。基于以上分析，提出假说8：在高度的货币政策不确定性环境下，短期借款占比越高，企业业绩表现越好。

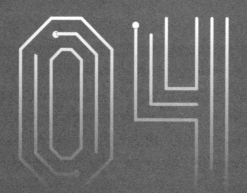

第四章

货币政策不确定性对预期管理效果的影响研究
——来自央行沟通与公众通胀预期扭曲的证据

对于货币政策不确定性通过何种途径影响货币政策调控发挥效力的问题，本章尝试从预期管理的视角做出回答，探究货币政策不确定性对预期管理效果的影响及其影响机制，为这一不确定性削弱预期管理效果、引发不稳定预期，进而影响货币政策有效性提供证据，并提出建议和措施。实现"稳预期"目标有赖于确定的经济环境和有效的预期管理，货币政策不确定性的存在不仅增加了经济环境中的不确定因素，而且可能会影响货币政策调控效果，从这两方面共同作用于预期形成过程。鉴于引导公众通胀预期以减轻预期扭曲是预期管理有效的重要体现，以及央行沟通在预期管理中的重要性，将研究目标转化为探究两个问题：①货币政策不确定性是否会导致公众通胀预期扭曲？②在货币政策不确定性存在的情况下，央行沟通在减轻公众通胀预期扭曲方面的效果是否受到影响？研究发现，我国公众通胀预期兼具后顾性和适应性，这从预期形成的角度为我国公众通胀预期扭曲的存在提供解释。结合第三章中的分析，本章从一般性影响途径和特殊影响途径两个方面考察货币政策不确定性如何引起公众通胀预期扭曲，研究结果表明，这一不确定性不仅创造了不利的经济环境，还削弱了预期管理效果，因而已成为实现"稳预期"目标的重要阻碍：一方面，信息的完备性和公众心理因素在预期形成中起重要作用，货币政策不确定性的上升意味着公众面临的不确定因素增加，将从这两个方面直接干扰预期形成，引起通胀预期扭曲。这是货币政策不确定性影响公众通胀预期形成的一般性影响途径，是指其作为一种不确定因素，在影响通胀预期形成方面与其他不确定因素具有类似作用机制。另一方面，尽管央行沟通有助于引导公众通胀预期，但货币政策不确定性的存在降低了央行沟通的预期引导效果，导致公众通胀预期扭曲。鉴于央行沟通在预期管理中具有重要地位，这一发现表明这一不确定性损害预期管理的有效性，是其影响公众通胀预期形成的特殊影响途径，该途径的提出是基于已有研究发现，即货币政策不确定性影响通胀预期的强度大于其他类型的政策不确定性，本书认为可能的原因是货币政策不确定性在影响通胀预期形成中存在区别于其他不确定性的特殊影响途径，研究发现验证了此观点。

本章创新性地通过研究货币政策不确定性如何损害央行沟通的预期引导效果、引起公众通胀预期扭曲，为这一不确定性削弱预期管理效果及其影响机制提供经验证据，这是本书区别于已有研究的重要发现之一，不仅为特殊时期央行沟通效果不佳提供了新的解释，还为已有研究发现的不同类型政策不确定性对通胀预期的差异化影响提供了解释，对其中一般性影响途径和特殊影响途径的区分还为在不确定的经济环境下有效管理公众预期提供有益思考。其中，对通胀预期扭曲的研究是对已有研究的重要拓展，不同于通胀预期的上升或下降是中性的，预期扭曲程度上升意味着公众通胀预期的无序化水平扩大，是通胀预期不稳定的重要表现，从而研究通胀预期扭曲问题对实现"稳预期"目标具有现实意义。

第一节　引言

中央经济工作会议在 2018 年首次提出"六稳"方针，2020 年再次强调要扎实做好"六稳"工作，关键是"稳预期"。在复杂多变的国际形势下，为保持住我国经济良好的发展势头，实现"稳预期"目标具有重要意义，该目标的实现有赖于确定的经济环境和有效的预期管理。稳定通胀预期是"稳预期"的重要内容，通胀预期在经济主体进行生产、消费、储蓄以及投资等重要经济决策中起到重要作用，长期以来备受关注（孙坚强等，2019）。已有研究重点关注公众预期的水平变化，然而，仅探讨这一变化对实现"稳预期"目标价值有限，因为"稳预期"并不局限于使预期维持在恒定水平，其内在逻辑和要求是通过有效引导使公众形成稳定且一致预期，降低预期的无序化水平，即减轻公众预期扭曲。稳定通胀预期的核心要求是减轻公众通胀预期扭曲。受现阶段我国货币政策规则处于量价转型进程、复杂的国内外经济形势要求货币政策适时调整等影响，在此过程中产生的货币政策不确定性问题不容忽视，这不仅增加了经济环境中的不确定因素，而且可能会影响货币政策调控效果，从这两方面共同作用于预期形成过程，使预期管理面临严峻挑战。2020 年，《中共中央关于制定国民经济和社会发展第十四个五年规划和二〇三五年远景目标的建议》强调"重视预期管理，提高调控的科学性"，为避免以"稳预期"为目标的货币政策调控成为实现该目标的绊脚石，本章探究了货币政策不确定性如何引起公众通胀预期扭曲，为提升预期管理效果、提升政策有效性以及早日实现"稳预期"目标提供建议。

直接探究政策不确定性与通胀预期之间关系的研究主要集中于分析经济政策不确定性这一涵盖多项政策不确定性的综合指标的影响，且在研究中直接使用 Baker 等（2016）基于新闻报道内容编制的政策不确定性指数（也称为 BBD 指标），或借鉴他们的方法自主构建相应的政策不确定性指数（朱军、蔡恬恬，2018）。Ghosh 等（2021）借助 VAR 模型研究发现，经济政策不确定性冲击会显著提升印度家庭的预期通胀，使其呈先升后降的变化趋势。Liu 等（2019）借助 MF-VAR 模型研究发现，欧洲、日本和中国的经济政策不确定性冲击会导致中国居民的通胀预期上升，而来自美国和除中国、南非的金砖国家的经济政策不确定性冲击会导致相反结果。王少林和丁杰（2019）借助 TVP-SV-VAR 模型也发现，经济政策不确定性的上升会提高居民通胀预期，而后恢复均衡水平，呈"勺子"形反应路径。关于分类政策不确定性对预期的影响研究相对较少，且研究结论存在较大差异。其中，Istrefi 和 Piloiu（2014）对美国和欧洲的研究表明，货币政策不确定性冲击会导致专家的短期通胀预期下降和长期通胀预期上升，且影响强度高于财政政策不确定性和经济政策不确定性冲击。朱军和蔡恬恬（2018）发现，货币政策不确定性和财政政策不确定性均会导致专家预期短期上升、长期下降，且货币政策不确定性的影响显著大于财政政策不确定性。

　　梳理已有文献后不难发现，存在可拓展空间：①已有研究仅关注政策不确定性对预期水平变化的影响，而普遍忽略了一个关键问题，"稳预期"并非要求公众通胀预期保持不变，且通胀预期上升/下降未必有害。例如，公众提振信心可能导致通胀预期上升，将促使经济加速回暖；在经济过热时采取一些紧缩措施可能导致通胀预期下降，将加速经济降温。因此，这些以通胀预期水平为主题开展的研究对实现"稳预期"目标而言，借鉴价值有限。②已有文献仅表明经济政策不确定性以及分类政策不确定性（如财政、货币等政策不确定性）影响通胀预期，较少分析解释其内在机制，至于如何解释政策不确定性对通胀预期的影响在不同经济体中存在差异以及不同的分类政策不确定性对公众通胀预期的影响存在差异，仍有待探索。③已有文献未区分预期的具体性质，部分文献使用的是专家预期（一般是理性预期），部分文献使用的是家庭预期（一般是不完全理性预期），预期的不同性质决定了其受政策不确定性影响的时间和程度，可能影响实证结果。④已有研究将 BBD 类政策不确定性指数用于公众预期影响研究，这类指数基于新闻报道内容编制而成，而新闻报道既影响人们的预期，又受预期的影响，因此将这类指标用于预期相关的研究可能会引起内生性问题。虽然研究中使用 VAR 类模型在应对内生性问题上有优势，但变量间双向因果关系可能影响变量冲击之间的相关性，导致脉冲响应结果出现偏误。

⑤我国通胀预期兼具后顾性和适应性，因此研究中估计的货币政策不确定性影响预期的短期效应可能是有偏的。

与已有文献相比，本章的边际贡献主要体现在以下方面：①旨在分析货币政策不确定性如何影响通胀预期扭曲，这是对已有研究的重要拓展。不同于通胀预期的上升或下降是中性的，预期扭曲程度上升意味着公众通胀预期的无序化水平扩大，是通胀预期不稳定的重要表现，从而研究通胀预期扭曲问题对实现"稳预期"目标具有现实意义。②区分了货币政策不确定性引起公众通胀预期扭曲的一般性影响途径和特殊影响途径，后者指货币政策不确定性通过影响预期管理效果间接参与通胀预期形成过程，即货币政策不确定性损害了央行沟通对公众通胀预期的引导效果，引起公众通胀预期扭曲，这是本章区别于已有研究的重要发现之一。[①] ③特殊影响途径的存在，不仅为特殊时期央行沟通效果不佳提供了新的解释，也为已有研究发现的不同类型政策不确定性对通胀预期的差异化影响提供了解释。④本章基于中国国情和数据，改进和完善核心指标的测度。第一，货币政策不确定性测度。考虑到将基于新闻报道编制的不确定性指标用于公众预期影响研究可能会引起内生性问题，本章在 Fernández‐Villaverde 等（2015）、Jurado 等（2015）研究的基础上，提出一种不依赖新闻报道的货币政策不确定性测度方法，这丰富了已有的测度手段，并拓展相关研究的范围。第二，通胀预期扭曲程度测度。结合通胀预期的后顾性和适应性特征，借助 AR‐GARCH 模型创新性地测度出通胀预期扭曲指标，为后续研究提供指标基础。第三，借助改进后的测度方法，测度央行沟通、货币政策可信度等指标，为开展后续研究提供指标基础和数据基础。⑤通胀预期兼具后顾性与适应性，可能使通胀预期扭曲的状态持续，从而可能导致对短期影响的估计是有偏和不一致的，且未将重要的信息时滞考虑在内，分析长期效应更加合理。鉴于此，本章在自回归分布滞后模型的分析框架下检验影响的长期效应。考虑到研究中可能存在内生性问题，该模型展现出

---

① 鉴于央行沟通在预期管理中的重要性，本书使用其反映货币政策预期管理。构建央行沟通指标使用了措辞提取方法，措辞来源是各季度《中国货币政策执行报告》，仅涉及货币政策，因此货币政策不确定性通过降低央行沟通的预期引导效果而间接造成公众通胀预期扭曲，这可作为货币政策不确定性影响公众通胀预期的特殊途径。

优良性质：即使在变量间的长期关系中存在内生性和同时性偏误（Simultaneity）的情况下，分析得到的长期关系参数（包括系数及其标准误）估计量仍是超一致性（Super-Consistent）估计（Islam，2004）。

结合第三章的理论分析，本章其他部分结构安排如下：第二节是核心指标测度，第三节是模型构建、指标含义与描述性统计，第四节是实证分析与稳健性检验，第五节是本章小结。

第二节 核心指标测度

本节主要测度实证分析所涉及的核心指标，包括通胀预期扭曲、货币政策不确定性和央行沟通等。

一、公众通胀预期的测度

国内已有文献所用通胀预期数据主要源于《证券市场周刊》的"远见杯"预测数据、北京大学"朗润预测"数据，以及中国人民银行公布的《城镇储户问卷调查报告》。前两者是由相关领域专家充分利用已有信息且基于一些（复杂）模型做出的预测，虽然接近真实通胀水平，但无法反映居民主体的通胀预期，因为普通居民可获得的信息有限，且分析和处理信息的能力远不及专家水平。中国人民银行的问卷调查在普通储户中进行，涵盖的时间和人群更广，样本兼具一般性和代表性：自1999年起，中国人民银行每季度对全国五十个大中小城市的400个营业网点共随机抽取20000城镇储户做调研，并将调查结果包括物价感受、收入感受等以报告形式发布。此外，采用分层抽样方法进行抽样调查，将全国600多个大中小城市和8项相关经济指标录入数据库，形成抽样框，将抽取的各层样本的经济指标与总体指标进行比较，发现样本均值与总体均值十分接近，可以认定抽取的样本较好地代表了全国情况（张涛，2010）。因此，从这项调查报告中提取的我国居民通胀预期指标更贴合"公众通胀预期"的含义。

　　然而，在调查报告中，储户只被问及预期下一季度的通胀率是"上升"、"基本不变"还是"下降"，[①] 而没有回答具体预期通胀率，因此需要将定性信息转为定量数据，为此，卞志村和张义(2012)使用了差额统计方法和概率方法。概率方法的准确性取决于参数设定[②]，而差额统计方法不存在该问题，故本章采用此方法计算公众的通胀预期。令 $B_t = U_t - D_t$，U_t 和 D_t 分别为在第 $t-1$ 期预期第 t 期物价上升与下降的人数百分比，B_t 为净差额，用于度量预期平均变化幅度，则对第 t 期通胀水平的预期可表示为

$$\pi_t^e = \beta \cdot B_t，其中 \beta = \sum_{t=1}^{T} \pi_t / \sum_{t=1}^{T} B_t，\pi_t 为第 t 期实际通胀水平，$$

以居民消费者价格指数(CPI)的季度环比增长率表示。在此基础上有学者提出了加权差额统计方法，定义加权净差额 $WB_t = (U_t - D_t)/(U_t + D_t) = B_t/(1 - C_t)$，将预期经济变量在未来不发生变化的受访者占比($C_t$)考虑在内，然后用 WB_t 替换上式中的 B_t 即可得到预期估计值。考虑到我国的这项调查中有关物价预期的问题设定自 2009 年第二季度起新增了一个选项"看不准"，本章据此情况改进加权差额统计方法：令 $NWB_t = (U_t - D_t)/[(U_t + D_t)(1 - N_t)] = WB_t/(1 - N_t)$，$N_t$ 是选择"看不准"第 t 期物价走势的受访者占比，这一改进使 2009 年前后各期计算出的净差额可比较。用 NWB_t 替换差额统计方法中的 B_t，即可求得系数 $\beta = 0.936$，进而测算出通胀预期。

　　由于调查问卷中有关未来物价预期的问题并未明确指出此物价是城镇物价或总体物价，在实证研究中既有使用城镇居民消费者价格指数如张蓓(2009)、卞志村和张义(2012)，也有使用总体消费者价格指数如肖争艳和陈彦斌(2004)、张健华和常黎(2011)、Liu 等(2019)作为 π_t，为了比较这

---

　　① 由此可见，居民对第 t 期物价的预期在第 $t-1$ 期形成，而第 t 期预期扭曲变量是从第 t 期的预期中提取得到，这从信息获取时滞的角度解释了为什么在模型(4-12)和模型(4-13)中其他变量应相对于预期扭曲变量至少滞后一期。特别地，《中国货币政策执行报告》的发布时间也存在时滞，在第 $t+1$ 期发布第 t 期的执行报告，卞志村和张义(2012)发现第 t 期执行报告的发布将影响 $t+1$ 期的居民储蓄问卷调查结果(对 $t+2$ 期的预期)，因而模型(4-13)将从执行报告中提取出的央行沟通指标(DI)设定为较预期扭曲指标滞后两期。

　　② 概率方法通常采用以下规则为参数取值：取多组参数，比较测算出的预期值与真实值，将两者之差最小情况下的参数作为合理取值，相对应的预期值作为对预期的估计值。该规则成立的前提是，预期是理性的，因而无限接近真实值。然而，本书将证实我国居民的通胀预期不是理性预期，该规则不成立。

两种做法的区别，本章比较了 1994 年 1 月到 2020 年 3 月居民消费价格月度环比指数在城镇、农村以及全体中的差异，如图 4-1 所示，从图 4-1 中可以看出，研究年度内，三者的曲线变动方向一致，并且城镇和全体的曲线几乎完全重合。基于这一事实以及本章涉及其他指标构建情况，采取肖争艳和陈彦斌（2004）的做法，认为调查中的物价预期是对我国整体物价水平的预期。

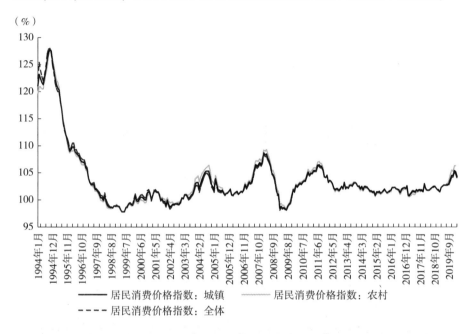

图 4-1　1994 年 1 月至 2020 年 3 月我国城镇、农村与全体居民消费价格的月度环比指数比较

资料来源：CEIC 数据库。

研究涉及的城镇储户问卷调查报告的时间跨度为 1999 年第四季度到 2019 年第四季度，共 81 个季度，测算得到 2000 年第一季度到 2020 年第一季度的居民通胀预期[①]。将实际通胀水平与计算出的通胀预期绘制为

---

① 调查报告按季度发布，中国人民银行是在每年的 2 月、5 月、8 月、11 月进行储户问卷调查，调查中的预期是对未来 3 个月做出的，按照张蓓（2009）、卞志村和张义（2012）的观点，应该采用当年 3~5 月、6~8 月、9~11 月、12 月至次年 2 月的季度消费者价格环比指数来计算通胀预期，然而考虑到在本书的研究中，多项指标构建使用到的季度数据均为自然季度数据，为了保证数据的一致性，在计算通胀预期时也使用自然季度的居民消费者价格指数。

图 4-2，两者均为季度环比指标。如图 4-2 所示，两者保持了较好的同步性，通胀预期准确地反映了实际通胀的趋势性变化。这两项环比指标的波动都不同程度地包含了季节性因素，但通胀预期要相对平稳得多。

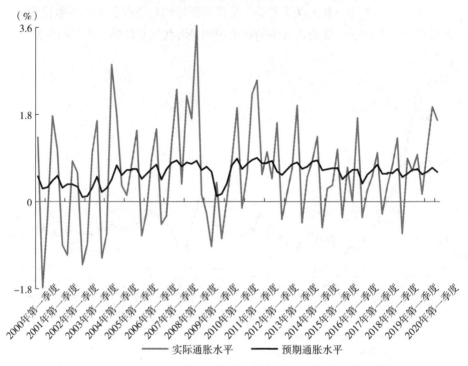

图 4-2　2000~2020 年第一季度我国居民的预期通胀水平与实际通胀水平比较
资料来源：实际通胀水平来自 CEIC 数据库，预期通胀水平来自笔者计算。

二、通胀预期扭曲指标测度

检验预期性质以探究我国居民通胀预期的形成机制分两步进行：第一步，检验预期是否具有前瞻性或后顾性；第二步，检验它是否为理性预期或适应性预期，抑或介于两者之间的一种不完全理性预期。检验预期性质，是为了从预期的形成过程来解释我国公众通胀预期扭曲的产生和存在，并为相应指标的构建提供依据：①如果通胀预期是理性的，那么通胀预期扭曲的情况不可能存在；如果通胀预期是前瞻性的，表明经济主体能够很好地将"变化"纳入预期形成过程，从而这些不确定因素不会干扰预期形成，程均丽等（2015）指出，经济主体会考虑到未来更多的变化因素，更为成熟地应对不确定环境。事实上，前瞻性预期较理性预期的成立条件更加严苛，因为它不仅要求经济主体了解当前的一切，而且要求未来也是可知的，因此在前瞻性预期下，通胀预期扭曲的情况也不可能存在，且货币政策不确定性不会影响此类预期的形成过程。相反，这些性质意味着通胀预期在形成中极易受经济主体之前的经历或历史信息的影响，预期在形成中根据历史预测误差做调整，却无法及时地根据时势做出合理调整，在这一过程中，一旦意外冲击发生，预期将呈现无序化状态，通胀预期扭曲产生并持续存在。②构建通胀预期扭曲指标所使用的模型是在预期性质的基础上建立的。

　　首先，本章检验我国居民通胀预期的前瞻性或后顾性。借鉴程均丽等（2015）对两种预期的判断方法，设定以下检验方程：$\pi_t^e - \pi^{e*} = a(\pi_{t-1} - \pi^*) + b(\pi_{t+1} - \pi^*) + u_t$。方程的含义是，如果仅有历史通胀水平对当期预期形成发挥作用，即系数 a 显著但 b 不显著，那么这是后顾性预期；如果仅有未来通胀水平对当期预期形成发挥作用，即系数 a 不显著但 b 显著，那么这是前瞻性预期；如果历史和未来的通胀水平都对当期预期形成发挥作用，即系数 a 显著且 b 显著，那么预期兼具后顾性和前瞻性。方程中使用到剔除季节效应后的实际通胀率序列 $\{\pi_t, t=1,2,\cdots,T\}$ 和预期通胀率序列 $\{\pi_t^e, t=1,2,\cdots,T\}$，$\pi^*$ 和 π^{e*} 分别是两者的序列均值，即对变量做了中心化处理。检验序列平稳性，ADF 单位根检验结果显示两者均在 5% 的显著性水平上拒绝存在单位根的假设，表明两者均为平稳序列①，可以直接进行回归分析，为避免异方差或自相关的干扰，使用 Newey-West 稳健估计方法，估计结果为 $a=0.18$，在 1% 的水平上显著，$b=0.05$，对应 p 值为 0.11。从系数的大小和显著性判断，我国居民的通胀预期表现为后顾性预期。

　　其次，检验我国居民通胀预期是否为理性预期。理性预期假说认为，经济主体能充分有效地利用所有可得信息形成无系统性偏误的预期。因

---

　　①　对经过季节调整后的实际通胀率序列和预期通胀率序列均进行 ADF 和 PP 单位根检验，检验的形式均为只有截距项，其中，实际通胀率的 ADF 检验统计量为 -4.7268，对应 p 值为 0.0002，PP 检验统计量为 -2.734，对应 p 值为 0.0731，预期通胀率的 ADF 检验统计量为 -2.919，对应 p 值为 0.0481，PP 检验统计量为 -4.8093，对应 p 值为 0.0002。

此，理性预期满足无偏性、无序列相关性以及有效性和正交性（Forsells and Kenny，2002），这四项特征中仅部分满足的话被称为不完全理性预期。无偏性检验用于评价预期通胀与真实通胀之间是否存在系统性或持续性偏差。序列相关检验用于评估过去的预测误差能否为形成预期提供有用信息，理性预期假设下，消费者在形成预期时已充分利用了可获得信息，无法通过考察自己过去的错误来改善预期，因此预测误差不存在序列相关。检验有效性和正交性的目的是评估在期望形成过程中对相关信息的利用程度，其潜在含义是，如果是理性预期，那么人们在做预期时已经充分有效地利用了所有可得信息，因此使用历史信息无法改善预期。

检验预期的无偏性和无序列相关性，通过以下模型实现：$\pi_t = a_0 + b_0\pi_t^e + e_t$。如果预期是理性的，那么必然是无偏的，即模型系数满足 $a_0 = 0$ 且 $b_0 = 1$，这里同样使用 Newey-West 稳健估计方法估计系数，Wald 检验在 1% 的显著性水平上拒绝这一联合假设，表明预期不满足无偏性[①]。这里使用 Q 统计量辅助判断预测误差的序列相关性，滞后的 36 期分别对应的 p 值均小于 0.01，拒绝原假设，即存在序列相关，表明我国居民的通胀预期不满足无序列相关性。

对有效性和正交性（或称弱有效性和强有效性）的检验，Forsells 和 Kenny（2002）指出其目的是评估受调查者在期望形成过程中对相关信息的利用程度，一般使用通胀率的历史信息检验有效性，使用更广泛的信息验证正交性。通过以下模型检验有效性和正交性，把预测误差作为被解释变量，以通货膨胀历史观测值为解释变量：$e_t = c + \sum_{j=1}^{J}\sum_{i=1}^{k} d_{ij}\Omega_{j,t-i} + \nu_t$，其中，预测误差 $e_t = \pi_t - \pi_t^e$，$\{\Omega_j, j = 1, 2, \cdots, J\}$ 表示形成预期时的可用信息集。使用 Newey-West 稳健估计方法估计系数，如果至少有一个系数 d_{ij} 显著不为 0，则表明历史信息有助于改善预期。检验有效性时使用历史信息集只包含实际通胀的历史观测值，结果显示，Wald 检验在 1% 的显著性水平上拒绝模型系数全为 0 的联合假设，表明我国居民的通胀预期不满足有效性。检验正交性时在 $\{\Omega_j, j = 1, 2, \cdots, J\}$ 中需要包含除实际通胀率的变量，如 GDP、

---

① 模型系数的估计结果为 $a_0 = -0.6266$，对应 p 值为 0.0029，$b_0 = 1.9987$，对应 p 值为 0.0001，联合检验的 F 统计量为 5.0487，对应 p 值为 0.0088。

固定资产投资、货币供应量、汇率、贷款利率等影响预期形成的重要变量，当这些变量构成充分大的信息集时，可以采用扩散指数模型进行检验（Dias et al.，2010）。由于正交性是比有效性更强的性质，在有效性不满足的情况下，无须检验正交性。

经过上述检验，无偏性、无序列相关性和有效性均不满足①，表明我国居民通胀预期不是理性预期，也排除了它是不完全理性预期的可能，在这种情况下，已有研究会直接将其归类为适应性预期，但这种非此即彼的判断方式忽视了对适应性预期的验证。以下参考理性预期的检验方法，运用数理分析手段推导出适应性预期需满足的三项重要特征，并对我国居民通胀预期做了检验。适应性预期认为，人们对当期的预期建立在历史预测基础上，并通过修正历史预测误差实现。因此，后顾性是适应性预期的本质特征，定义为特征一。修正系数即适应系数，以 η 表示，将适应性预期定义为如下形式：$\pi_t^e = \pi_{t-1}^e + \eta(\pi_{t-1} - \pi_{t-1}^e)$，$0 < \eta < 1$，可以推出 $\pi_t - \pi_t^e = \Delta\pi_t + (1-\eta)(\pi_{t-1} - \pi_{t-1}^e)$，用 e_t 表示预测误差，则可表示为 $e_t = \Delta\pi_t + (1-\eta)e_{t-1}$，进一步推出 $[1-(1-\eta)L]e_t = \Delta\pi_t$。其中 L 是滞后算子，在上式左右两端分别乘以 $[1-(1-\eta)^t L^t]/[1-(1-\eta)L]$ 和 $\sum_{i=0}^{t-1}(1-\eta)^i L^i$②，可以得到 $e_t = \sum_{i=0}^{t-1}(1-\eta)^i L^i \cdot \Delta\pi_t + (1-\eta)^t e_0$。当 t 足够大时，$(1-\eta)^t e_0$ 趋于 0，可忽略，假设 $E(\Delta\pi_t) = \tau$，τ 为任一常数，则 $E(e_t) = \sum_{i=0}^{t-1}(1-\eta)^i \cdot E(\Delta\pi_{t-i}) = \tau/\eta$③，即适应性预期应具有的特征二：$E(e_t) = \tau/\eta$。将式 $\pi_t^e = \pi_{t-1}^e + \eta(\pi_{t-1} - \pi_{t-1}^e)$

---

① 预期不满足有效性的结论与黄正新和黄金波（2014）的研究结论相反，可能的原因包括：一是预期的测度方法不同，他们使用的是改进概率法，面临参数选择难题，而本书使用的是差额法，不存在此问题；二是本书测度预期时考虑了我国储户问卷调查中有关物价预期的问题设定在 2009 年后发生变化这一事实。

② $1-(1-\eta)^t L^t = [1-(1-\eta)L]\sum_{i=0}^{t-1}(1-\eta)^i L^i$ 在 $0 < \eta < 1$ 时恒成立。

③ 如果 π_t 是个不带趋势的平稳过程，假设 $E(\pi_t) = C$，C 为任一常数，则 $E(\Delta\pi_t) = 0$，进而 $E(e_t) = \sum_{i=0}^{t-1}(1-\eta)^i \cdot E(\Delta\pi_{t-i}) = 0$，这也是本书在检验我国居民通胀预期是否符合理性预期的无偏性特征时，没有采用黄正新和黄金波（2014）直接检验预测误差的期望是否为 0 的做法，而是采用张蓓（2009）的做法，因为预测误差是否为 0 不能作为区别理性预期和适应性预期的判断标准。

改写为 $[1-(1-\eta)L]\pi_t^e = \eta\pi_{t-1}$, 从而有 $\pi_t^e = \dfrac{\eta}{1-(1-\eta)L}\pi_{t-1} =$

$\eta \cdot \left[\sum\limits_{i=0}^{t-1}(1-\eta)^i L^i\right] \cdot \pi_{t-1} = \eta \cdot \sum\limits_{i=1}^{t}(1-\eta)^{i-1}\pi_{t-i}$, 由 $\lim\limits_{t\to\infty}\eta \cdot \sum\limits_{i=1}^{t}(1-\eta)^{i-1}=1$ 和 $\eta>0$,

可以推出 $\eta \cdot \sum\limits_{i=1}^{t}(1-\eta)^{i-1}<1$, 令 $\pi_t^{\max}=\max\{\pi_1,\pi_2,\cdots,\pi_{t-1}\}$, 则可以推出适应性预期应具有的特征三: 对任意时期 t, 都有 $\pi_t^e \leqslant \pi_t^{\max}$。结合以上分析来研究我国居民通胀预期,前文已验证它是后顾性预期,满足特征一。检验适应性预期的特征二,通过回归得到 η 的估计值 0.0560, τ 估计值为 -0.0014, 则 η/τ 的估计值为 -0.0248, 检验原假设 $E(e_t)=-0.0248$ 是否成立,检验的 t 统计量为 -0.2061, 无法拒绝原假设,即特征二满足,且由图 4-2 可以看出特征三同样满足。检验结果表明我国居民通胀预期满足这三项特征。

综合以上分析,在研究年度内,我国居民通胀预期兼具后顾性和适应性,这从预期形成的角度为我国公众通胀预期扭曲的存在提供了解释。结合这两项特征,构建衡量预期无序化水平的指标,即通胀预期扭曲指标[①]。

---

① 公众通胀预期的扭曲是指相对于通胀预期的 Benchmark(基准值)而言的扭曲,然而,现实中通胀预期的 Benchmark 是不可知的,因为在预期扭曲存在的情况下,现实中的预期已是"扭曲"的结果,而 Benchmark 是理想情况下未被"扭曲"的通胀预期值,仅存于假想中。假设通胀预期的 Benchmark 已知,记为 π_t^{e*}, 通胀预期扭曲实质上衡量的是通胀预期的非理性程度,以通胀预期与其 Benchmark 之间的距离测度,表示为 $|\pi_t^e-\pi_t^{e*}|$。但由于现实中 π_t^{e*} 不可知,为了衡量通胀预期的扭曲程度,需要独辟蹊径,这里采取的做法是结合预期性质,构建模型以测度该指标。后顾性和适应性意味着公众通胀预期在形成中更易受此前通胀水平等历史信息的影响,尽管会根据历史预测误差做调整,却无法及时地根据时势做出合理调整,因此一旦意外冲击发生,通胀预期扭曲产生并持续存在,这些性质从预期形成的角度为我国公众通胀预期扭曲的存在提供了解释,根据这两项性质建立模型,使用预期变化中不能被历史预测误差调整所解释的部分衡量预期扭曲程度。以预期扭曲衡量的预期无序化水平包含两部分内容:第一,由个体间预期的差异呈现出的个体预期无序化状态。这是由预期数据本身的特征决定的。研究中使用中国人民银行的一项公开调查,借助差额统计方法将调查中对下一季度通胀率持不同看法(认为会"上升"、"基本不变"或"下降")的人员数量转化为公众对通胀的预期,这就使测度的预期数据中包含了个体间预期差异的部分信息,尽管这种差异并不是个体预期数值的差异体现,而是以对未来通胀水平变化大致方向的观点的差异展现。公众预期数据所包含的这部分信息在测度预期扭曲的过程中没有受到损失,预期扭曲指标中必然含有个体间预期差异的信息。第二,预期的后顾性和适应性意味着,公众总体预期受到冲击后会偏离其 Benchmark, 呈现无序化状态。以下将进一步说明构建预期扭曲指标所使用方法的合理性。

不同于 Bianchi 等(2022)使用定量数据的预测误差衡量预期偏差，本章的预期数据是由定性信息转化而成的，结合预期的后顾性和适应性特征，使用预期变化中不能被历史预测误差调整所解释的部分(即预期变化中的非理性成分)衡量预期扭曲程度，建立 AR(1)-GARCH(1,1)模型，如下所示：

$$\pi_t^e - \pi_{t-1}^e = c + \omega(\pi_{t-1} - \pi_{t-1}^e) + \nu_t$$

$$\nu_t = \rho\nu_{t-1} + \upsilon_t$$

$$\upsilon_t = \sqrt{h_t}\,\nu_t, \quad \nu_t \overset{i.i.d}{\sim} N(0,1) \tag{4-1}$$

$$h_t = w + \eta_1 h_{t-1} + \eta_2 \upsilon_{t-1}^2$$

其中，通胀预期和实际通胀序列均做了季节调整，式(4-1)的第二个方程式是 AR(1)过程，主要是考虑到预期变化无法完全由历史预测误差解释，适应性和后顾性特征意味着 $\{\upsilon_t\}$ 可能存在自相关性。残差序列 $\{\upsilon_t\}$ 不满足方差齐性，使用 GARCH 模型做拟合。通过 AR(1)-GARCH(1,1)模型的前两项方程式从通胀预期变化中剔除掉能被历史预测误差解释的信息和可能存在的测量偏差，对余值建立 GARCH 模型，将其条件方差作为预期扭曲指标。这一做法的合理性在于：①预期扭曲反映的是预期的无序化水平，以预期变化中的非理性成分表示，因此借助模型将预期变化中的合理的、可被历史信息解释的部分剔除。②以方差而非直接以预测误差来衡量扭曲程度。相较于存在正负之分的预测误差，方差作为绝对值是衡量程度的更好指标，方差大说明不能被解释的非理性成分大，进而表明扭曲程度高，反之亦然。③以 GARCH 模型估计得到的方差是自相关的连续过程，较好描述了在预期兼具后顾性和适应性的情况下，预期扭曲呈现的持续性。

三、货币政策不确定性指标测度

货币政策不确定性的测度一直是相关领域开展研究面对的重点和难点问题。由于政策的不确定性无法直接观测，故研究中通常构建各类代理指标。例如，Baker 等（2016）统计新闻报道中"经济政策""政策变动""不确定性"等关键词的词频，为多个国家或地区编制政策不确定性指数（也称 BBD 指数），该指数在研究中被广泛应用，但这种基于新闻报道内容编制的指数在研究中存在一些限制，有一定适用范围（Altig et al., 2020）。考虑到新闻报道与公众预期会相互影响，将基于新闻报道编制的不确定性指标用于这部分的研究可能会引起内生性问题。事实上，这部分的研究面临的首要难题是如何规避测度的货币政策不确定性与通胀预期之间可能存在的双向因果关系。

丁剑平和刘璐（2020）将货币政策不确定性产生分为主观原因和客观原因，主观原因是对市场主体而言的，在既定信息约束下市场主体受限于自身有限的认知能力，未能准确预测到货币政策实施，因此造成不确定性，客观原因是对政策制定过程而言的，发生了超出政策制定者认知的意外冲击，不确定性是这种意外冲击造成的结果。鉴于本章探究的是货币政策不确定性对公众预期的影响，为了避免内生性问题，本章研究的是在客观原因下产生的货币政策不确定性。邝雄等（2019）研究发现，我国货币政策不确定性表现为在外部环境变动的影响下货币政策频繁变动所引发的不确定性。这表明我国的货币政策不确定性主要在客观原因下产生，验证了本章做法的合理性。对于如何测度这种货币政策不确定性，王立勇和王申令（2020）提供了一种思路，从政策制定过程出发构建测度指标，他们将货币政策不确定性定义为由货币政策本身的易变性和宏观经济形势的不确定性等因素导致货币政策取向或传导的不可预期性，其中的可预测是指基于经济数据、政策规则等所有可获得信息做出的合理推断。由此可见，能被预测到的货币政策变化并不会导致其不确定性的提升。基于这一思路，从构建货币政策反应函数入手，将政策变化中剔除了可预测部分后的余值用于构建不确定性指标，这里结合 Fernández-Villaverde（2015）、Jurado 等（2015）的研究，提出一种不依赖新闻报道的货币政策不确定性测度方法。

参考谢平和罗雄（2002）、张屹山和张代强（2007）等已有文献的普遍做法，构建货币政策反应函数：

$$i_t^* = i^* + \gamma_1(\pi_t - \pi^*) + \gamma_2(Y_t - Y_t^*)/Y_t^* \tag{4-2}$$

式中，i_t^* 为利率目标；i^* 为均衡利率；π_t 为通货膨胀；π^* 为通胀目标；Y_t 为产出；Y_t^* 为潜在产出；$(Y_t-Y_t^*)/Y_t^*$ 为产出缺口（GAP_t）。由于经济变量的获取存在时滞，π_t 和 Y_t 的当期值未知，引入预期来反映货币当局的行为：

$$i_t^* = i^* + \gamma_1(E(\pi_t \mid \Omega_{t-1}) - \pi^*) + \gamma_2 E(GAP_t \mid \Omega_{t-1}) \tag{4-3}$$

式中，Ω_{t-1} 为 $t-1$ 期的信息集。鉴于货币供应量仍是我国货币政策的主要指标，参考张屹山和张代强（2007）的做法，在式（4-3）中引入货币供应量，即将价格型与数量型货币政策之间的联系纳入分析框架，避免割裂两者间的联系，区别于分别测度价格型和数量型货币政策不确定性的做法（邓创、曹子雯，2020）。式（4-3）变为：

$$i_t^* = i^* + \gamma_1(E(\pi_t \mid \Omega_{t-1}) - \pi^*) + \gamma_2 E(GAP_t \mid \Omega_{t-1}) + \gamma_3 E(M_t \mid \Omega_{t-1})$$

$$\tag{4-4}$$

式中，M_t 为货币供应量增长率。考虑到央行平滑利率的意愿，现实中利率不会立刻调整到目标水平。将利率动态平滑过程描述为 $i_t = (1-\rho)i_t^* + \rho i_{t-1} + e_t$，$0<\rho<1$，其中，$\rho$ 为平滑参数；e_t 为随机扰动项。将上式代入式（4-4）。为简化模型，假设央行是理性的，当仅有 $t-1$ 期的信息可得时，$E(\pi_t \mid \Omega_{t-1}) = \pi_{t-1}$，$E(M_t \mid \Omega_{t-1}) = M_{t-1}$，且 $E(Y_t \mid \Omega_{t-1}) = Y_{t-1}$ 和 $E(Y_t^* \mid \Omega_{t-1}) = Y_{t-1}^*$，因而有 $E(GAP_t \mid \Omega_{t-1}) = GAP_{t-1}$，进一步得到：

$$i_t = (1-\rho)i^* + \rho i_{t-1} + \beta_1(\pi_{t-1} - \pi^*) + \beta_2 GAP_{t-1} + \beta_3 M_{t-1} + e_t \tag{4-5}$$

其中，$\beta_1 = (1-\rho) \cdot \gamma_1$，$\beta_2 = (1-\rho) \cdot \gamma_2$，$\beta_3 = (1-\rho) \cdot \gamma_3$。得到本章设定的货币政策反应函数如下所示：

$$i_t - i^* = \rho(i_{t-1} - i^*) + \beta_1(\pi_{t-1} - \pi^*) + \beta_2 GAP_{t-1} + \beta_3 M_{t-1} + \exp(\sigma_{i,t})\varepsilon_{i,t}, \quad \varepsilon_{i,t} \sim N(0,1)$$

$$\tag{4-6}$$

$$\sigma_{i,t} = (1-\rho_{\sigma_i})\sigma_i + \rho_{\sigma_i}\sigma_{i,t-1} + (1-\rho_{\sigma_i}^2)^{0.5}\eta_i\mu_{i,t}, \quad \mu_{i,t} \sim N(0,1), \quad \rho_{\sigma_i} \in (0,1)$$

$$\tag{4-7}$$

其中，式（4-6）在式（4-5）两端同时减去 i^*，式（4-7）是将式（4-5）中的随机扰动项写为随机波动（SV）模型的形式，该模型不仅能够很好地描述政策不确定性的一些性质，如持续性、波动性和方差时变性，而且能有效区分不同冲击来源，为波动性提供更加准确的估计（Fernández-Villaverde，2015；王立勇、王申令，2019）。式（4-6）的含义是政策调整会造成经济变量相对其均衡状态的偏离，其中的部分偏离是对宏观经济形势变化的正常反应，应视为货币政策的可预测变化，剔除可预测变化后，将余下部分视为受到意外冲击的结果，用于估计不确定性。式（4-7）的含义是 $\mu_{i,t}$ 为货币政策波动性冲击，η_i 作为波动性冲击的无条件标准差反映了冲击的强度，波动的持续性取决于 ρ_{σ_i} 的大小，由于 $\sigma_{i,t}$ 能很好地刻画政策波动在不同时点的时变性和异质性特征，再加上政策波动性和政策不确定性之间的紧密关联，$\exp(\sigma_{i,t})$ 可用于反映货币政策的不确定性。

以往研究中的常见做法是直接将从一项经济指标中提取出的不确定部分如 $\exp(\sigma_{i,t})$ 作为政策不确定性指标，这可能失之偏颇，因为货币政策不确定性是宏观层面的不确定性，而从一个极小的信息集中提取出单个经济变量的不确定性往往带有这个信息集本身的特殊性，包括受到冲击影响及影响范围的特殊性，可能无法客观地表征宏观层面的不确定性。Jurado 等（2015）指出，宏观经济的不确定性关系到整个宏观经济是否可预测，不能等同于任何一个单独的数据序列的不确定性，相反，它是对多项经济变量序列中共同变化的不确定性成分的度量[①]。不妨令 $U_{k,t}$ 表示从第 k 个信息集中提取出单个经济变量在 t 时刻的不确定部分，上述思想可表达为：

$$U_{k,t} = \alpha F_t + \varepsilon_{k,t} \qquad (4-8)$$

式中，F_t 为上述不确定部分中的共同因子，即 Jurado 等（2015）建议采用的反映宏观经济波动性的指标；$\varepsilon_{k,t}$ 为反映第 k 个信息集的异质不确定性。Meinen 和 Roehe（2017）指出，这种提取共同因子作为不确定性指标的做法符合典型的不确定性概念，同时作为一项综合指标，它既能反映单个序列的不确定性，又避免了单个序列的特殊性，且经检验这种不确定性指标在对多个国家或地区的研究中均表现稳健。因此，本章参考 Jurado 等（2015）

---

① 基于不确定性的经济周期理论通常要求在大量数据序列中不确定性存在共同的（通常是反周期的）变化。如果异质性冲击的变化是完全不同方向的，那么它们可能相互抵消，从而不会对宏观经济变量产生影响，因此异质性冲击的共同变化至关重要。

的做法，使用多个利率序列，借助式(4-6)和式(4-7)得到各序列的不确定部分即 $\exp(\sigma_{i,t})$ 后，从其中提取共同因子作为货币政策不确定性指标。鉴于已有研究提供了多种货币政策不确定性指标的测度方法，并指出不同方法的测度结果具有不同的含义且彼此之间存在相关性，难以判断哪种可作为这一不确定性的广泛且有效的代理指标，本书认为，研究中应结合具体研究问题选择合适的测度方法。本章在研究中采用上述方法测度货币政策不确定性，具有三个方面的优势：第一，减轻内生性问题。为了避免测度的货币政策不确定性与公众预期之间的双向因果关系影响研究结果，结合丁剑平和刘璐(2020)、邝雄等(2019)的研究，测度了客观原因下产生的货币政策不确定性，这种不确定性可以整体上反映我国货币政策的不确定情况。第二，借助 SV 模型测度的结果能够很好地描述政策不确定性的一些性质如持续性、波动性和方差时变性(Fernández-Villaverde，2015)。第三，考虑到货币政策不确定性作为宏观层面的一种不确定性，是对宏观层面共同变化的度量，参考 Jurado 等(2015)的做法，从多个有关货币政策的信息集的不可预测部分中提取出共同变化的成分，用于衡量货币政策不确定性，这种做法更贴合研究中对这一不确定性的定义。

　　以下说明测度的具体步骤。首先分别测度各序列的不确定部分 $\exp(\sigma_{i,t})$。在变量选取上，由于计算货币政策反应函数中的产出缺口 y_t 需要用到 GDP 数据，这是一项季度数据，使这一部分使用到的数据被局限为季度数据，月度数据均处理为季度平均值的形式。本章选取的利率 i_t 的指标包括全国银行间同业拆借利率(包括 1 天、7 天、20 天、30 天、60 天、90 天)，全国银行间债券回购利率(包括 7 天、14 天、21 天、一个月、两个月、三个月)，共 12 项按成交量进行加权平均的季度利率指标。选择上述指标，一是因为市场化利率能够及时准确地反映货币市场以至整个金融市场的资金供求关系(张屹山、张代强，2007)，银行间同业拆借市场和银行间债券回购市场是我国利率市场化程度最高的市场(杨绍基，2005)，在利率市场化进程中，这些利率就短期市场利率而言极具代表性，可以作为货币政策反应函数中的市场名义利率；二是由于这一部分使用的都是季度数据，考虑到期限越长的利率的变化中期限溢价发挥的作用越大，可能导致测度的 $\exp(\sigma_{i,t})$ 中混杂期限溢价成分，因此没有选用超过三个月期的同业拆借利率或债券回购利率；三是考虑到这些市场化利率仅在部分机构间进行交易，不会受到公众预期的影响，因而基于这些利率和其他宏观经济变量构成的信息集中提取出的不确定部分 $\exp(\sigma_{i,t})$ 不会混杂公众预期因素。此外，以 M2 的环比增长率表示货币供应量增长率 M_t，将 CPI 调整为以 1992 年为基期，然后以 CPI 的环比增长率表示通胀率 π_t，将名义 GDP 调整为以 1992 年为基期的实际 GDP 并做了季节调整，然后利用 H-P 滤波法求得潜在 GDP，以季节调整后的实际 GDP 和潜在 GDP 之差占潜在 GDP 的百分比表示产出缺口 y_t。假设均衡利率 i^* 由经济系统内实际要素决定，不受货币政策因素的影响，以样本期内利率 i_t 的均值表示，同理，以 π_t 的均值表示 π^*。为保证 SV 模型估计的精度，尽可能扩大样本的时间跨度，样本区间是 1998 年到 2019 年第四季度。基于贝叶斯层级模型估计上述 SV 模型，使用 MCMC 方法估计参数，为保证估计参数的收敛性，迭代 40000 次，同时为提高参数估计的稳健性，舍去前 1/10 的迭代样本，将 Burn-Ins 样本的中位数作为 $\sigma_{i,t}$ 等参数的估计结果。

在分别从上述 12 项利率指标中得到 $\sigma_{i,t}$ 的估计后，计算出相应的 $\exp(\sigma_{i,t})$，然后提取其中的共同因子作为货币政策不确定性指标。根据分析，$U_{k,t}=\exp(\sigma_{i,t}^{k})$，其中 $k=1,2,\cdots,12$，本章提取 $U_{1,t}\sim U_{12,t}$ 的共同因子采用两种做法：第一，主因子分析方法。考虑到虽然 $U_{k,t}$ 是正值，但因子分析方法无法保证估计出的(标准化后的)主因子为正值，因此直接使用该方法提取出的主因子无法作为货币政策不确定性指标，为了保证主因子是正值，将模型 (4-8) 设定为对数形式，即 $\ln U_{k,t}=\alpha F_t^{pca}+\varepsilon_{k,t}$。其中，$F_t^{pca}$ 是 $\ln U_{1,t}\sim\ln U_{12,t}$ 的主因子，对 $U_{1,t}\sim U_{12,t}$ 的主因子的估计 MPU_t^{pca} 可以表示为 $MPU_t^{pca}=\exp(F_t^{pca})$。$\ln U_{1,t}\sim\ln U_{12,t}$ 是非平稳的时间序列，Bai 和 Ng（2004）指出，可以对原序列($\ln U_{k,t}$)做一阶差分得到的平稳序列提取主因子，不妨以 f_t^{pca} 表示[1]，将 f_t^{pca} 按照时间顺序累加起来作为对原序列主因子的估计，即 $\hat{F}_t^{pca}=\sum_{i=2}^{t} f_i^{pca}$，即使在异质性误差非平稳的情况下，这种方法也能确保

---

[1] 这里测度出的贡献率高达 82%。

$\hat{F}_t^{pca}$ 是 F_t^{pca} 的一致性估计。因此，用 $\hat{F}_t^{pca}$ 代替 F_t^{pca}，即 $MPU_t^{pca} = \exp(\hat{F}_t^{pca})$。第二，加权平均方法。平均化的方法建立在这一假设上：所有潜在异质性都能够通过平均化予以平滑。为了和上一种方法比较，同样对 $U_{k,t}$ 取对数，并令 $F_t^{csa} = 1/12 \sum_{k=1}^{12} \ln U_{k,t}$，则 $U_{1,t} \sim U_{12,t}$ 的共同因子 MPU_t^{pca} 可以表示为 $MPU_t^{csa} = \exp(F_t^{csa})$。$MPU_t^{pca}$ 和 MPU_t^{csa} 的变化趋势相同，均可作为衡量货币政策不确定性的指标，本章将前者用于实证分析，而后者用于稳健性检验。

四、央行沟通指标测度

央行沟通指标用于反映央行为引导公众通胀预期而进行的信息披露程度，本章参考林建浩和赵文庆（2015）的做法，以我国央行信息披露指数来反映这一指标。

中国人民银行自 2001 年起每个季度面向公众发布《中国货币政策执行报告》，这项书面报告具有统一的形式，语言组织严谨，包含央行对近期经济形势的描述、判断以及未来拟采用的调控措施，是央行沟通的重要信息披露媒介，本章将这项报告作为措辞来源，结合报告的实际内容，区分了其中描述国际情形和国内情形的部分，参考 Heinemann 和 Ullrich（2007）的措辞提取方法构建央行沟通指标，并基于自注意力机制，引入信息提取难度来改进这一指标。以 2001 年到 2019 年各季度的《中国货币政策执行报告》为措辞来源，整理并统计了其中解释我国货币政策未来趋势的多项典型措辞及其在各期中出现的频率，用于构建央行沟通指标。在卞志村和张义（2012）、林建浩和赵文庆（2015）的研究基础上，进一步扩大了措辞范围，并借鉴闫先东和高文博（2017）的做法，将措辞分为三大类，分别为物价判断、货币政策基调和货币政策工具，如表 4-1 所示。表 4-1 的最后一列依据措辞的政策倾向分组。①

---

① 上述措辞出现在描述国际形势部分的频率未被统计，因为不属于对我国货币政策未来趋势的判断。

表 4-1　2001~2019 年各季度《中国货币政策执行报告》的典型措辞

物价判断	通货膨胀	通胀/通货膨胀风险	第一组
		通胀/通货膨胀压力	
		物价(过快/加快)上升/上涨	
		控制/抑制/防止通货膨胀	
		价格上升/上涨	
		上行压力/风险	
	通货紧缩	通货紧缩	第二组
		物价下降/走低	
		价格下降/走低	
		下行压力/风险	
	中性	物价稳定/平稳	第三组
货币政策	货币政策基调	宽松的货币政策	第四组
		稳健/稳健中性的货币政策	第五组
		从紧/收紧的货币政策	第六组
	货币政策工具	下调/降低基准利率	第七组
		下调/降低存款准备金率	
		下调/降低存贷款利率	
		维持/保持基准利率	第八组
		维持/保持存款准备金率	
		维持/保持存贷款利率	
		上调/提高基准利率	第九组
		上调/提高存款准备金率	
		上调/提高存贷款利率	

　　注：执行报告表述中对上述措辞仅做语序等表达方式的变化而不改变原意的，视为与上述措辞一致，并计入出现频率，如"存款类金融机构存款准备金率下调 1 个百分点"等同于上述措辞中的"下调存款准备金率"。

　　资料来源：笔者根据相关资料整理。

为进一步筛选出有效措辞[①]，参考卞志村和张义（2012）的做法，结合货币政策实际执行情况将 2001 年至 2019 年分为政策宽松、中性和紧缩三种时期。按照表 4-1 的分组情况统计各组措辞在这三种时期出现的频率，如果措辞有效，则在不同时期出现的频率将显著不同，采用 ANOVA 方差分析法辅助筛选有区分度的措辞。F 检验表明，第一、二、五、六、七、八组措辞均在 5% 的显著水平上拒绝该组措辞在这三种时期出现的频率无差别的原假设，这六组有效措辞可用来建立央行沟通指标。指标构建如下：

$$DI_t = \sum_{i=1}^{k} \frac{nobs(x_{i,t}) - meanobs(x_i)}{stdv(x_i)} \cdot sign(x_i) \cdot \eta^2(x_i) \qquad (4-9)$$

式中，$k = 6$，$nobs(x_{i,t})$ 为第 i 组措辞在第 t 期出现的次数；$meanobs(x_i)$ 为第 i 组措辞在各期出现的平均频率；$stdv(x_i)$ 为其在各期出现次数的标准差；$\eta^2(x_i)$ 为对第 i 组措辞取的权重，以其在三种货币政策时期的组间离差平方和与总离差平方和的比值表示；$sign(x_i)$ 为对第 i 组措辞取的符号，以表明其传达信息的方向性，借助 Bartlett 检验筛选出在政策宽松时期出现频率明显高于紧缩时期的分组措辞，定义符号为负号，否则定义为正号。式(4-9)中的各项指标计算结果如表 4-2 所示。

表 4-2　式(4-9)中各部分的计算结果

措辞类型 x_i	均值 $meanobs(x_i)$	标准差 $stdv(x_i)$	权重 $\eta^2(x_i)$	符号 $sign(x_i)$
第一组	10.829	11.651	0.443	−
第二组	3.434	3.924	0.255	+
第五组	0.224	0.842	0.108	−
第六组	0.763	2.078	0.118	+
第七组	3.566	5.500	0.730	−
第八组	3.579	6.165	0.440	+

资料来源：笔者根据相关资料整理。

[①]　此处的"有效措辞"是指指数构造中使用到的措辞传达出的货币政策方向性信息清晰、明确且相对稳定（林建浩、赵文庆，2015），有效措辞在不同的货币政策时期（政策宽松、中性和紧缩）出现的频率应具有差异性，即有效的措辞具有区分度，从而有助于央行传达有关货币政策倾向的明确信息。措辞提取方法统计有效措辞在央行沟通文本中出现的频率以构建央行沟通指标，这样做的背后逻辑是央行为了明确表达货币政策倾向，将增加沟通文本中与这种倾向对应的措辞，并且态度越明确，对应措辞出现的频率相对越高。

　　直接使用 Heinemann 和 Ullrich(2007)的方法构建央行沟通指标存在一个问题,忽视了措辞来源的差异性影响公众对央行所披露信息的接收。本章把《中国货币政策执行报告》作为提取措辞的文本基础,各期执行报告的篇幅存在明显差异,统计 2001 年第一季度到 2019 年第四季度各期报告的字数并绘制频率分布直方图(见图4-3)可以看出,篇幅差异的存在不容忽视。

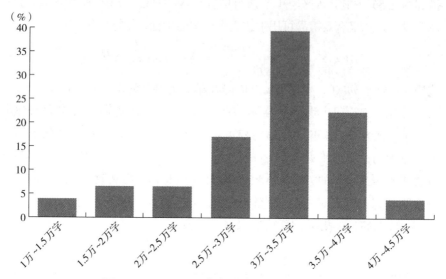

图4-3　2001~2019 年各季度报告的字数统计

资料来源:笔者整理。

　　鉴于报告篇幅长度的增加为从其中提取有用信息增加难度,本章建立信息提取难度指标(*IED*)以反映报告的篇幅对提取有用信息的干扰程度,如式(4-10)所示:

$$IED_t = \exp(num_t / mednum) \tag{4-10}$$

式中,*num* 为报告的字数;*mednum* 为样本期内所有报告字数的中值。随着报告的字数增多,从其中提取出有用信息的难度增加,执行报告所披露的、受公众关注的那一部分信息被模糊化,公众对这部分信息的接收程度下降,基于以上想法,将信息提取难度作为惩罚项引入式(4-9)以改进得到我国的央行沟通指标 DI_t^{New} ,如式(4-11)所示。为了便于比较我国央行沟通指标在改进前后的异同,将两者绘制在一张图上,如图4-4所示。可以看出,两者的变化趋势一致,但改进后的指标变化幅度更小,这表明,

在考虑了公众从这项报告中提取有用信息的难度后，央行的信息披露强度
有所减小。在实证研究部分将 DI_t^{New} 作为我国的央行沟通指标，将未改进
的 DI_t 指标用于稳健性检验部分。

$$DI_t^{New} = \sum_{i=1}^{k} \frac{nobs(x_{i,t}) - meanobs(x_i)}{stdv(x_i)} \cdot sign(x_i) \cdot \eta(x_i) \cdot \frac{1}{IED_t} \qquad (4-11)$$

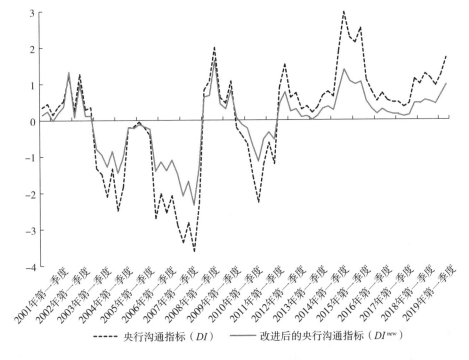

图 4-4　央行沟通指标（DI）与其改进后的指标（DI^{new}）的对比

资料来源：笔者根据相关资料整理。

第三节　模型构建、指标含义与描述性统计

结合第三章第一节的理论分析，本节建立计量模型以检验货币政策不

确定性引起公众通胀预期扭曲的一般性影响途径和特殊影响途径，介绍模型中相关指标的含义并做描述性统计。

一、模型设定

本章旨在分析货币政策不确定性是否会导致公众通胀预期扭曲（一般性影响途径），以及当货币政策不确定性存在时，央行沟通在减轻公众通胀预期扭曲这方面的效果是否受到影响（特殊影响途径），故模型设定如式（4-12）和式（4-13）所示。其中，式（4-12）所示模型用于检验货币政策不确定性对我国通胀预期扭曲程度的影响，式（4-13）所示模型是在式（4-12）中引入交互项以检验货币政策不确定性对央行沟通效果的影响。

$$BD_t = \beta_0 + \beta_1 BD_{t-1} + \beta_2 MPU_{t-1} + \sum \beta_i Control_{i,t-1} + \varepsilon_t \tag{4-12}$$

$$BD_t = \alpha_0 + \alpha_1 BD_{t-1} + \alpha_2 MPU_{t-1} + \alpha_3 DI_{t-2} + \alpha_4 MPU_{t-1} \cdot DI_{t-2} + \sum \alpha_i Control_{i,t-1} + \delta_t \tag{4-13}$$

式（4-12）和式（4-13）中，被解释变量为通胀预期扭曲（BD）；核心解释变量为货币政策不确定性（MPU）；式（4-13）中的 DI 为央行沟通变量；$MPU \cdot DI$ 为央行沟通与货币政策不确定性之间的交互项；$Control$ 为一系列控制变量，用于减少由遗漏变量偏差等原因导致的内生性问题。具体而言，本章控制变量主要包括经济波动性、通货膨胀波动性、央行偏好、货币政策可信度、产出缺口和房地产价格，以避免这些因素同时引起货币政策不确定性与公众预期扭曲程度的变化，干扰估计结果，不仅能够减轻模型存在的内生性问题，而且能够将这些因素自身的影响剔除掉，从而保障参数估计量的优良性质和因果效应推断结果的稳健性。此外，被解释变量的一阶滞后项也作为解释变量引入模型，一方面，因为这种做法在通胀预期兼具后顾性和适应性，通胀预期扭曲的状态可能会持续，当期的扭曲程度会受到此前状态的影响；另一方面，尽管将一些可观测宏观经济因素作为控制变量引入模型，但仍然存在一些不可观测的影响因素被忽略，如预期者自身的心理状态、能力等，这些特征在短期内不会发生变化，这使第 t 期的预期扭曲状态包含重要信息，同样影响第 $t+1$ 期的状态，采取计量中的常见做法，引入被解释变量的一阶滞后项可以控制其影响。模型设定中变量滞后期不一致，主要是考虑到公众做预期时信息基础滞后，变量由滞后信息中提取得到，从信息获取的角度确定滞后期。例如，第 $t-1$ 期的公众做出对第 t 期的预期时，获取的最新资料是第 $t-1$ 期货币政策不确定性信息和第 $t-2$ 期央行沟通（《中国货币政策执行报告》发布）的信息。总之，不同信息的滞后期不同，具体原因在指标测度部分已详细说明，此外，采取滞后解释变量的做法可以规避被解释变量对同期解释变量的反馈作用。

二、指标含义

具体而言，各个指标含义如下：

1. 通胀预期扭曲（*BD*）

用预期变化中的非理性成分加以衡量。我国公众通胀预期兼具后顾性和适应性，这意味着，在不完全信息下，随着不确定因素增多，预期扭曲难以避免。导致预期扭曲的因素主要有两个：第一，信息的不完备性；第二，经济主体心理活动的随意性和有限理性。模型基于这两方面选择控制变量。

2. 货币政策不确定性（*MPU*）

为提高评估的准确性，本章测度了不受公众预期影响的货币政策不确定性。

3. 央行沟通（*DI*）

央行沟通是各国或地区央行进行预期管理的重要手段，由央行面向公众发布有关货币政策目标、策略、决定以及展示未来经济前景等信息的行为（Blinder et al., 2008）。有效的央行沟通有助于管理并塑造公众通胀预期，减少预期扭曲。本章将货币政策不确定性影响央行沟通的预期引导效果作为该不确定性影响通胀预期扭曲的特殊途径。

4. 经济波动性（*EU*）

经济波动性影响微观主体的经济决策以及货币政策的制定和执行，从而影响公众预期形成和货币政策不确定性。参考 Jurado 等（2015）的做法，从多项经济指标的不可预测成分中提取共同因子作为经济波动性指标。这里共采用了 12 项经济指标，涉及宏观经济和微观经济，前者有宏观经济景气指数(先行指数、一致指数、滞后指数)和国内生产总值指数，后者包括产业企业景气扩散指数(总体经营状况、设备能力利用水平、产能利用率、库存水平、一般商业条件、资金周转、盈利能力、银行贷款态度)，数据均来自 CEIC 数据库。为了剔除季节因素，将上述指数均处理成同比季度指数的形式。使用由经济变量构成的指数而非经济变量本身来构建经济波动性指标存在很大优势，因为经济波动性涵盖范围广泛，如果直接选用经济变量本身，所需的经济变量序列过多，需要剔除掉每一个序列的可预测部分，这将是一项繁重而低效的工作，而上述综合指数涵盖宏观和微观经济的多个方面，涉及不同经济部门，从多个方面衡量经济活动，这为找寻与经济状况密切相关的变量提供了更为简约的方式。正因如此，为获得这些指数中的不可预测成分，无须使用其他经济变量，只需用这些综合指数自身的历史信息来解释指数的变化即可，将不能被解释的部分(以模型余值形式反映)作为各指标的不可预测成分，再从其中提取出共同因子作为经济波动性指标。上述指数经 ADF 检验均为平稳或一阶差分后平稳的序列[1]，基于以上想法，借助 AR 模型[2]得到上述指数序列的残差，经 ARCH-LM 检验，除宏观经济景气指数(先行指数)和产业企业景气扩散指数(银行贷款态度)，其余指数序列的回归残差均不具有 ARCH 效应，因而把模型残差的平方作为这项指数的不确定部分，对具有 ARCH 效应的指数序列建立 GARCH 模型，将得到的条件方差作为该项指数的不确定部分。类似于对货币政策不确定性指标的构建，这里同样使用主因子分析方法得到经济波动性指标 EU_t。

5. 通货膨胀波动性($CPIV$)

通货膨胀波动性既是经济中不确定因素的来源，又反映出通胀自身的

---

① 一阶差分后平稳的序列，包括产业企业景气扩散指数(总体经营状况、产能利用率、一般商业条件、资金周转、盈利能力)，在对其建立 AR 模型前，先对序列做一阶差分，将其处理为平稳序列。

② 上述指数均为季度数据，因此对已被处理为平稳序列的各项指数建立的 AR 模型的最大滞后阶数设定为 4，而后结合 AIC 准则和 SC 准则判断最优滞后阶数，也是按照最优滞后阶数回归得到的回归残差。

不稳定性，波动越大，央行和公众越难准确预期通胀，预期扭曲难以避免，而且央行依据自身的判断采取的举措以及政策传导过程都将偏离其预期路径。

6. 央行偏好（CONS）

央行偏好反映的是央行的损失偏好特征，当面临多个货币政策目标时，央行偏好在货币政策制定与公众通胀预期形成过程中均发挥重要作用：一方面，如果央行偏好保持物价稳定，公众从历史信息中了解到这一点，会预期通胀保持稳定；反之亦然。另一方面，由于对通胀波动和经济波动的容忍度不同，当经济环境发生变化时，央行采取的政策行动、执行时机和持续时间等会有所不同，可能造成公众通胀预期的变化。本章借鉴Levieuge 和 Lucotte（2014）的做法来构建央行偏好指标。

7. 货币政策可信度（MPC）

公众对央行的信任是央行沟通实现政策目标的重要条件（王少林、林建浩，2017），关系到货币政策不确定性对公众通胀预期形成过程的干扰程度。可信度越低，央行沟通传递的信息在通胀预期形成过程中就越不受重视，政策调整中产生的不确定性对该过程的干扰也越小。已有文献多以货币政策目标值与公众对其预期值之间的差异反映货币政策可信度，Cecchetti 和 Krause（2002）在此基础上建立了示性函数作为可信性指数，该指数的取值区间为[0,1]。本章立足我国货币政策实践改进了他们的方法，将示性函数测算得到的各期累计平均值作为货币政策可信度指标。示性函数如下：

$$I_t = \begin{cases} 1, & \pi_t \leqslant \pi^* \\ 1 - \dfrac{\pi_t - \pi^*}{\pi^m - \pi^*}, & \pi^* \leqslant \pi_t < \pi^m \\ 0, & \pi_t > \pi^* \geqslant \pi^m \end{cases} \quad (4-14)$$

式中，π^m 为样本期内实际通货膨胀率均值；π^* 为通货膨胀目标，以各年度《政府工作报告》中公开宣布的当年通货膨胀目标值表示；π_t 为实际通货膨胀率（以季节调整后的季度 CPI 同比增长率表示），而非 Cecchetti 和 Krause（2002）使用的预期数据。考虑到实际通胀水平是公众通胀预期与央行预期管理共同作用的结果，I_t 能反映货币政策可信度的两个方面：①央行管理通胀的能力。②公众对通胀目标能够实现的信任程度。考虑到 I_t 仅能反映当期结果，而不论是央行的通货膨胀管理能力还是公众对央行发布的货币政策决策的信任程度，都是长期积累的结果，无法由短期表现充分反映，因此，本章构建的货币政策可信度指标以 I_t 的累计平均值表示：$MPC_t = \dfrac{1}{t} \sum_{i=1}^{t} I_i \cdot 100$，即得到一项百分比指数形式的指标。

8. 产出缺口（GAP）

产出缺口反映了实体经济中的总供给和总需求的匹配情况，两者不匹配是实际通胀或通缩产生的重要原因，产出缺口也成为央行和公众预测通胀水平的有力工具[①]，还关系着充分就业和经济发展这两个目标的实现情况，因而在央行的政策制定和公众的预期形成中发挥重要作用。

9. 房地产价格（REP）

引入房地产价格有以下两点原因：第一，房地产价格虽然不是制定和执行货币政策的直接依据，但会间接引起政策调整，此过程会产生货币政策不确定性。第二，房地产价格的涨跌影响通胀预期。以房地产为代表的资产价格波动对我国货币政策导向及经济社会发展有深刻影响（程均丽等，2015）。国房景气指数是由国家统计局建立的针对房地产业发展变化趋势和变化程度的综合量化指标，从市场需求、土地供给等多角度揭示了全国房地产业发展状况，能充分反映中国房地产价格变化。本章将这项指数的月度数据处理为环比指标后，整理为季度指标，即房地产价格指标。

三、描述性统计

由于在构建央行沟通指标时，《中国货币政策执行报告》从 2001 年第一季度起才面向公众发布，故本章样本期限定为 2001 年第一季度到 2019 年第四季度。各变量的描述性统计结果如表 4-3 所示。

---

① 产出缺口能用于预测通胀是以价格粘性为基础的。

表 4-3　变量的描述性统计结果

变量符号	变量名称	均值	标准差	最大值	最小值
BD	通胀预期扭曲	12.60	7.53	36.53	1.87
MPU^{psa}	货币政策不确定性[1]	1.56	1.21	5.23	0.38
MPU^{csa}	货币政策不确定性[2]	2.32	0.63	3.87	1.40
DI^{New}	央行沟通[1]	-0.03	0.82	1.65	-2.34
DI	央行沟通[2]	0.00	1.46	2.96	-3.61
EU	经济波动性	1.38	1.72	12.57	0.14
$CPIV$	通货膨胀波动性	5.92	3.97	19.14	2.21
$CONS$	央行偏好	0.50	0.36	0.99	0.00
GAP	产出缺口	-0.12	0.80	1.84	-2.12
REP	房地产价格	0.01	0.65	3.69	-1.57

注：变量名称带上角标 1 表示该变量将被用于实证分析，带上角标 2 表示该变量将被用于稳健性检验。

资料来源：笔者根据相关资料整理。

第四节　实证分析与稳健性检验

本节主要对各项指标进行单位根检验、协整检验，并给出实证分析结果，同时从参数稳定性和替换测度指标两方面进行稳健性检验。

一、ARDL 边界协整检验

宏观经济序列往往具有时间趋势，可能是非平稳序列，为了避免出现"伪回归"，分别采用 ADF 检验和 PP 检验对变量做单位根检验。检验结果显示，上述变量中既存在一阶单整序列，即 I(1)过程，又存在平稳序列，即 I(0)过程。对于这些单整阶数不同的变量序列，本章采用 ARDL 边界协整检验方法检验变量之间的协整关系，以弥补 E-G 协整检验和 Johansen 协整检验的不足。

相比传统方法，边界协整检验（Bound Test）的优势包括：①在滞后阶数充分大的情况下，能够解决变量的潜在内生性问题（Narayan and Russell，2006）。Islam（2004）指出，即使在变量间的长期关系中存在内生性和同时性偏误（Simultaneity）的情况下，基于 ARDL 模型的长期关系参数（包括系数及其标准误）估计量仍是超一致性估计。②具有良好的小样本性质。蒙特卡洛模拟结果表明，在小样本情况下，ARDL 边界协整检验的表现优于 Johansen 和 E-G 等传统协整检验，因而更适合检验样本容量较小的情况下变量间的协整关系（Narayan and Russell，2005）。③允许变量具有不同的最优滞后阶数。基于这些优点，本章采用 ARDL 边界协整检验方法检验变量间的关系，根据模型（4-12）和模型（4-13）分别建立对应的 ARDL 模型，如式（4-15）和式（4-16）所示：

$$\Delta BD_t = b_0 + \sum_{i=1}^{k_1} b_{1i} \Delta BD_{t-i} + \sum_{i=1}^{k_2} b_{2i} \Delta MPU_{t-1-i} + \sum_{i=1}^{k_3} a_{3i} \Delta DI_{t-2-i} + \sum_{i=1}^{k_j} \sum_{j=4} b_{ji} \Delta Control_{j,t-1-i} +$$

$$\phi_1 BD_{t-1} + \phi_2 MPU_{t-2} + \phi_3 DI_{t-3} + \sum_{j=4} \phi_j Control_{j,t-2} + \xi_{1,t}$$

$$(4-15)$$

$$\Delta BD_t = a_0 + \sum_{i=1}^{n_1} a_{1i} \Delta BD_{t-i} + \sum_{i=1}^{n_2} a_{2i} \Delta MPU_{t-1-i} + \sum_{i=1}^{n_3} a_{3i} \Delta DI_{t-2-i} + \sum_{i=1}^{n_4} a_{4i} \Delta(MPU_{t-1-i} \cdot DI_{t-2-i}) +$$

$$\sum_{i=1}^{n_j} \sum_{j=5} b_{ji} \Delta Control_{j,t-1-i} + \varphi_1 BD_{t-1} + \varphi_2 MPU_{t-2} +$$

$$\varphi_3 DI_{t-3} + \varphi_4 MPU_{t-2} \cdot DI_{t-3} + \sum_{j=5} \varphi_j Control_{j,t-2} + \xi_{2,t}$$

$$(4-16)$$

式中，Δ 为一阶差分算子；式（4-15）和式（4-16）中 b_{ji} 和 a_{ji} 为短期参数；ϕ_j 和 φ_j 为长期参数，分别用于反映变量间的短期和长期关系。单位根检验结果表明，所有变量均不存在时间趋势，因此在模型（4-15）和模型（4-16）中也没有设定时间趋势项。关于各变量最优滞后阶数（$k_1,k_2,\cdots,k_j$ 和 n_1，

$n_2,\cdots,n_j$)的选取，在设定最大滞后阶数是 5[①] 后结合 AIC 准则为各变量确定最优滞后阶数。[②] 值得注意的是，模型(4-15)和模型(4-16)与最初的模型(4-12)和模型(4-13)的区别，除了增加变量滞后项及其一阶差分项，模型(4-15)中还增加了央行沟通(DI)变量，这是因为本章借助协整的框架探究变量间的相互作用，是在系统内考察变量间的长期均衡影响，考虑到央行沟通是解释通胀预期扭曲的关键因素，忽略其作用可能会影响对长期均衡关系的估计。模型的各项诊断检验结果如表4-4所示。

表4-4　模型的各项诊断检验结果

模型		(a)		(b)	
A：边界协整检验	F 统计量	5.37		8.26	
	渐近临界值	$\alpha=1\%$，k=8		$\alpha=1\%$，k=9	
		I(0)	I(1)	I(0)	I(1)
		2.62	3.77	2.50	3.68
B：模型诊断	B-G 检验	0.91 (0.41)		0.19 (0.83)	
	B-P-G 检验	1.73 (0.06)		1.25 (0.25)	
	ARCH 检验	0.28 (0.60)		0.18 (0.68)	
	J-B 检验	11.30 (0.00)		52.75 (0.00)	
	结论	存在协整关系		存在协整关系	

注：括号里是统计量对应的 p 值。α 为显著性水平，这里只展示了边界协整检验在 1% 显著性水平下的渐近临界值的上下限。

资料来源：笔者根据相关资料整理。

---

① 模型(4-12)和模型(4-13)中解释变量已相对于被解释变量滞后，因此这里设定的最大滞后阶数是在原滞后变量的基础上的滞后。

② 这里没有使用 SBC 准则辅助判断，因为 Pesaran 等(2001)指出该准则倾向于给出更小的滞后阶数，可能会损害边界协整检验的有效性。

表4-4中A组报告了检验的渐近临界值的上下限与模型的检验结果。为保证检验的有效性，需要检验设定的模型形式，B组报告了诊断检验结果。采用Breusch-Godfrey LM检验法检验残差序列的自相关性，采用Breusch-Pagan-Godfrey检验法和ARCH检验法检验异方差，并使用Jarque-Bera正态性检验验证残差序列的正态性。检验结果表明残差序列均不具有自相关性和异方差性，且满足正态性。因此，上述模型能用于检验变量间的协整关系，边界协整检验的结果有效。结合A组报告结果，F统计量均大于渐近临界值的上界，在1%的显著性水平下拒绝原假设，因此变量间存在协整关系。

表4-4中的(a)列和(b)列分别对应模型(4-15)和模型(4-16)的检验结果。模型(4-16)在模型(4-15)的基础上增加了货币政策不确定性与央行沟通的交互项($MPU \cdot DI$)，但并不妨碍检验其余变量间的协整关系，因为这项变量为平稳序列，边界协整检验的结果进一步验证了这种做法的可行性。

二、参数估计与实证结果

为了考察货币政策不确定性对公众通胀预期扭曲的因果效应，本章在自回归分布滞后模型的基础上建立误差修正模型，即ARDL-ECM模型，该模型能同时解读变量间的长期关系和短期动态变化，其中均衡误差项(ECM)反映了变量间关系的短期波动较其长期均衡的偏离程度。模型的参数估计结果如表4-5所示。

表4-5中对变量间长期均衡关系系数的估计是在ARDL-ECM模型基础上进一步计算得到，用于反映变量间的长期关系，而均衡误差项系数的绝对值被称为速度调整系数，反映了相对上一期末偏离的调整速度。通胀预期兼具后顾性和适应性，可能使通胀预期扭曲的状态持续，因此对短期影响的估计可能是有偏的。鉴于在ARDL模型框架下对变量间长期关系的系数估计具有超一致性，因此可从长期角度来评估货币政策不确定性对通胀预期扭曲程度的影响。

表 4-5 ARDL-ECM 模型的参数估计结果

参数类型	变量名	(a)	(b)
长期均衡关系	*MPU*	5.14 *** (2.95)	4.95 * (1.97)
	DI	−7.49 *** (−2.87)	−6.84 *** (−3.70)
长期均衡关系	*MPU·DI*	—	8.10 *** (4.74)
	EU	2.86 *** (3.45)	2.23 *** (4.57)
	CPIV	0.17 (0.73)	0.89 *** (3.18)
	CONS	7.46 ** (2.25)	4.52 (0.13)
	MPC	−0.20 (−0.65)	−1.15 *** (−3.95)
	GAP	4.89 ** (2.06)	2.72 * (1.75)
	REP	8.12 *** (3.20)	6.09 *** (4.42)
短期动态调整	模型形式	ARDL(1,1,3,0,3,0,1,4,0)	ARDL(1,4,3,2,0,3,2,1,4,0)
	均衡误差项 ECM_{t-1}	−0.40 *** (−7.60)	−0.60 *** (−10.61)

注：***、**、* 分别表示在 1%、5% 和 10% 的水平下显著，括号里是对应的 t 值。在"短期动态调整"部分说明了估计的 ARDL 模型的形式，并展示均衡误差项的估计结果。

资料来源：笔者根据相关资料整理。

　　需要特别说明的是，为解决模型的内生性问题，本章做了以下工作：①指标构建。如上文所述，在测度货币政策不确定性时，采取一系列手段以规避公众预期的影响。②引入的解释变量均比被解释变量至少滞后一期，不仅是因为通胀预期形成较信息获取存在时滞，更重要的是，滞后解释变量规避了被解释变量(通胀预期扭曲)对同期解释变量的反向影响。③在 ARDL 模型的框架下进行分析。该模型的长期关系参数(包括系数及其标准误)估计量即使在存在内生性和同时性偏误的情况下仍具有超一致性(Islam, 2004)。此外，考虑到样本量有限，模型滞后阶数的选取不可能非常大，因而模型纳入了一些重要控制变量。表 4-5 中(a)列结果表明，从长期来看，货币政策不确定性对公众通胀预期扭曲存在正向影响，且在 1% 的水平上显著，这表明货币政策不确定性的提高将直接加重通胀预期扭曲程度，假说 1 得到验证。央行沟通对通胀预期扭曲具有显著的负向影响，即央行沟通有利于降低通胀预期扭曲程度。表 4-5 中(b)列结果显示，货币政策不确定性与央行沟通的交互项系数在 1% 水平上显著为正，这表明，从长期来看，由于货币政策不确定性的存在，央行沟通在减轻通胀预期扭曲方面的作用被弱化，换言之，尽管央行沟通有助于引导公众通胀预期，但货币政策不确定性的存在降低了它的预期引导效果，导致通胀预期扭曲，进而支持了假说 2。

三、稳健性分析

　　这部分将从参数稳定性和替换关键指标两个方面进行稳健性检验。

　　1. 参数稳定性检验

　　Pesaran 等(2001)建议使用递归残差累计和(CUSUM)检验与递归残差累计平方和(CUSUMSQ)检验对模型的参数估计做稳健性检验。这两项检验分别给出了检验值随时间的趋势变化以及 5% 显著水平下的两条带状置信区间，如果检验值均落在带状置信区间内，则说明参数估计结果具有稳健性。分别绘制模型(4-15)和模型(4-16)的递归估计检验图，如图 4-5 和图 4-6 所示，整个样本期内仅个别时点落在 5% 显著水平的边界上，其余均处在带状置信区间内，验证了参数估计的稳定性与可靠性。

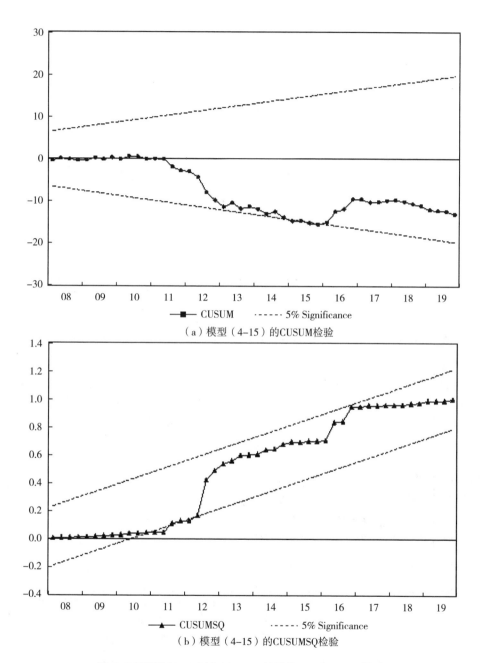

（a）模型（4-15）的CUSUM检验

（b）模型（4-15）的CUSUMSQ检验

图4-5 模型(4-15)的 CUSUM 检验和 CUSUMSQ 检验

资料来源：笔者根据相关资料整理。

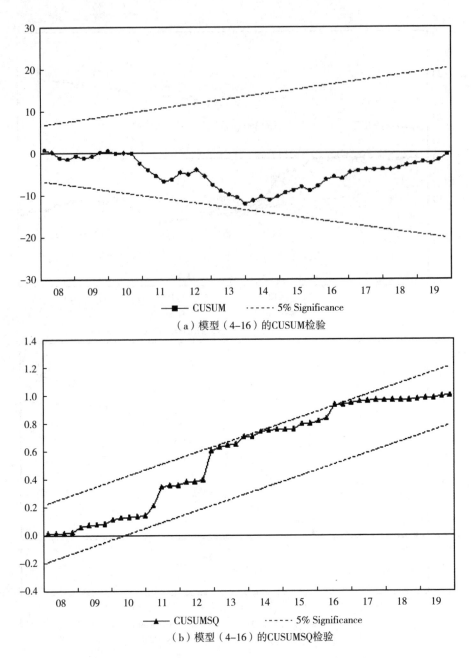

（a）模型（4-16）的CUSUM检验

（b）模型（4-16）的CUSUMSQ检验

图4-6 模型（4-16）的 CUSUM 检验和 CUSUMSQ 检验

资料来源：笔者根据相关资料整理。

2. 替换关键指标的稳健性检验

本章构建货币政策不确定性指标时分别采用主因子分析方法和加权平均方法得到的 MPU_t^{pca} 和 MPU_t^{csa}，并结合信息提取难度指标(IED)改进了央行沟通指标(DI_t)得到 DI_t^{New}。其中，MPU_t^{pca} 和 DI_t^{New} 均被用于实证分析过程，稳健性检验中分别用 MPU_t^{csa} 和 DI_t 替换这两项指标并重复上述实证过程，参数估计结果如表4-6所示。结果表明，实证结论同样成立，稳健性得以验证。表4-6中，（1）列仅替换了货币政策不确定性指标。（2）列仅替换了央行沟通指标。（3）列同时替换了这两项指标。

表 4-6　稳健性检验的参数估计结果

类型	变量名	（1）		（2）		（3）	
长期均衡关系	MPU	6.30 * (1.90)	10.96 ** (2.14)	3.67 ** (2.19)	5.31 ** (2.21)	6.36 * (1.99)	6.94 * (1.96)
	DI	-7.19 *** (-2.71)	-8.99 *** (-4.15)	-4.62 *** (-3.13)	-4.97 *** (-4.47)	-4.56 *** (-3.01)	-4.88 *** (-3.65)
	MPU·DI	—	13.54 *** (3.63)	—	3.17 *** (3.58)	—	3.36 ** (2.52)
	EU	2.77 *** (3.28)	2.44 *** (4.86)	2.73 *** (3.46)	2.26 *** (4.09)	2.64 *** (3.32)	2.44 *** (3.77)
	CPIV	0.19 (0.38)	0.81 *** (2.78)	-0.01 (0.98)	0.57 (1.63)	0.02 (0.97)	0.50 (1.19)
	CONS	7.45 ** (2.16)	3.64 (0.93)	7.45 ** (2.29)	5.47 ** (2.48)	7.27 ** (2.18)	5.87 ** (2.38)
	MPC	-0.12 (-0.40)	-0.92 *** (-3.10)	-0.24 (-0.82)	-0.86 *** (-2.74)	-0.18 (-0.64)	-0.50 * (-1.92)
	GAP	5.84 ** (2.54)	4.07 *** (3.60)	4.35 * (1.88)	3.20 * (1.79)	5.21 ** (2.35)	5.10 *** (2.91)
	REP	7.98 *** (3.07)	7.49 *** (4.21)	8.17 *** (3.22)	6.82 *** (4.07)	7.85 *** (3.11)	7.02 *** (3.71)

续表

类型	变量名	（1）		（2）		（3）	
短期 动态 调整	模型 形式	ARDL (1,1,3,0,3, 0,1,4,0)	ARDL (1,4,4,3,0, 1,4,0,0,0)	ARDL (1,1,3,0,3, 0,1,4,0)	ARDL (1,4,3,0,0, 3,0,1,4,0)	ARDL (1,1,3,0, 3,0,1,4,0)	ARDL (1,2,3,0,0, 3,0,1,4,0)
	ECM_{t-1}	−0.38 *** （−7.43）	−0.53 *** （−10.43）	−0.40 *** （−7.46）	−0.52 *** （−9.31）	−0.38 *** （−7.30）	−0.49 *** （−8.09）

注：***、**、*分别表示在1%、5%和10%的水平下显著，括号里是对应的 t 值。在"短期动态调整"部分说明了估计的 ARDL 模型的形式，并展示均衡误差项的估计结果。

资料来源：笔者根据相关资料整理。

表4-6结果显示，更换了货币政策不确定性测度指标后，研究结论仍然不变，即货币政策不确定性会引致公众通胀预期扭曲，且货币政策不确定性的存在使央行沟通的预期引导效果下降，进而提高了通胀预期扭曲程度。（2）列结果表明，在更换央行沟通指标后，研究结论仍是稳健的。（3）列结果显示，即使同时更换货币政策不确定性和央行沟通指标，研究结论仍与上文一致。

第五节　本章小结

对于货币政策不确定性通过何种途径影响货币政策调控发挥效力的问题，本章从预期管理的视角做出回答，探究货币政策不确定性对预期管理效果的影响及其影响机制，创新性地通过研究这一不确定性如何损害央行沟通的预期引导效果、引起公众通胀预期扭曲，为其削弱货币政策预期管理效果、引发不稳定预期，进而影响货币政策有效性提供证据。在复杂多变的国际形势下，为保持住我国经济良好的发展势头，实现"稳预期"目标具有重要意义，该目标的实现有赖于确定的经济环境和有效的预期管理，货币政策不确定性的存在不仅增加了经济环境中的不确定因素，而且会影响货币政策调控效果，从这两个方面共同作用于预期形成过程。鉴于引导公众通胀预期以减轻预期扭曲是预期管理有效的重要体现，以及央行沟通在预期管理中的重要性，本章的研究问题转化为探究货币政策不确定性是否会导致公众通胀预期扭曲，以及在货币政策不确定性存在的情况下，央行沟通在减轻公众通胀预期扭曲方面的效果是否受到影响。为回答这两个问题，本章结合第三章的分析，创新性地从货币政策不确定性影响通胀预期形成过程的一般性影响途径与特殊影响途径展开探究，对这两种影响途径的区分是基于已有研究的发现：货币政策不确定性对通胀预期的影响强度大于其他类型的政策不确定性。基于这一发现，本书认为可能的原因是货币政策不确定性对通胀预期形成过程的影响中存在区别于其他政策不确定性的特殊途径，并将其通过降低央行沟通的预期引导效果干扰公众通胀预期形成的途径定义为特殊影响途径。相应地，一般性影响途径是指货币政策不确定性作为一种不确定因素，在影响通胀预期形成方面与其他政策不确定性相似的作用机制。对一般性影响途径和特殊影响途径的区分，不仅为在不确定的经济环境下有效管理公众预期提供了有益思考，也为开展各种类型政策不确定性的影响研究开拓了思路，表明可以结合其自身的特殊影响途径展开探讨。基于以上分析，本章使用中国人民银行储户问卷调查报告、《中国货币政策执行报告》、《政府工作报告》以及 CEIC 数据库的多项中国宏观经济数据，结合我国国情改进和完善了研究所需核心指标的测度方法，包括货币政策不确定性、通胀预期扭曲和央行沟通等指标。其中，考虑到基于新闻报道编制的不确定性指标用于公众预期影响研究可能会引起内生性问题，在 Fernández-Villaverde（2015）、Jurado 等（2015）研究的基础上，本章提出一种不依赖新闻报道的货币政策不确定性测度方法，并且结合本章研究发现的公众通胀预期具有后顾性和适应性特征，借助 AR-GARCH 模型创新性地测度出通胀预期扭曲指标，这些创新的测度方法丰富已有的测度手段，拓展了相关研究的范围。综合考察了这些指标的特征以及自回归分布滞后模型在实证分析中的优势后，本章在此模型框架下开展研究工作。

总体而言，本章得到以下研究结论：第一，我国公众通胀预期兼具后顾性和适应性，这从预期形成的角度解释了公众通胀预期扭曲的存在。对通胀预期扭曲的研究是对预期相关研究的重要拓展，不同于预期的上升或下降是中性的，预期扭曲程度上升意味着公众预期的无序化水平扩大，是预期不稳定的重要表现，从而研究通胀预期扭曲问题对实现"稳预期"目标具有现实意义。这也表明，为实现"稳预期"目标，不应只关注预期的水平变化，还应重视对预期扭曲问题的研究。第二，在预期形成过程中信息的完备性和公众心理因素起到重要作用，货币政策不确定性的上升意味着公众面临的不确定因素增加，将从这两方面直接干扰预期形成过程，引起通胀预期扭曲。这是货币政策不确定性影响预期形成的一般性途径。第三，尽管央行沟通有助于引导公众通胀预期，但货币政策不确定性的存在降低了它的预期引导效果，导致公众通胀预期扭曲，这是货币政策不确定性（区别于其他政策不确定性）影响公众通胀预期的特殊途径，不仅为特殊时期央行沟通效果不佳提供了新的解释，还为已有研究发现的不同类型政策不确定性对通胀预期的差异化影响提供了解释，鉴于央行沟通在预期管理中具有重要地位，这表明货币政策不确定性削弱预期管理效果，是本章区别于已有研究的重要发现之一。综上所述，本章研究发现，货币政策不确定性削弱货币政策预期管理效果，引起公众通胀预期扭曲，已成为实现"稳预期"目标的重要阻碍。由此表明，货币政策不确定性不仅影响新型货币政策工具发挥效果，而且导致公众预期不稳定，进而影响货币政策调控发挥效力。

第五章

货币政策不确定性对投资资本成本敏感性的影响研究
——来自中国上市公司的经验证据

对于货币政策不确定性通过何种途径影响货币政策调控发挥效力的问题，第四章从预期管理的视角做出了回答，本章将从企业投资资本成本敏感性的角度进行探讨。本章研究了货币政策不确定性如何影响企业投资对资本成本的敏感性，鉴于资本成本是企业投资的重要影响因素，企业投资对资本成本敏感不仅关乎投资效率，而且是价格型货币政策工具有效的重要条件和微观基础，能够识别货币政策利率传导渠道是否畅通，本章的研究能够为货币政策不确定性干扰利率传导渠道、影响货币政策有效性、损害企业投资效率及其影响机制提供微观层面的经验证据。第三章第二节在企业最优投资决策框架下，建立企业投资理论模型以探讨货币政策不确定性对企业投资敏感性的影响及其机制，本章使用 2003 年至 2019 年中国 A 股非金融类上市公司样本对理论模型的分析结果进行检验。结果表明，货币政策不确定性不仅导致企业投资水平下降，而且对企业投资的资本成本敏感性具有抑制效应，即货币政策不确定性降低了企业投资对资本成本的敏感性。根据企业投资理论模型的分析，这种抑制效应的内在机理是，货币政策不确定性降低了企业对其未来经营表现的预期，使企业优化资源配置以提高未来盈利能力的激励减弱，这会导致企业根据重要影响因素的变化及时调整投资策略的积极性下降，表现为投资对资本成本等重要影响因素的敏感性降低。从企业成长性、企业生命周期、行业成长性以及融资约束四个方面检验此影响机理，检验结果不仅验证了影响机理的合理性，还表明货币政策不确定性对企业投资资本成本敏感性的抑制效应受企业对未来经营收益重视程度的影响，在企业间具有异质性：高成长性企业、处于成长期的企业、处于高成长性行业的企业以及受高融资约束的企业由于更重视未来经营收益，其投资的敏感性受到的抑制作用更强。最后，从货币政策不确定性下的预防性动机、投资不可逆性等多个角度验证了研究结论的稳健性。

本章研究发现，货币政策不确定性通过降低企业对其未来经营表现的预期，抑制了企业投资对资本成本的敏感性，影响机制检验的结果表明，这种抑制效应具有企业异质性。研究发现不仅表明货币政策不确定性对企业发展预期有负面影响，同第四章对这一不确定性干扰公众通胀预期形成的研究相呼应，还表明企业的发展预期在不确定经济环境下的企业投资决策中发挥重要作用。鉴于企业投资对资本成本的敏感性关系到企业投资效率、价格型货币政策工具有效性以及利率传导渠道的畅通程度，本章的研究发现表明，这一不确定性通过对企业投资敏感性的抑制作用，干扰利率传导渠道、影响货币政策调控发挥效力和企业投资效率。本章的研究不仅从货币政策不确定性的角度为宽松政策和刺激措施下的"中国实业投资率下降之谜"提供了新的诠释，与已有研究成果形成重要互补，而且研究发现间接地表明，货币政策不确定性能够通过抑制企业间资源再配置的方式阻碍生产率提升，为 Bloom(2014) 强调的不确定性的激冷效应提供经验证据，并为其中的影响机制提供了解释，丰富了对货币政策不确定性影响机制的研究。抑制效应具有企业异质性，这表明投资的资本成本敏感性是状态依赖的，易受经济环境与企业自身特征的影响，丰富了投资敏感性的影响因素研究。

第一节 引言

2015 年底存贷款利率管制基本放开，标志着我国利率市场化进程已进入深化改革阶段，货币政策调控框架逐步实现由传统的数量型向以利率为代表的价格型转变，利率已成为央行进行宏观调控的逆周期调节工具和新常态下经济增长定向调控的重要工具(陈守东等,2016)，利率传导渠道在货币政策调控中的作用越发重要，渠道不畅将极大地影响货币政策调控发挥效力。近年来，为应对国内外错综复杂的经济金融形势，我国货币政策调控面临极大的不确定性，这会对经济造成冲击，可能会干扰利率传导渠道发挥作用、影响货币政策调控效果，这是实现党的十九届四中全会提出的"推进金融治理体系和治理能力现代化"目标必须重视的问题。企业投资对资本成本敏感是价格型货币政策工具有效的重要条件和微观基础，有助于识别货币政策利率传导渠道畅通与否(Chirinko et al.,1999;徐明东、田素华,2013;徐明东、陈学彬,2012;徐明东、陈学彬,2019)。鉴于此，从对企业投资的资本成本敏感性的分析出发，本章试图从微观层面为货币政策不确定性干扰利率传导渠道、影响货币政策有效性提供证据，并为提升货币政策传导效率、激发微观主体活力提供建议。

面对低迷的全球经济形势带来的下行压力，2018 年国务院金融稳定发展委员会第二次会议上提出，面对融资难、融资贵问题，必须"进一步疏通货币政策传导机制""增强服务实体经济能力"。中国人民银行 2021 年第四季度例会上进一步强调"完善市场化利率形成和传导机制""优化央行政策利率体系"，以"推动降低企业综合融资成本"。重视投资，是因为投资在我国的 GDP 和经济增长中占比重大，也是经济周期波动的重要驱动力。自 20 世纪 90 年代起，我国固定资本形成总额占 GDP 比重达到 30%，而后以远超 GDP 的增速增长，到 2009 年占比已在 40% 以上，此后增速放缓，近年来稳定在这一占比。实现货币政策向经济层面的传导，要求总需求的各组成部分对金融状况的变化足够敏感，投资是总需求至关重要的一部分，已有研究支持了利率传导渠道通过影响企业投资发挥作用（Chatelain et al.，2011）。在我国投资增速放缓的背景下，探讨企业投资的资本成本敏感性问题重要而紧迫：一方面，我国利率市场化进程已推进多年，金融市场得到快速发展，对此问题的深入探讨为评估利率等政策工具的作用机制及其成效提供重要依据（徐明东、陈学彬，2019）；另一方面，这对政策制定具有指导意义，政策举措常采取降低资本成本（如降利率）的做法刺激投资，企业投资对资本成本敏感性的高低关系到这类政策举措能否取得实效。此外，资本成本是企业投资的重要影响因素，投资对资本成本的敏感性降低意味着投资效率降低，而货币政策不确定性对企业投资效率的影响也是现阶段研究中关注的问题。

净现值理论认为，是否投资项目取决于对项目贴现现金流的预测，其中资本成本是折现率，资本成本的增加会导致投资率的降低（Frank and Shen，2016）。利率是构成资本成本的关键成分，也是企业投资的关键决定因素，这种关系对理解货币政策传导起重要作用（Sharpe and Suarez，2021）。政策制定者在实践中也通常采取保持低利率的方式刺激企业投资（Wolfgang et al.，2018）。结合我国实际，尽管自改革开放以来固定资产投资净额不断上涨，但其增速在近些年持续下滑，与此同时，贷款基准利率总体上维持在研究年度内相对偏低的水平，如图 5-1 所示，其中无论是国有投资还是民间投资的增速均呈下降趋势。理论上，低利率应带来符合预期的高投资，而这与现阶段现实情况不符，"中国实业投资率下降之谜"仍存在（张成思、张步昙，2016）。尽管政府意图通过下调利率降低企业融资成本进而鼓励企业投资，但调整的频率和幅度中所蕴含的不确定性也会影响企业投资决策，导致企业行为偏离政策初衷，这种影响较为隐蔽，尚未引起足够重视（张成思、刘贯春，2018）。如图 5-1 所示，与投资增速下降相伴的是持续偏高的货币政策不确定性，事实上，全球金融危机期间以及之后居高不下的不确定性给货币政策调控的微观基础和市场环境带来极大变化。在这些变化中，降低利率等宽松政策能否促进投资率上升是值得探讨的问题，这个问题的答案有助于评估利率等价格型货币政策工具向实体经济传导的有效性。本章试图从货币政策不确定性的角度解释利率下降未能减缓投资增速下滑趋势的现象。为此，本章尝试针对性地回答三个问题：第一，在货币政策不确定性作用下，企业投资决策将做出何种反应，企业间是否存在差异表现。第二，企业投资决策对资本成本的反应程度（即敏感性）是否受货币政策不确定性的影响，不同企业受到的作用是否存在差异。第三，货币政策不确定性通过何种渠道影响企业投资决策对资本成本的反应程度，导致企业的差异表现。探究上述问题，对认识经济政策变动下的企业投融资变化有所帮助，如宽松政策下投资意愿低迷的事实，也有助于深入理解现阶段供给侧结构性改革在微观层面取得的成效。

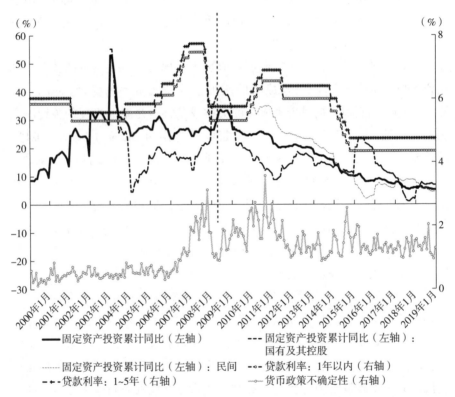

图 5-1　2000 年 1 月至 2019 年 1 月我国固定资产投资增长率、贷款利率以及货币政策不确定性
资料来源：货币政策不确定性指标来自 Huang 和 Luk（2020），其余数据来自 CEIC 数据库。

企业投资对资本成本的敏感性问题在研究中受到关注（Chatelain et al.，2011；Sharpe and Suarez，2021；徐明东、陈学彬，2019），这些研究热衷于回答"敏感"与"不敏感"以及敏感性大小的问题，但对引起敏感性变化的原因尚无定论。国外研究尝试从企业个体特征出发分析企业投资对利率变化不敏感的原因，如调整成本、融资约束、投资不可逆性等（Chatelain et al.，2003；Sharpe and Suarez，2021）。当企业投资对资本成本的敏感性降低的现象普遍存在，并在宏观层面有所体现时，如"中国实业投资率下降之谜"，从个体特征等微观层面找到的答案可能解释力有限。国内研究主要从宏观层面寻求解释，如市场化改革、产权改革、融资约束（徐明东、田素华，2013；徐明东、陈学彬，2012；徐明东、陈学彬，2019），却忽略了近年来中国经济环境的一项重要变化——居高不下的货币政策不确定性的影响。鉴于此，本章从货币政策不确定性的视角，尝试为这一现象提供解释。结合已有的研究发现，将货币政策不确定性引入 Frank 和 Shen（2016）的企业投资理论模型分析框架，把该模型推广到风险非中性情形下，借由该模型重点探讨这一不确定性对企业投资的资本成本敏感性的影响，然后使用 2003～2019年中国 A 股上市公司样本检验了理论模型预测结果。

与已有研究相比，本章的边际贡献主要体现在以下方面：①先于国内外研究对货币政策不确定性降低企业投资资本成本敏感性的作用机制进行理论建模和实证分析，其中对理论模型的拓展有助于开展进一步的研究。②本章研究发现，货币政策不确定性通过降低企业对其未来经营表现的预期，导致企业投资对资本成本的敏感性下降，研究发现强调了企业预期在不确定性环境下对企业投资决策的重要影响。鉴于企业投资对资本成本的敏感程度是定量评估利率等价格型政策工具的作用机制及其效果的重要依据（徐明东、陈学彬，2019），这一发现为货币政策不确定性干扰利率传导渠道、影响货币政策有效性及其影响机制提供微观层面的证据。此外，考虑到资本成本是企业投资的重要影响因素，投资对资本成本的敏感程度关乎投资效率，因此研究发现从资本成本的角度为货币政策不确定性损害企业投资效率提供经验证据。本章基于微观层面的研究便于考察企业异质性反应，这在基于宏观总量层面的分析和 VAR 类模型开展的货币政策不确定性影响研究中无法实现。① ③对于"中国实业投资率下降之谜"，即投资率呈

---

① 正如靳庆鲁等（2012）指出的，相较于宏观总量数据，使用微观企业层面的数据具有两个方面的优势：一是借助大样本能够设计出更合理的研究模型；二是有助于分析企业间的个体差异，进而考察影响微观主体行为的具体传导路径。

持续下滑趋势，而宽松政策和刺激措施没能明显改善此状况（张成思、张步昆，2016），本章从货币政策不确定性的角度为此谜题提供一种新的诠释，与已有研究成果形成重要互补。④不确定性的实物期权效应具有两种含义：一是不确定性提高了"等待"的期权价值，使企业推迟投资和招聘、家庭延迟消费；二是不确定性降低了经济参与者对商业环境变化的敏感性，抑制了企业间的资源再配置（Bloom，2014），即激冷效应。国内外采用实物期权效应解释不确定性负面影响的研究主要是采用第一种含义，而对第二种含义所假设的情形有所忽略（Drobetz et al.，2018），本章为激冷效应提供新的经验证据，并为该效应的内在机理提供解释。因为资本成本是企业投资的重要影响因素，投资对资本成本的敏感程度关乎投资效率，所以研究发现从资本成本的角度为货币政策不确定性损害企业投资效率提供经验证据。此外，研究发现货币政策不确定性会抑制企业投资敏感性，间接表明不确定性能够通过抑制企业间资源再配置的方式阻碍生产率提升，丰富了对货币政策不确定性影响机制的研究，而且研究发现投资的资本成本敏感性是状态依赖的，易受经济环境与企业自身特征的影响，在货币政策不确定性的作用下受到抑制，并且抑制效应在企业间具有异质性，丰富了投资敏感性的影响因素研究。

结合第三章第二节的理论分析，本章其余部分安排如下：第二节是研究设计与数据来源，第三节是实证检验与结果分析，第四节是货币政策不确定性对投资资本成本敏感性的影响机制检验，第五节是稳健性检验，第六节是本章小结。

第二节　研究设计与数据来源

一、计量模型

结合第三章第二节对货币政策不确定性与资本成本影响企业投资的分

析，以及企业投资理论模型得到的分析结果，以下检验货币政策不确定性对企业投资决策的影响，基于企业投资理论模型的式(3-12)将计量模型设定为线性函数形式。具体检验策略分三步：首先，检验货币政策不确定性对企业投资决策的直接影响；其次，检验资本成本对企业投资决策的影响；最后，检验货币政策不确定性对企业投资的资本成本敏感性的影响。

第一，检验货币政策不确定性对企业投资决策的直接影响。参考李凤羽和杨墨竹(2015)、Gulen 和 Ion(2016)、谭小芬和张文婧(2017)、张成思和刘贯春(2018)的做法，构建如下面板数据模型：

$$Inv_{i,t} = \alpha_0 + \alpha_1 MPU_{t-1} + \alpha_2 CF_{i,t-1} + \sum_{i=1}^{5} \alpha_{2+i} CV_{i,t-1} + \alpha_8 GDP_{t-1} + \mu_i + \varepsilon_{i,t} \qquad (5-1)$$

式中，企业 i 在第 t 期的投资 $Inv_{i,t}$ 为被解释变量，把滞后一期货币政策不确定指数 MPU_{t-1} 作为核心解释变量，这里没有使用该指标的当期值而是滞后一期，主要是出于控制内生性的考虑；$CF_{i,t-1}$ 为企业经营现金流水平；CV 为企业层面的其他控制变量，包括杠杆率 $Lev_{i,t-1}$、企业规模 $Size_{i,t-1}$、营业收入增长率 $Grow_{i,t-1}$，用于控制企业层面的投资机会，引入个体固定效应 μ_i，以控制不随时间变化且不可观测的企业固有特征的影响。引入经济增长率的滞后一期 GDP_{t-1}，有助于刻画不随企业变化的宏观经济环境，反映企业面临的宏观层面的投资机会。

第二，检验资本成本对企业投资决策的影响。主要目的是判断影响方向，以验证理论模型对变量间关系的预期是合理的，这里不考虑货币政策不确定性的作用，即式(3-12)中 $F(\vartheta)$ 等于 1 的情形。借鉴 Frank 和 Shen(2016)的做法，将资本成本引入计量模型，构建如下面板数据模型：

$$Inv_{i,t} = \beta_0 + \beta_1 WACC_{i,t-1} + \beta_2 CF_{i,t-1} + \sum_{i=1}^{5} \beta_{2+i} CV_{i,t-1} + \beta_8 GDP_{t-1} + \mu_i + \upsilon_t + \varepsilon_{i,t}$$

$$(5-2)$$

式中，把企业 i 滞后一期的资本成本 $WACC_{i,t-1}$ 作为核心解释变量，也是出于规避内生性的考虑；CV 为企业层面的其他控制变量。除了宏观层面的投资机会和个体固定效应，还引入时间固定效应 v_t，以控制时间层面不随个体变化的不可观测因素的影响。[①]

第三，检验货币政策不确定性对企业投资的资本成本敏感性的影响。基于理论模型(3-12)，考察在货币政策不确定性影响下，投资对资本成本的反应程度的变化。为此，将货币政策不确定性与资本成本的交互项 $MPU_{t-1} \cdot WACC_{i,t-1}$ 引入计量模型，构建如下面板数据模型：

$$Inv_{i,t} = \gamma_0 + \gamma_1 MPU_{t-1} \cdot WACC_{i,t-1} + \gamma_2 WACC_{i,t-1} + \gamma_3 MPU_{t-1} +$$

$$\gamma_4 CF_{i,t-1} + \sum_{i=1}^{5} \beta_{4+i} CV_{i,t-1} + \gamma_{10} GDP_{t-1} + \mu_i + v_t + \varepsilon_{i,t} \qquad (5-3)$$

在计量模型(5-1)至模型(5-3)中，待估计系数 α_1、β_1、γ_1 和 γ_2 是研究关注的重点。其中，α_1 刻画了货币政策不确定性对企业投资的影响，β_1 刻画了资本成本对企业投资的影响，γ_1 刻画了企业投资对资本成本的反应程度(敏感性)在货币政策不确定性作用下受到的影响。结合理论分析与理论模型的结论可知，货币政策不确定性的提升会抑制企业投资，资本成本的增加也会抑制企业投资，然而货币政策不确定性会降低企业投资对资本成本的敏感性。基于此，对模型(5-1)至模型(5-3)的重要参数有如下预期：α_1 应显著为负，β_1 和 γ_2 也显著为负，而 γ_1 显著为正。

二、指标选取

1. 企业投资(Inv)

固定资产投资、无形资产投资以及其他长期资产投资是企业投资的重要成分，参考李凤羽和杨墨竹(2015)、陈国进和王少谦(2016)、张成思和刘贯春(2018)的研究，将企业投资定义为企业构建固定资产、无形资产和其他长期资产支付的现金之和，并用总资产标准化。

---

① 关于控制时间固定效应，由于模型(5-2)中的经济增长率为宏观层面的时间序列数据，如果正常引入时间固定效应将导致多重共线性，所以时间虚拟变量在估计中可能会出现部分删失，但这不会影响主要项的估计结果。模型(5-3)中同样包含宏观层面的时间序列数据，所以引入时间固定效应存在相同情况。

2. 货币政策不确定性(*MPU*)

Huang 和 Luk(2020)使用中国十家权威报纸媒体的报道,这些报纸媒体在经济领域的报道具有准确性和权威性,统计这些报纸在每个月发布的含有"货币政策""人民银行""央行""不确定""不明确""波动"等关键词组合的文章出现的次数,编制成货币政策不确定性指数。将这种基于新闻报道内容编制的货币政策不确定性指数用于微观企业行为的影响研究有一定优势,因为它能够很好地反映微观主体对于货币政策变化的感知程度,适合本章的需要。此外,相比 Baker 等(2016)仅根据一家报纸媒体所编制的政策不确定性指标,该指数在一定程度上克服了报道偏误的问题,指标更细化,更符合我国实际(张哲等,2021),而且经检验表现稳健,媒体偏差效应较小,广泛应用于货币政策不确定性的相关研究(罗大庆、傅步奔,2020;邝雄等,2019)。

为匹配样本数据,将月度货币政策不确定性指数转化为年度指标,为避免转化方法影响结果,采用两种处理方式便于在实证中相互对比:①算术平均化方法,即 $MPU_1 = \sum_{m=1}^{12} (mpu_m/100)/12$,其中 mpu_m 表示该年第 m 个月的货币政策不确定性指数;②几何平均化方法,参考陈国进和王少谦(2016)的做法,即 $MPU_2 = \left[\prod_{m=1}^{12} (mpu_m/100)\right]^{1/12}$。$MPU_1$ 和 MPU_2 均可作为货币政策不确定性的代理变量,两者越大说明货币政策的不确定水平越高。

3. 资本成本(*WACC*)

企业有两种重要融资方式,债权融资与股权融资,企业承担的资本成本也主要来自这两方面。借鉴 Frank 和 Shen(2016)、陈国进和王少谦(2016)、Drobetz 等(2018)、徐明东和陈学彬(2019)的做法,使用债务资本成本和权益资本成本的加权和(加权资本成本)衡量企业的资本成本:

$$WACC = \frac{D}{V} \cdot r_D + \frac{E}{V} \cdot r_E \tag{5-4}$$

式中,D 为企业的债务账面价值;E 为股权账面价值;V 为企业总价值,是企业的债务账面价值和股权账面价值之和；r_D 为债务资本成本，考虑到企业负债具有税盾效应，r_D 应该在平均债务资本成本的基础上扣除可抵税部分，所以使用(利息支出/总债务)与(1-企业税税率)的乘积来计算 r_D，其中企业税税率以所得税占利润总额之比计算。[①]

至于权益资本成本 r_E 的测度，主要分为事后测度和事前测度，前者使用的方法包括资本资产定价模型(CAPM)、三因素模型(FFM)、套利定价模型(APT)等，后者估计的是隐含的权益资本成本，使用的方法包括 PEG、MPEG、OJ、GLS、GGM 模型等(毛新述等，2012)。其中，结合中国企业股权融资的实际情况，国内研究主要采用 CAPM、PEG、MPEG、OJ、KR、GLS 模型来测度 r_E。参考徐明东和陈学彬(2019)的做法，为避免实证结果受到特定资本成本测度方法的影响，采用多种方法测度 r_E 并计算相应的资本成本($WACC$)用于实证分析。本章采取 PEG、MPEG、OJ、KR 和 CAPM 模型测度 r_E，并且将 PEG、MPEG、OJ 和 KR 模型测度出的隐含权益资本成本取加权平均值(r_{E_ave})也作为 r_E 的新的测度。[②] 以下简单说明使用这几种模型计算 r_E 的过程。

(1)PEG 模型。基于市盈率和市盈增长比率的 PEG 模型，对隐含权益资本成本的估计为：

$$r_{E\_peg,t} = \sqrt{\left[E_t(EPS_{t+2}) - E_t(EPS_{t+1}) \right]/P_t}$$

式中，$E_t(EPS_{t+2})$ 和 $E_t(EPS_{t+1})$ 分别为基于第 t 期的信息对第 $t+1$ 期和第 $t+2$ 期每股收益的期望；P_t 为第 t 期的股票价格，以每年 12 月份的平均股价表示。

(2)MPEG 模型。放松 PEG 模型的假设 $E_t(DPS_{t+1}) = 0$，可以得到 MPEG 模型估计下的隐含权益资本成本：

---

① 测度债务资本成本时，出于观测值数量考虑，使用总债务指标衡量有息负债，在稳健性检验部分，参考陈国进和王少谦(2016)的做法以长短期债务总额之和衡量。

② 本章未使用 GLS 模型的测度结果，毛新述等(2012)指出，尽管 GLS 模型在事前权益资本成本测度中使用较多，但由于模型对预测盈余的假设过于严格，国内外文献中运用此方法测度的权益资本成本普遍表现不够理想，他们对中国企业的研究也证实了这一观点。将这几种方法测度出的隐含权益资本成本取加权平均。鉴于几种方法的测度结果可能在不同时期为空值，当期为空值的赋权重为 0。

$$r_{E\_mpeg,t}=\sqrt{\left[E_t(EPS_{t+2})+r_{E\_mpeg,t}\cdot E_t(DPS_{t+1})-E_t(EPS_{t+1})\right]/P_t}$$

式中，$E_t(DPS_{t+1})$ 为基于第 t 期的信息对第 $t+1$ 期每股股利的期望，以每股收益的期望与过去三年的平均股利支付率的乘积计算得来。

（3）OJ 模型。OJ 模型认为权益资本成本与未来的每股收益期望、每股收益的短期增长率和长期增长率以及股票价格有关：

$$r_{E\_oj,t}=A_t+\sqrt{A_t^2+\left[E_t(EPS_{t+1})\cdot(g_t-\gamma-1)\right]/P_t}$$

式中，$A_t=\left[(\gamma-1)+E_t(DPS_{t+1})/P_t\right]/2$，$g_t=\left[E_t(EPS_{t+2})-E_t(EPS_{t+1})\right]/E_t(EPS_{t+1})$；$(\gamma-1)$ 为收益的长期增长率，参考在中国背景下对企业展开的相关研究，将其取值为 0.05。

（4）KR 模型。KR 模型放松了 OJ 模型中每股收益短期增长率 (g) 为正的假设，用未来 t 期每股收益增长率预期的平均值替代 OJ 模型中的短期增长率：

$$r_{E\_kr,t}=A_t+\sqrt{A_t^2+\left[E_t(EPS_{t+1})\cdot(\bar{g}-\gamma-1)\right]/P_t}$$

式中，$\bar{g}=n^{-1}\cdot\sum_{t=0}^{n}\left[E_t(EPS_{t+2})-E_t(EPS_{t+1})\right]/E_t(EPS_{t+1})$。

（5）CAPM 模型。经典 CAPM 模型表明风险资产的预期收益率等于无风险利率 (r_f) 加上该资产的系统性风险 (β) 与风险溢价 $[E(r_m)-r_f]$ 的乘积：

$$r_{E\_capm,t}=r_{f,t}+\beta_t\cdot\left[E_t(r_m)-r_{f,t}\right]$$

参考 Frank 和 Shen（2016）、徐明东和陈学彬（2019）的做法，以日个股回报率和综合日市场回报率为基础计算 β，用一年定期存款利率计算 r_f，用 Fama-French 三因子模型中市场风险溢价因子（对过去十年取加权平均，其中缺失年度赋权重为 0）衡量风险溢价。

将上述模型测度的 r_E 分别代入式（5-4），计算出相应的资本成本 $WACC$。其中，将根据 PEG、MPEG、OJ 模型以及四种隐含权益资本成本的加权平均值 r_{E_ave} 计算出的资本成本用于实证分析，将基于 KR 模型和 CAPM 模型计算出的资本成本用于稳健性检验。

4. 其他变量

企业现金流水平 (CF)，以经营性现金流与总资产的比值表示；企业规模 $Size$，以企业总资产（亿元）的自然对数表示；杠杆率 Lev，以企业总负债与总资产的比值表示；投资机会 $Grow$，参考刘慧龙等（2014）的做法，以企业营业收入增长率表示；参考喻坤等（2014）的做法，根据实际控制人性质划分企业的产权性质为国有（$SOE=1$）和非国有（$SOE=0$）；经济增长率 GDP，作为宏观层面投资机会的代理变量，以 GDP 的年度同比增长率表示。

三、数据来源与描述性统计

本章把 2003 年至 2019 年中国 A 股非金融类上市公司年度数据作为样本，剔除了样本中财务状况异常的 ST 类上市公司。企业层面原始数据均来自国泰安（CSMAR）数据库和锐思（RESSET）数据库，经济增长率来自 CEIC 数据库，货币政策不确定指标源于 Huang 和 Luk（2020）编制的分类别政策不确定性指数。为降低离群值对回归结果的影响，对企业层面的连续变量在 1% 和 99% 水平上做 Winsorize 处理。

经过上述处理后，主要变量的描述性统计结果如表 5-1 所示。由表 5-1 可知，五种事前测度方法测度出的隐含权益资本成本较为接近，均值和中位数值皆在 3 个百分点的差异以内，表现为 $r_{E\_peg}<r_{E\_mpeg}<r_{E\_ave}<r_{E\_kr}<r_{E\_oj}$，且明显低于 CAPM 模型提供的事后股权资本成本测度结果 r_{E_capm}，均值约低 3~6 个百分点，这导致基于这些方法计算出的加权平均资本成本也存在类似差异。

表 5-1　主要变量的描述性统计结果

变量名	观测值	平均数	标准差	P25	P50	P75
Inv	34822	0.0522	0.0506	0.0154	0.0366	0.0724
MPU_1	44374	1.2418	0.4877	0.8500	1.2300	1.5400
MPU_2	44374	3.2009	1.5183	1.9454	3.1125	4.0771
CF	34852	0.0485	0.0721	0.0088	0.0477	0.0899
r_D	30717	0.0177	0.0144	0.0060	0.0153	0.0258
r_{E_peg}	14301	0.0990	0.0550	0.0521	0.0933	0.1366
r_{E_mpeg}	14143	0.1076	0.0587	0.0572	0.1010	0.1474

续表

变量名	观测值	平均数	标准差	P25	P50	P75
r_{E_oj}	13417	0.1285	0.0586	0.0781	0.1220	0.1682
r_{E_kr}	18964	0.1152	0.0497	0.0791	0.1081	0.1420
r_{E_ave}	21563	0.1152	0.0541	0.0721	0.1090	0.1490
r_{E_capm}	27536	0.1615	0.0907	0.0993	0.1384	0.1931
$WACC_{peg}$	14301	0.0600	0.0368	0.0306	0.0540	0.0805
$WACC_{mpeg}$	14143	0.0649	0.0393	0.0334	0.0580	0.0864
$WACC_{oj}$	13417	0.0765	0.0403	0.0458	0.0691	0.0982
$WACC_{kr}$	18964	0.0688	0.0323	0.0457	0.0636	0.0854
$WACC_{ave}$	21563	0.0690	0.0359	0.0418	0.0631	0.0882
$WACC_{capm}$	27519	0.0853	0.0333	0.0595	0.0812	0.1066

注：$WACC_{peg}$、$WACC_{mpeg}$、$WACC_{oj}$、$WACC_{kr}$、$WACC_{ave}$ 和 $WACC_{capm}$ 分别为以上述 6 种测度方法计算出的权益资本成本（r_{E_peg}、r_{E_mpeg}、r_{E_oj}、r_{E_kr}、r_{E_ave} 和 r_{E_capm}），计算得到的相应加权资本成本 WACC。

资料来源：笔者根据相关资料整理。

第三节　实证检验与结果分析

对模型(5-1)至模型(5-3)进行回归分析，被解释变量为企业投资水平，回归均在企业层面对标准误做了聚类调整，估计结果如表5-2和表5-3所示。其中，研究设计部分提供了两种货币政策不确定性（MPU）的代理变量，MPU_1 和 MPU_2，以及六种资本成本（WACC）的代理变量，即以六种权益资本成本测度分别与债务资本成本的加权和，这里使用其中的四种（$WACC_{peg}$、$WACC_{mpeg}$、$WACC_{oj}$ 和 $WACC_{ave}$）进行分析，余下两种资本成本测度指标用于稳健性检验。表5-2的(1)~(2)列是在模型(5-1)中依次使用货币政策不确定性的这两种代理变量进行回归的结果；(3)~(6)列是在模型(5-2)中依次使用资本成本的这四种代理变量进行回归的结果，类似地，由于模型(5-3)同时存在货币政策不确定性和资本成本以及两者交互项，因此在表5-3的(1a)~(4b)列中，1~4是用于区分回归中使用的这四种资本成本的代理变量，a和b用于区分使用的这两种货币政策不确定性的代理变量。

货币政策不确定性与资本成本对企业投资的影响分析如表5-2所示，表5-2中，(1)~(2)列报告了模型(5-1)的回归结果。总体上看，货币政策不确定性对企业投资的影响显著为负值。具体地，以(1)列为例，在其他条件不变的情况下，货币政策不确定性上升1个百分点，使企业投资率平均下降约0.0036个百分点，表明货币政策不确定性的上升会抑制企业投资，这与理论模型的预期相符，也与已有研究得出的政策不确定性降低投资的论断相一致(李凤羽和杨墨竹，2015；Gulen and Ion，2016；张成思和刘贯春，2018)。模型(5-2)主要探究资本成本对企业投资的影响，这里使用了四种资本成本的代理变量，将结果分别列于(3)~(6)列，这些结果均表明，资本成本的增加将显著抑制企业投资，这与相关研究的论断相一致(徐明东，田素华，2013；Frank and Shen，2016；徐明东和陈学彬，2012；2019)。具体地，以(3)列为例，在其他条件不变的情况下，资本成本上升1个百分点，企业投资率将平均下降约0.1526个百分点。值得注意的是，在(3)~(6)列报告的结果中，资本成本的系数均显著为负值，而现金流水平(CF)的系数均显著为正值，同(1)~(2)列中现金流水平的系数表现一致，就系数表现而言，这与理论模型的预期相符。模型(5-1)和模型(5-2)的回归结果均与理论模型得出的结论相一致，也表明该理论模型的分析框架能够用于研究中国背景下的货币政策不确定性与资本成本对企业投资的影响问题。

货币政策不确定性对企业投资资本成本敏感性的影响分析如表5-3所示，表5-3中，模型(5-3)分别使用两种货币政策不确定性的代理变量和四种资本成本的代理变量进行回归，(1a)~(4b)列报告了这八种组合的回归结果。从系数估计结果可以看出，在这八种组合中，资本成本与货币政策不确定性的交乘项($MPU \cdot WACC$)的系数均显著为正值，而资本成本的系数均同模型(5-2)中的表现一致，仍显著为负值。具体地，以(1a)列为例，资本成本的系数估计值为-0.2523，资本成本与货币政策不确定性交乘

表 5-2　货币政策不确定性与资本成本对企业投资的影响分析

主要变量	模型(5-1)		模型(5-2)			
	(1)	(2)	(3)	(4)	(5)	(6)
MPU	-0.0036*** (-3.19)	-0.0012*** (-3.20)	—	—	—	—
WACC	—	—	-0.1526*** (-7.65)	-0.1370*** (-7.29)	-0.1435*** (-7.35)	-0.1560*** (-9.92)
CF	0.0246*** (5.44)	0.0246*** (5.44)	0.0258*** (3.58)	0.0262*** (3.61)	0.0280*** (3.73)	0.0226*** (3.90)
Grow	0.0005** (2.02)	0.0005** (2.02)	-0.0003 (-0.85)	-0.0003 (-0.87)	-0.0003 (-0.85)	0.0001 (0.12)
Size	0.0015* (1.87)	0.0015* (1.87)	0.0023* (1.86)	0.0022* (1.79)	0.0023* (1.77)	0.0006 (0.57)
Lev	-0.0412*** (-12.14)	-0.0412*** (-12.14)	-0.0457*** (-8.60)	-0.0456*** (-8.52)	-0.0499*** (-8.98)	-0.0529*** (-11.31)
GDP	1.0629*** (20.65)	1.0701*** (20.42)	1.2382*** (15.14)	1.2319*** (15.08)	1.2277*** (14.23)	1.2110*** (19.52)
SOE	-0.0077*** (-3.25)	-0.0077*** (-3.25)	-0.0107*** (-2.96)	-0.0106*** (-2.94)	-0.0103*** (-2.79)	-0.0083** (-2.54)
企业和时间固定效应、常数项	Yes	Yes	Yes	Yes	Yes	Yes
N	32761	32761	13464	13503	12605	20522
Adj-R^2	0.105	0.105	0.135	0.134	0.132	0.141

注: 在企业层面聚类, 括号内为基于稳健类稳健标准误计算的 t 值。*、** 和 *** 分别表示在 10%、5% 和 1% 的水平上显著。表 5-3 做同样处理。

资料来源: 笔者根据相关资料整理。

表 5-3 货币政策不确定性对企业投资资本成本敏感性的影响分析

主要变量	模型（5-3）							
	（1a）	（1b）	（2a）	（2b）	（3a）	（3b）	（4a）	（4b）
MPU·WACC	0.0742*** (2.72)	0.0247*** (2.85)	0.0757*** (3.00)	0.0251*** (3.14)	0.0648** (2.54)	0.0216** (2.67)	0.0580*** (2.72)	0.0195*** (2.91)
WACC	-0.2523*** (-6.10)	-0.2397*** (-6.66)	-0.2396*** (-6.23)	-0.2265*** (-6.76)	-0.2308*** (-5.94)	-0.2200*** (-6.49)	-0.2315*** (-7.05)	-0.2225*** (-7.81)
MPU	-0.0142*** (-4.72)	-0.0047*** (-4.81)	-0.0150*** (-4.99)	-0.0049*** (-5.09)	-0.0155*** (-4.75)	-0.0051*** (-4.85)	-0.0157*** (-6.38)	-0.0052*** (-6.53)
CF	0.0256*** (3.58)	0.0256*** (3.59)	0.0260*** (3.62)	0.0261*** (3.63)	0.0276*** (3.72)	0.0277*** (3.72)	0.0219*** (3.79)	0.0219*** (3.80)
Grow	-0.0004 (-1.13)	-0.0004 (-1.13)	-0.0005 (-1.17)	-0.0005 (-1.18)	-0.0005 (-1.14)	-0.0005 (-1.14)	-0.0001 (-0.16)	-0.0001 (-0.17)
Size	0.0034*** (2.73)	0.0034*** (2.72)	0.0034*** (2.69)	0.0034*** (2.68)	0.0035*** (2.68)	0.0035*** (2.68)	0.0022* (1.91)	0.0022* (1.91)
Lev	-0.0460*** (-8.69)	-0.0460*** (-8.69)	-0.0460*** (-8.61)	-0.0460*** (-8.61)	-0.0503*** (-9.09)	-0.0504*** (-9.09)	-0.0535*** (-11.49)	-0.0535*** (-11.49)
GDP	1.4181*** (13.95)	1.4367*** (13.70)	1.4181*** (13.97)	1.4373*** (13.72)	1.4197*** (13.45)	1.4399*** (13.24)	1.4457*** (18.09)	1.4685*** (17.79)
SOE	-0.0112*** (-3.14)	-0.0112*** (-3.15)	-0.0111*** (-3.12)	-0.0111*** (-3.12)	-0.0109*** (-3.01)	-0.0109*** (-3.01)	-0.0091*** (-2.81)	-0.0091*** (-2.81)
企业和时间固定效应、常数项	Yes	Yes	Yes	Yes	Yes	Yes	Yes	Yes
N	13464	13464	13503	13503	12605	12605	20522	20522
Adj-R²	0.138	0.138	0.137	0.138	0.136	0.136	0.145	0.145

注：表中交互项是中心化后的结果。
资料来源：笔者根据相关资料整理。

项的系数估计值为 0.0742，且两项均在 1% 的水平上显著，这表明在其他条件不变的情况下，企业投资会因资本成本的上升（下降）而减少（增加），但当企业受到货币政策不确定性冲击时，企业投资对资本成本变化的反应程度减弱。

鉴于表 5-3 的回归结果可能难以直观地反映出在货币政策不确定性作用下企业投资对资本成本反应程度的变化，以下展示上述结果如图 5-2 所示，这 8 个子图自左向右依次对应于表 5-3 中（1a）～（4b）列的结果，比较了在货币政策不确定性中值的上下各一个标准差水平下，企业投资对资本成本反应程度的变化。从图 5-2 中可以看出，第一，无论货币政策不确定性处于高水平（中值之上一个标准差水平），还是低水平（中值之下一个标准差水平），资本成本—企业投资的曲线均是向右下方倾斜，表明资本成本的增加将导致企业投资减少。第二，相较于货币政策不确定性处于低水平的情形，当其处于高水平时，资本成本—企业投资的曲线更加平缓，即企业投资对资本成本反应程度更弱，一单位资本成本的降低只能带来更少的投资增加。由此说明，在货币政策不确定性的作用下，资本成本的上升（下降）仍会抑制（促进）企业投资，但这种抑制（促进）作用减弱，因为货币政策不确定性会导致企业投资的资本成本敏感性降低，这与理论模型的结论相一致。上述采用不同的资本成本和货币政策不确定性测度方法得到的实证结果均与理论模型得出的结论保持一致。

经检验，上述采用不同的资本成本和货币政策不确定性测度方法得到的实证结果均与理论模型得出的结论保持一致，即高度的货币政策不确定性环境不仅导致企业投资水平下降，而且对企业投资的资本成本敏感性具有抑制效应，假说 3 得到验证。上述结果表明，如果政府意图通过货币政策调控来刺激企业投资，那么在高度的货币政策不确定性影响下，政策目标很难如期实现。只有在企业投资对资本成本足够敏感的情况下，降低资本成本（如降低利率）的政策举措才能够实现政策目标，而货币政策不确定性的存在降低了这一敏感性。因此，货币政策调控过程中不应仅着眼于短期刺激政策的作用，还需要重视在这一过程中产生的不确定性会影响货币政策调控发挥效力。在中国货币政策调控框架向以价格型为主转型的背景下，上述结果从微观层面为货币政策不确定性降低了货币政策调控的效果提供证据。

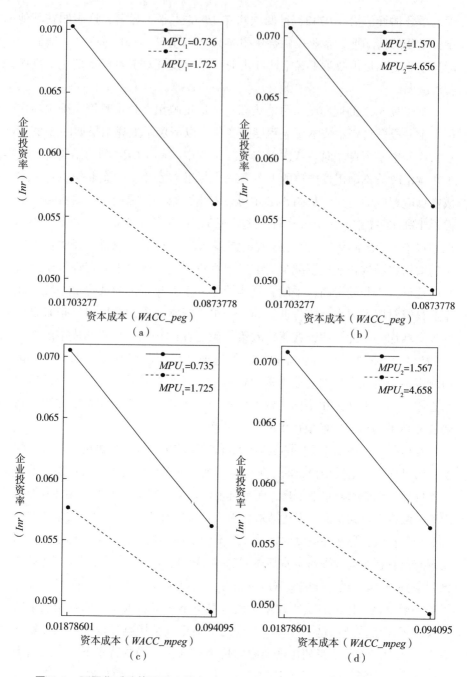

图5-2　不同货币政策不确定性水平下企业投资对资本成本敏感性的比较分析

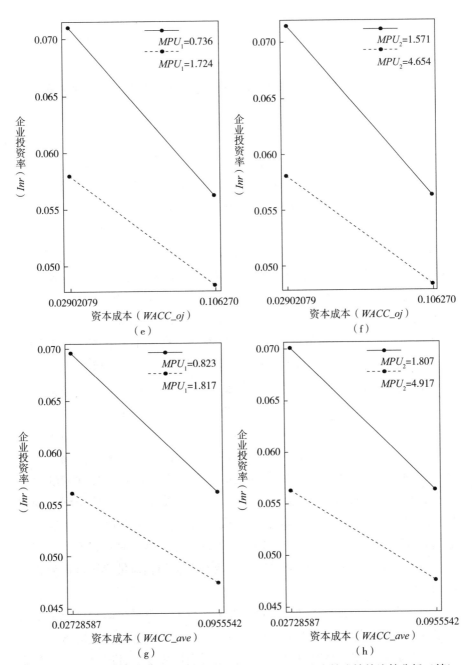

图5-2　不同货币政策不确定性水平下企业投资对资本成本敏感性的比较分析（续）

资料来源：笔者根据相关资料整理。

第四节　货币政策不确定性对投资资本成本敏感性的影响机制检验

实证分析部分已验证了理论模型的重要结论，即货币政策不确定性降低了企业投资的资本成本敏感性，这里对其中的影响机制做进一步检验。研究中采用两种解释表明货币政策不确定性降低了企业对自身发展前景的预期，并在企业最优投资决策模型框架下分析了货币政策不确定性对企业投资敏感性的抑制效应。在分析中，将货币政策不确定性降低企业敏感性的影响机制归结为对发展前景的美好预期激励企业优化资源配置，这使企业投资对经济要素的变化高度敏感，但在货币政策不确定性的作用下，企业对发展前景的预期降低，优化资源配置以提高未来盈利能力的激励减弱，导致其未能针对资本成本等投资重要影响因素的变化及时调整企业投资策略，投资敏感性显著降低，因而表现为货币政策不确定性降低了投资对资本成本的敏感性。由于企业对发展前景的预期不可观测，因此间接地检验此影响机制。企业对发展前景的预期是指企业对未来通过经营取得收益的预期，由于货币政策不确定性的抑制效应是通过影响这一预期实现的，那么企业对未来经营收益的重视程度会影响这种抑制效应的大小，企业越重视未来可获得的经营收益，其投资的敏感性受到的抑制作用越强；反之亦然。经营收益的本质是资金，故而企业对未来经营收益的重视程度实际上反映了企业对资金的敏感程度，越重视未来经营收益的企业对资金越敏感，因此可以从企业对资金的相对敏感程度出发检验影响机制。

由于企业对资金的敏感程度同样无法度量，这里寻求影响企业资金敏感度的可观测指标间接地检验影响机制的有效性。企业对资金的敏感度取决于企业面临的增长空间和投资机会，以及发展中受到的限制，特别是融资约束①。如果企业拥有很好的投资机会(高成长性企业)，或处于自身生命周期的成长期，抑或企业属于高成长性行业，那么，企业面临着富有前景的发展空间及更多的投资机会，旺盛的发展需求使企业对资金更加敏感，同理，受到高融资约束的企业为了把握投资机会并实现其价值，也会对资金变化更加敏感。基于此，分别从企业自身成长性、所处的企业生命周期和所在行业成长性，以及企业受到融资约束四个方面将企业分为两组，资金敏感度高的企业(即对未来可获得经营收益重视程度高的企业)和资金敏感度低的企业(即对未来可获得经营收益重视程度低的企业)，检验货币政策不确定性抑制企业资本成本敏感性的效应在这两组中是否存在显著差异，间接地检验影响机制的有效性。若存在显著差异，且这种抑制效应在高成长性企业、处于成长期的企业、属于高成长性行业的企业以及受到高融资约束的企业中更强②，则表明上述影响机制的分析是合理的。

一、从企业成长性角度的检验

参考宋献中等(2014)、黎文靖和郑曼妮(2016)的做法，以 Tobin's Q 反映企业成长性。为了检验货币政策不确定性降低企业投资资本成本敏感性的效应在高成长性企业和低成长性企业中是否存在显著差异，将企业成长性低于该年度 Tobin's Q 中值水平的定义为低成长性企业，高于中值水平的定义为高成长性企业，对模型(5-3)进行分组回归，使用两种货币政策不确定性的代理变量和四种资本成本的代理变量进行回归，相应的系数估计结果如表5-4所示，(1a)~(4b)行报告了这八种组合的回归结果。其中，a 和 b 用于区分两种货币政策不确定性的代理变量，1~4 用于区分四种资本成本的代理变量，表5-5、表5-6和表5-7也做相同排列。

---

① 世界银行早期的调研报告指出，中国有75%的非金融类上市企业将融资约束列为企业发展的主要障碍，在80个被调查国家中比例最高(Claessens and Tzioumis,2006)。
② 高成长性企业、处于成长期的企业、属于高成长性行业的企业以及受到高融资约束的企业，这些企业相对更看重未来可获得的经营收益，因而对资金更加敏感。

表 5-4　根据高、低成长性企业分组回归结果

主要变量		$MPU \cdot WACC$	$WACC$	MPU	控制变量、企业和时间固定效应、常数项	N	Adj-R^2
(1a)	高成长性企业	0.1392 *** (3.66)	-0.2366 *** (-4.48)	-0.0996 *** (-3.23)	Yes	7005	0.120
	低成长性企业	0.0175 (0.47)	-0.2769 *** (-4.34)	-0.1462 *** (-4.97)	Yes	6822	0.139
(1b)	高成长性企业	0.0447 *** (3.71)	-0.2074 *** (-4.59)	-0.0392 *** (-3.40)	Yes	7005	0.121
	低成长性企业	0.0067 (0.57)	-0.2777 *** (-4.93)	-0.0535 *** (-4.94)	Yes	6822	0.138
(2a)	高成长性企业	0.1300 *** (3.66)	-0.2215 *** (-4.46)	-0.1041 *** (-3.36)	Yes	7026	0.121
	低成长性企业	0.0223 (0.64)	-0.2614 *** (-4.35)	-0.1493 *** (-5.10)	Yes	6845	0.135
(2b)	高成长性企业	0.0418 *** (3.72)	-0.1945 *** (-4.58)	-0.0406 *** (-3.51)	Yes	7026	0.121
	低成长性企业	0.0081 (0.75)	-0.2609 *** (-4.91)	-0.0546 *** (-5.06)	Yes	6845	0.135
(3a)	高成长性企业	0.1301 *** (3.54)	-0.2274 *** (-4.36)	-0.1098 *** (-3.45)	Yes	6645	0.118
	低成长性企业	0.025 (0.72)	-0.2666 *** (-4.46)	-0.1574 *** (-5.37)	Yes	6328	0.137
(3b)	高成长性企业	0.0420 *** (3.61)	-0.2010 *** (-4.50)	-0.0424 *** (-3.57)	Yes	6645	0.119
	低成长性企业	0.0088 (0.81)	-0.2651 *** (-4.99)	-0.0577 *** (-5.38)	Yes	6328	0.136
(4a)	高成长性企业	0.0903 *** (2.77)	-0.2083 *** (-4.53)	-0.1240 *** (-4.96)	Yes	10002	0.123
	低成长性企业	0.0301 (1.07)	-0.2265 *** (-4.85)	-0.1609 *** (-6.97)	Yes	10871	0.142
(4b)	高成长性企业	0.0295 *** (2.87)	-0.1912 *** (-4.89)	-0.0473 *** (-5.05)	Yes	10002	0.123
	低成长性企业	0.0105 (1.19)	-0.2237 *** (-5.47)	-0.0592 *** (-6.96)	Yes	10871	0.142

　　注：为便于比较，表 5-4 仅罗列主要变量的系数估计结果。表中交互项是中心化后的结果。在企业层面聚类，括号内为基于聚类稳健标准误计算的 t 值。*、** 和 *** 分别表示在 10%、5% 和 1% 水平上显著。表 5-5 至表 5-7 均做同样处理。

　　资料来源：笔者根据相关资料整理。

表 5-5　根据企业所处生命周期分组回归结果

主要变量		$MPU \cdot WACC$	$WACC$	MPU	控制变量、企业和时间固定效应、常数项	N	Adj-R^2
(1a)	成长期	0.1536 *** (3.81)	-0.3322 *** (-5.28)	-0.0874 *** (-2.71)	Yes	7392	0.164
	非成长期	-0.0274 (-0.74)	-0.0893 (-1.61)	-0.0813 *** (-2.84)	Yes	6715	0.111
(1b)	成长期	0.0502 *** (3.95)	-0.3031 *** (-5.57)	-0.0332 *** (-2.76)	Yes	7392	0.165
	非成长期	-0.0076 (-0.65)	-0.0990 ** (-2.04)	-0.0302 *** (-2.83)	Yes	6715	0.111
(2a)	成长期	0.1471 *** (3.93)	-0.3103 *** (-5.26)	-0.0930 *** (-2.89)	Yes	7414	0.165
	非成长期	-0.0198 (-0.58)	-0.0857 * (-1.65)	-0.0817 *** (-2.83)	Yes	6733	0.111
(2b)	成长期	0.0480 *** (4.08)	-0.2825 *** (-5.53)	-0.0353 *** (-2.95)	Yes	7414	0.165
	非成长期	-0.0051 (-0.47)	-0.0941 ** (-2.08)	-0.0301 *** (-2.80)	Yes	6733	0.111
(3a)	成长期	0.1389 *** (3.68)	-0.2986 *** (-4.94)	-0.1001 *** (-3.03)	Yes	6962	0.164
	非成长期	-0.0359 (-1.02)	-0.068 (-1.30)	-0.0756 *** (-2.63)	Yes	6271	0.112
(3b)	成长期	0.0454 *** (3.84)	-0.2727 *** (-5.21)	-0.0375 *** (-3.06)	Yes	6962	0.164
	非成长期	-0.0101 (-0.91)	-0.0802 * (-1.75)	-0.0281 *** (-2.63)	Yes	6271	0.112
(4a)	成长期	0.1082 *** (3.33)	-0.2750 *** (-5.39)	-0.1199 *** (-4.73)	Yes	10916	0.163
	非成长期	0.0048 (0.18)	-0.1124 *** (-2.71)	-0.0872 *** (-3.82)	Yes	10344	0.124
(4b)	成长期	0.0355 *** (3.48)	-0.2553 *** (-5.78)	-0.0444 *** (-4.69)	Yes	10916	0.163
	非成长期	0.0027 (0.32)	-0.1153 *** (-3.22)	-0.0325 *** (-3.80)	Yes	10344	0.124

资料来源：笔者根据相关资料整理。

表 5-6　根据高、低成长性行业分组回归结果

主要变量		$MPU \cdot WACC$	$WACC$	MPU	控制变量、企业和时间固定效应、常数项	N	Adj-R^2
(1a)	高成长性行业	0.1471 *** (3.63)	-0.2489 *** (-4.44)	-0.1152 *** (-3.57)	Yes	6301	0.126
	低成长性行业	0.0195 (0.52)	-0.2205 *** (-3.57)	-0.1399 *** (-4.75)	Yes	7526	0.124
(1b)	高成长性行业	0.0469 *** (3.65)	-0.2171 *** (-4.53)	-0.0447 *** (-3.72)	Yes	6301	0.126
	低成长性行业	0.0076 (0.64)	-0.2214 *** (-4.09)	-0.0505 *** (-4.65)	Yes	7526	0.123
(2a)	高成长性行业	0.1305 *** (3.48)	-0.2239 *** (-4.29)	-0.1195 *** (-3.70)	Yes	6322	0.126
	低成长性行业	0.0260 (0.74)	-0.2135 *** (-3.68)	-0.1416 *** (-4.84)	Yes	7549	0.121
(2b)	高成长性行业	0.0416 *** (3.50)	-0.1959 *** (-4.39)	-0.0461 *** (-3.83)	Yes	6322	0.127
	低成长性行业	0.0095 (0.87)	-0.2128 *** (-4.16)	-0.0511 *** (-4.73)	Yes	7549	0.121
(3a)	高成长性行业	0.1287 *** (3.32)	-0.2316 *** (-4.26)	-0.1195 *** (-3.57)	Yes	5983	0.125
	低成长性行业	0.0248 (0.69)	-0.2120 *** (-3.62)	-0.1462 *** (-4.87)	Yes	6990	0.122
(3b)	高成长性行业	0.0411 *** (3.36)	-0.2042 *** (-4.39)	-0.0456 *** (-3.67)	Yes	5983	0.125
	低成长性行业	0.0091 (0.81)	-0.2113 *** (-4.09)	-0.0531 *** (-4.83)	Yes	6990	0.122
(4a)	高成长性行业	0.1082 *** (3.14)	-0.2279 *** (-4.67)	-0.1371 *** (-5.48)	Yes	9008	0.126
	低成长性行业	0.0193 (0.71)	-0.1828 *** (-4.18)	-0.1592 *** (-6.82)	Yes	11865	0.130
(4b)	高成长性行业	0.0346 *** (3.20)	-0.2048 *** (-4.93)	-0.0521 *** (-5.57)	Yes	9008	0.126
	低成长性行业	0.0075 (0.88)	-0.1838 *** (-4.81)	-0.0581 *** (-6.79)	Yes	11865	0.130

资料来源：笔者根据相关资料整理。

表 5-7　根据企业受融资约束程度分组的回归结果

	主要变量	$MPU \cdot WACC$	$WACC$	MPU	控制变量、企业和时间固定效应、常数项	N	Adj-R^2
(1a)	高融资约束	0.1515*** (3.57)	-0.3012*** (-4.65)	-0.1964*** (-5.86)	Yes	6927	0.166
	低融资约束	-0.0311 (-0.86)	-0.1474*** (-2.59)	-0.0615** (-2.29)	Yes	7188	0.092
(1b)	高融资约束	0.0483*** (3.63)	-0.2679*** (-4.84)	-0.0744*** (-6.11)	Yes	6927	0.167
	低融资约束	-0.0091 (-0.80)	-0.1571*** (-3.15)	-0.0230** (-2.31)	Yes	7188	0.092
(2a)	高融资约束	0.1421*** (3.64)	-0.2815*** (-4.70)	-0.2034*** (-6.15)	Yes	6961	0.169
	低融资约束	-0.0228 (-0.68)	-0.1453*** (-2.76)	-0.0664** (-2.47)	Yes	7194	0.090
(2b)	高融资约束	0.0453*** (3.71)	-0.2506*** (-4.89)	-0.0768*** (-6.41)	Yes	6961	0.170
	低融资约束	-0.0065 (-0.62)	-0.1531*** (-3.31)	-0.0248** (-2.49)	Yes	7194	0.090
(3a)	高融资约束	0.1237*** (3.10)	-0.2527*** (-4.10)	-0.1923*** (-5.79)	Yes	6536	0.167
	低融资约束	-0.0255 (-0.76)	-0.1478*** (-2.82)	-0.0706*** (-2.63)	Yes	6705	0.089
(3b)	高融资约束	0.0396*** (3.17)	-0.2264*** (-4.29)	-0.0726*** (-6.00)	Yes	6536	0.168
	低融资约束	-0.0075 (-0.70)	-0.1558*** (-3.38)	-0.0261*** (-2.65)	Yes	6705	0.089
(4a)	高融资约束	0.1149*** (3.39)	-0.2666*** (-5.12)	-0.2180*** (-8.35)	Yes	10213	0.175
	低融资约束	-0.0133 (-0.48)	-0.1464*** (-3.34)	-0.0969*** (-4.33)	Yes	11058	0.098
(4b)	高融资约束	0.0371*** (3.51)	-0.2434*** (-5.48)	-0.0819*** (-8.56)	Yes	10213	0.176
	低融资约束	-0.0034 (-0.39)	-0.1523*** (-3.99)	-0.0360*** (-4.32)	Yes	11058	0.098

资料来源：笔者根据相关资料整理。

　　由表 5-4 的系数估计结果可以看出，在高成长性企业中，资本成本（WACC）和货币政策不确定性（MPU）的系数估计值均在 1% 的显著性水平下为负值，两者的交互项均在 1% 的显著性水平下为正值，而在低成长性企业中，资本成本和货币政策不确定性系数估计值的显著性有所降低，且两者的交互项均不显著。除了直观的分组比较，考虑到分组样本可能存在根本性差异导致两组中系数估计值无法直接比较，进一步使用了 Chow 检验，检验结果表明（1a）～（4a）行的每行两组中资本成本和货币政策不确定性的交互项系数均在 10% 显著水平下存在差异，高成长性企业组的此项系数显著高于低成长性企业组，（4b）行中此项系数同样在高成长性企业组更高，只是这种差异在 10% 的水平下不显著。上述结果表明，货币政策不确定性对企业投资资本成本敏感性的抑制效应在具有相对更高成长性的企业中更强，而在具有相对更低成长性的企业中更弱，这从企业成长性的角度间接验证了影响机制的有效性。

二、从企业生命周期角度的检验

　　参考刘诗源等（2020）使用的现金流量模式方法界定企业生命周期，通过经营、投资、筹资这几类现金流净额的正负组合反映企业的增长速度、盈利能力和经营风险等方面的信息，借此判断企业所处生命周期的不同阶段，区别于单一变量分析法、财务综合指标法等方法，无须对企业所处生命周期的样本分布做主观假设，而且规避行业固有差异的干扰。考虑到分组样本容量的可比性，采用现金流量模式方法根据企业所处生命周期只将企业划分为成长期和非成长期两组，然后分组回归，相应的系数估计结果如表 5-5 所示。

　　由表 5-5 的系数估计结果可以看出，在处于生命周期的成长期的企业中，资本成本（WACC）和货币政策不确定性（MPU）的系数估计值均在 1% 的显著性水平下为负值，两者的交互项均在 1% 的显著性水平下为正值，而在处于非成长期的企业中，资本成本和货币政策不确定性系数估计值的显著性有所降低，且两者的交互项均不显著。进一步使用了 Chow 检验以检验分组样本中估计系数的差异，检验结果表明，在（1a）～（4b）行的每一行两组中资本成本和货币政策不确定性的交互项系数均在 5% 水平下存在显著差异，成长期企业组的此项系数显著高于非成长期企业组。上述结果表明，货币政策不确定性对企业投资资本成本敏感性的抑制效应在处于成长期的企业中更强，而在处于非成长期企业中更弱，这从企业生命周期的角度间接验证了影响机制的有效性。

三、从行业成长性角度的检验

借鉴杨兴全等（2016）的做法，把各年度—行业层面的 Tobin's Q 中值作为行业成长性的衡量指标，如果某行业成长性指标高于该年度所有行业的中值，将其划归高成长性行业，否则划归低成长性行业。将所有企业划分为高成长性和低成长性行业后，进行分组回归，相应的系数估计结果如表 5-6 所示。

由表 5-6 的系数估计结果可以看出，在处于高成长性行业的企业中，资本成本（*WACC*）和货币政策不确定性（*MPU*）的系数估计值均在 1% 的显著性水平下为负值，两者的交互项均在 1% 的显著性水平下为正值，而在处于低成长性行业的企业中，资本成本和货币政策不确定性系数估计值的显著性有所降低，且两者的交互项均不显著。进一步使用了 Chow 检验以检验分组样本中估计系数的差异，检验结果表明（1a）~（3b）行的每行两组中资本成本和货币政策不确定性交互项系数均在 10% 水平下存在显著差异，此项系数在高成长性行业组显著高于低成长性行业组，（4a）、（4b）行中此项系数同样在高成长性企业组更高，只是这种差异在 10% 的水平下不显著。上述结果表明，货币政策不确定性对企业投资资本成本敏感性的抑制效应对处于相对更高成长性行业的企业更强，而对相对更低成长性行业中的企业更弱，这从行业成长性的角度间接验证了影响机制的有效性。

四、从融资约束角度的检验

现阶段对企业融资约束的度量及其程度高低的划分有多种测度指标，

且不存在哪一种占据绝对最优的情况(张成思、刘贯春,2018)。这里借鉴 Hadlock 和 Pierce(2010)的做法,使用企业规模($Size$)与企业年龄(Age)这两个相对外生的变量,根据公式构建融资约束指数:$-0.737 \cdot Size + 0.043 \cdot Size^2 - 0.04 \cdot Age$。[①] 依据各年度中该指数的大小将企业分为受高融资约束组和受低融资约束组,然后根据企业受融资约束程度分组回归,相应的系数估计结果如表5-7所示。

由表5-7的系数估计结果可以看出,在受到相对高融资约束的企业中,资本成本($WACC$)和货币政策不确定性(MPU)的系数估计值均在1%的显著性水平下为负值,两者的交互项均在1%的显著性水平下为正值,而在受到相对低融资约束的企业中,资本成本和货币政策不确定性系数估计值的显著性有所降低,且两者的交互项均不显著。进一步使用了 Chow 检验以检验分组样本中估计系数的差异,检验结果表明(1a)~(4b)行的每行两组中资本成本和货币政策不确定性交互项系数均在1%水平下存在显著差异,此项系数在高融资约束组企业显著高于低融资约束组企业。上述结果表明,货币政策不确定性对企业投资资本成本敏感性的抑制效应在受到相对高融资约束的企业中更强,而在受到相对低融资约束的企业中更弱,这从融资约束的角度间接验证了影响机制的有效性。

这部分依次根据具有更高成长性、处在企业生命周期的成长期、属于更高成长性行业、受到更高融资约束四项条件筛选出对未来可获得经营收益重视程度高的企业,研究结果表明,对此类企业而言,货币政策不确定性抑制企业资本成本敏感性的效应,强于那些对未来可获得经营收益重视程度低的企业。这不仅间接地验证了影响机制,也表明货币政策不确定性的这种抑制效应在企业间存在异质性。上述结果表明,在货币政策不确定性的作用下,企业管理者对未来经营表现的预期降低,导致了企业投资对资本成本的敏感性降低,并且更重视未来可获得经营收益的企业受到的影响更大,使这种抑制效应在此类企业中有更显著的体现。这部分的检验还具有两层含义:第一,上述结果表明,货币政策不确定性的这种影响在企业间存在异质性;第二,企业的发展预期在不确定经济环境下的企业投资

---

① 为了使企业融资约束指数在时间上可比,这里的企业规模使用的是经过价格指数调整的企业总资产真实值(以2003年为基期,总资产以百万元为单位)。

决策中发挥重要作用。鉴于此，为了减少货币政策不确定性的不利影响，一方面，除了统一的货币政策调控，还强调发挥货币政策的结构性作用，针对企业的发展需求制定相应的产业政策并调整其配套措施，为实体经济薄弱环节提供精准支持，以提升政策传导效率；另一方面，应积极采取措施以稳定和引导企业发展预期，这有助于减少货币政策不确定性对其造成的负面影响。这对从微观层面畅通利率传导渠道、提高货币政策调控效力具有重要意义。

第五节　稳健性检验

一、考虑股权分置改革和企业管理层特征的影响

货币政策不确定性抑制企业投资敏感性的结论是基于企业投资理论模型推导出的，该模型将最大化企业价值（即实现股东利益最大化）作为企业投资决策的目标，尽管理论模型中未考虑企业所有人和管理者的影响，但在现实中企业所有人和管理者的特征可能会影响企业价值最大化的判断，进而影响企业投资决策，导致分析中产生内生性问题。为避免货币政策不确定性的这种抑制效应是在忽略了企业所有人和管理者特征后错误得出的，这里从股权分置改革和企业管理层特征两个方面对结论的稳健性加以检验。

第一，从股权分置改革检验结论的稳健性。研究对象是上市公司，股权分置改革结束了上市公司两类股份、两种价格并存的历史，强化了上市公司各类股东的共同利益基础。考虑到2007年《企业会计准则——基本准则》的执行及股权分置改革基本完成，将研究样本的时间跨度调整为2007年至2019年，重新对模型(5-3)进行回归分析，结果如表5-8所示，主要变量系数估计值的大小和显著性未发生重要改变，表明本章的结论依然成立。

表 5-8 考虑股权分置改革后货币政策不确定性对企业
投资资本成本敏感性的影响分析

主要变量		$MPU \cdot WACC$	$WACC$	MPU	控制变量、企业和时间固定效应、常数项	N	Adj-R^2
模型 (5-3)	(1a)	0.1440 *** (4.55)	-0.3332 *** (-6.66)	-0.0264 *** (-6.23)	Yes	11992	0.134
	(1b)	-0.0084 *** (-6.19)	-0.2949 *** (-6.89)	-0.0444 *** (-4.52)	Yes	11992	0.134
	(2a)	0.1450 *** (4.99)	-0.3204 *** (-6.97)	-0.0255 *** (-6.06)	Yes	12024	0.133
	(2b)	0.0448 *** (4.95)	-0.2818 *** (-7.16)	-0.0081 *** (-6.00)	Yes	12024	0.133
	(3a)	0.1315 *** (4.47)	-0.3065 *** (-6.52)	-0.0265 *** (-5.79)	Yes	11192	0.129
	(3b)	0.0405 *** (4.43)	-0.2713 *** (-6.73)	-0.0084 *** (-5.74)	Yes	11192	0.129
	(4a)	0.1170 *** (5.02)	-0.3009 *** (-8.32)	-0.0250 *** (-7.61)	Yes	18477	0.137
	(4b)	0.0365 *** (5.03)	-0.2714 *** (-8.79)	-0.0080 *** (-7.58)	Yes	18477	0.137

注：为便于比较，表 5-8 中仅罗列主要变量的系数估计结果。表 5-8 的 (1a) ~ (4b) 行中，1~4 是用于区分回归中使用的这四种资本成本的代理变量，a 和 b 用于区分使用的这两种货币政策不确定性的代理变量。表中交互项是中心化后的结果。在企业层面聚类，括号内为基于聚类稳健标准误计算的 t 值。* 、** 和 *** 分别表示在 10%、5% 和 1% 的水平上显著。表 5-9 至表 5-15 均做同样处理。

资料来源：笔者根据相关资料整理。

第二，从董事会规模、董事会独立性、管理层持股占比和控股股东的控制权四个方面控制企业管理层特征[①]，在将这些管理层特征纳入控制变

---

① 董事会规模以董事会人数的对数表示；董事会独立性以独立董事占董事会人员的比例表示；管理层持股占比以高管持股所占比例表示，控股股东的控制权以实际控制人拥有上市公司控制权比例衡量。

量后，重新对模型(5-3)进行回归分析，结果如表5-9所示，主要变量系数估计值的大小和显著性未发生重要改变，实证结果仍支持本章的结论。

表5-9　考虑管理层特征后货币政策不确定性对企业投资
资本成本敏感性的影响分析

主要变量		$MPU \cdot WACC$	$WACC$	MPU	控制变量、企业和时间固定效应、常数项	N	Adj-R^2
模型（5-3）	（1a）	0.0747*** (2.63)	-0.2505*** (-5.84)	-0.0108*** (-3.07)	Yes	12795	0.139
	（1b）	0.0246*** (2.74)	-0.2369*** (-6.37)	-0.0035*** (-3.12)	Yes	12795	0.139
	（2a）	0.0746*** (2.85)	-0.2360*** (-5.94)	-0.0115*** (-3.28)	Yes	12834	0.138
	（2b）	0.0245*** (2.96)	-0.2223*** (-6.45)	-0.0038*** (-3.33)	Yes	12834	0.138
	（3a）	0.0638** (2.41)	-0.2276*** (-5.70)	-0.0108*** (-2.81)	Yes	11971	0.136
	（3b）	0.0211** (2.51)	-0.2162*** (-6.23)	-0.0035*** (-2.86)	Yes	11971	0.136
	（4a）	0.0593*** (2.70)	-0.2316*** (-6.87)	-0.0137*** (-4.86)	Yes	19496	0.145
	（4b）	0.0197*** (2.86)	-0.2216*** (-7.60)	-0.0045*** (-4.95)	Yes	19496	0.145

资料来源：笔者根据相关资料整理。

二、检验抑制效应是否出于不确定性下的预防性动机

有充裕的现金储备作为内源性融资来源，也能够解释企业对外源性融资成本缺乏敏感性的现象(Sharpe and Suarez,2021)。已有研究表明，企业会在不确定性上升时改变现金持有策略，根据预防性动机理论，企业为规避未来陷入流动性困境的可能，在面对不确定性时将出于预防性动机提高现金持有水平(李凤羽、史永东,2016;方建珍、胡成,2020)。鉴于此，对本

章结论的一个担忧是，货币政策不确定性对企业投资敏感性的抑制效应是由不确定性下企业的预防性动机造成的。为了排除这种可能，需检验这种抑制效应是不是货币政策不确定性引起企业现金持有水平上升的结果。为此，除了模型(5-3)中控制的企业经营性现金流水平，进一步控制企业现金持有水平，检查模型中货币政策不确定性和资本成本及其交互项的系数发生的变化，如果预防性动机是导致货币政策不确定性的这种抑制效应的主要途径，那么交互项系数估计值的大小将发生重大变化，且显著性大大降低。参考李凤羽和史永东(2016)的做法，以现金及现金等价物增加值占期初总资产的比值表示企业现金持有水平，将其纳入控制变量后，重新对模型(5-3)进行回归分析，结果如表5-10所示。

表5-10 考虑预防性动机后货币政策不确定性对企业投资
资本成本敏感性的影响分析

主要变量		$MPU \cdot WACC$	$WACC$	MPU	控制变量、企业和时间固定效应、常数项	N	Adj-R^2
模型 (5-3)	(1a)	0.0639 ** (2.37)	-0.2436 *** (-5.94)	-0.0134 *** (-4.47)	Yes	13464	0.141
	(1b)	0.0214 ** (2.50)	-0.2332 *** (-6.53)	-0.0044 *** (-4.56)	Yes	13464	0.141
	(2a)	0.0659 *** (2.64)	-0.2317 *** (-6.07)	-0.0142 *** (-4.73)	Yes	13503	0.141
	(2b)	0.0220 *** (2.78)	-0.2207 *** (-6.63)	-0.0046 *** (-4.83)	Yes	13503	0.141
	(3a)	0.0531 ** (2.10)	-0.2208 *** (-5.73)	-0.0144 *** (-4.42)	Yes	12605	0.139
	(3b)	0.0178 ** (2.23)	-0.2125 *** (-6.32)	-0.0047 *** (-4.52)	Yes	12605	0.139
	(4a)	0.0524 ** (2.47)	-0.2260 *** (-6.92)	-0.0149 *** (-6.07)	Yes	20522	0.147
	(4b)	0.0177 *** (2.66)	-0.2182 *** (-7.70)	-0.0049 *** (-6.22)	Yes	20522	0.148

资料来源：笔者根据相关资料整理。

控制企业现金持有水平后，在所有的模型估计中，货币政策不确定性和资本成本的系数估计值仍然显著为负值，两者交互项的系数估计值仅相对未控制企业现金持有水平情形略有下降，显著性未发生重要改变，表明在考虑了货币政策不确定性可能引起的预防性动机之后，货币政策不确定性的这种抑制效应仍然存在。由此可推知，预防性动机也许部分解释了货币政策不确定性对企业投资敏感性的抑制效应，但解释力较弱。本章的结论不受货币政策不确定性下企业的预防性动机这一机制的影响。

三、检验抑制效应是否由于不确定性下的投资不可逆性

检验货币政策不确定性对企业投资敏感性的抑制效应是否由不确定性下企业投资的不可逆性造成，调整成本的存在导致了投资的不可逆。根据实物期权效应，在不确定的经济环境中，这种不可逆性导致投资的机会成本随着不确定性的上升而增加，如果投资完全不具备可逆性，企业将会从"等待"中获得最大收益（Gulen and Ion，2016；谭小芬、张文婧，2017；刘贯春等，2019），从而在面对高度的货币政策不确定性时，企业会对过高的调整成本望而生畏，认为随经济因素的变化调整投资策略带来的预期收益低于调整成本，因而不会做出调整，导致企业投资对资本成本的敏感性降低。为了排除这种可能，需在模型（5-3）中进一步控制企业投资不可逆性，如果这种不可逆性是导致货币政策不确定性的抑制效应的主要途径，那么货币政策不确定性和资本成本的交互项系数估计值的大小将发生重大变化，且显著性大大降低。投资的不可逆性无法直接测度，已有研究虽采用多种衡量指标，但没有哪种指标绝对占优，因此综合考虑数据可获得性和测算便利程度后，借鉴 Gulen 和 Ion（2016）、李凤羽和杨墨竹（2015）的做法，以固定资产占总资产的比重衡量投资的不可逆程度，然后重复实证分析和机制检验部分对模型（5-3）的估计。将投资的不可逆程度作为控制变量加入模型后，如表 5-11 所示，在所有的模型估计中，货币政策不确定性和资本成本的系数估计值仍然显著为负值，两者交互项的系数估计值相对未控制的情形变化极小，且显著性未发生重要改变，研究结论依然成立。由此可推知，投资的不可逆性也许在货币政策不确定性对企业投资敏感性的

抑制效应中发挥了作用，但对此抑制效应的解释力非常弱。本章的结论在考察了企业投资不可逆性的作用后仍是稳健的。

表 5-11　考虑投资不可逆性后货币政策不确定性对企业投资
资本成本敏感性的影响分析

主要变量		$MPU \cdot WACC$	$WACC$	MPU	控制变量、企业和时间固定效应、常数项	N	Adj-R^2
模型 (5-3)	(1a)	0.0760 *** (2.65)	−0.2105 *** (−4.95)	−0.0156 *** (−5.11)	Yes	12306	0.161
	(1b)	0.0254 *** (2.79)	−0.1983 *** (−5.35)	−0.0051 *** (−5.21)	Yes	12306	0.161
	(2a)	0.0718 *** (2.73)	−0.1984 *** (−5.01)	−0.0161 *** (−5.29)	Yes	12383	0.162
	(2b)	0.0240 *** (2.88)	−0.1870 *** (−5.41)	−0.0053 *** (−5.40)	Yes	12383	0.163
	(3a)	0.0623 ** (2.33)	−0.1930 *** (−4.82)	−0.0168 *** (−5.02)	Yes	11521	0.160
	(3b)	0.0211 ** (2.48)	−0.1838 *** (−5.26)	−0.0055 *** (−5.14)	Yes	11521	0.160
	(4a)	0.0656 *** (2.91)	−0.2085 *** (−6.01)	−0.0171 *** (−6.75)	Yes	18510	0.165
	(4b)	0.0220 *** (3.08)	−0.1979 *** (−6.56)	−0.0056 *** (−6.90)	Yes	18510	0.165

资料来源：笔者根据相关资料整理。

四、从企业投资对现金流的敏感性角度验证影响机制

本章侧重分析货币政策不确定性对企业投资的资本成本敏感性的影响及其影响机制，然而根据构建的理论模型，企业投资敏感性不仅包含对资本成本敏感性，还包含对现金流的敏感性，两者均在货币政策不确定性的作用下有所降低，且其中的作用机理相同。这回应了饶品贵等（2017）提出

的一项竞争性假说，该假说认为高度的政策不确定性会使企业对投资项目前景的判断出现偏差甚至失误，削弱企业对市场中经济要素的敏感程度，从而阻碍企业做出最优的投资决策。这里进一步检验本章所提出的影响机制是否同样适用于分析货币政策不确定性对投资的现金流敏感性的影响，间接地验证此影响机制的合理性。主要做法是将模型(5-3)中重要解释变量由资本成本替换为企业现金流水平(CF)，而将资本成本作为控制变量。这里为了避免内生性，将企业现金流水平滞后一期，并在模型中增加其与货币政策不确定性的交互项，以检验在货币政策不确定性作用下企业投资对现金流水平反应程度(敏感性)的变化，如模型(5-5)所示：

$$Inv_{i,t} = \gamma_0 + \gamma_1 MPU_{t-1} \cdot CF_{i,t-1} + \gamma_2 CF_{i,t-1} + \gamma_3 MPU_{t-1} + \gamma_4 WACC_{i,t-1} +$$

$$\sum_{i=1}^{5} \beta_{4+i} CV_{i,t-1} + \gamma_{10} GDP_{t-1} + \mu_i + \upsilon_t + \varepsilon_{i,t} \tag{5-5}$$

在计量模型(5-5)中，γ_1刻画了企业投资对现金流水平的反应程度(敏感性)在货币政策不确定性作用下受到的影响，由于与资本成本对企业投资的影响方向相反，现金流水平的上升会促使企业投资增加，而在货币政策不确定性的作用下，企业投资对现金流水平的反应程度(敏感性)减弱，所以对γ_1的预期是显著为负值。参考机制检验的做法，依次从企业成长性、所处企业生命周期的阶段、所在行业的成长性以及融资约束程度这四个方面进行检验。待估系数γ_1是研究关注的重点，比较不同组别中系数估计值γ_1的大小和显著性差异。如果货币政策不确定性是通过降低企业对自身发展前景的预期导致企业投资敏感性受到抑制的影响机制成立，那么在具有高成长性、处在企业生命周期的成长期、属于高成长性行业、受到高融资约束的这类对未来可获得经营收益重视程度高的企业组，由于企业投资对现金流的敏感性受货币政策不确定性的抑制效应更强，货币政策不确定性与现金流水平的交互项($MPU \cdot CF$)的系数估计值应该显著为负值，且显著小于在具有低成长性、处在企业生命周期的非成长期、属于低成长性行业、受低融资约束的企业组中的相应估计值。依次从这四个方面展示分组检验结果(见表5-12至表5-15)，并进一步对分组结果做 Chow 检验，这些检验结果表明，影响机制在对货币政策不确定性影响企业投资现金流敏感性的分析中同样成立，验证了影响机制的稳健性。

表 5-12 基于企业成长性对货币政策不确定性影响企业
投资现金流敏感性的机制分析

主要变量		$MPU \cdot CF$	其他变量、企业和时间固定效应、常数项	N	Adj-R^2
(1a)	高成长性企业	-0.0656^{***} (-3.66)	Yes	7005	0.117
	低成长性企业	0.0201 (1.07)	Yes	6822	0.139
(1b)	高成长性企业	-0.0212^{***} (-3.72)	Yes	7005	0.117
	低成长性企业	0.0065 (1.08)	Yes	6822	0.138
(2a)	高成长性企业	-0.0708^{***} (-3.91)	Yes	7026	0.117
	低成长性企业	0.0205 (1.09)	Yes	6845	0.135
(2b)	高成长性企业	-0.0226^{***} (-3.94)	Yes	7026	0.118
	低成长性企业	0.0067 (1.12)	Yes	6845	0.135
(3a)	高成长性企业	-0.0698^{***} (-3.70)	Yes	6645	0.115
	低成长性企业	0.0191 (0.98)	Yes	6328	0.137
(3b)	高成长性企业	-0.0226^{***} (-3.78)	Yes	6645	0.116
	低成长性企业	0.0061 (0.98)	Yes	6328	0.137
(4a)	高成长性企业	-0.0404^{**} (-2.35)	Yes	10002	0.122
	低成长性企业	0.0016 (0.11)	Yes	10871	0.142
(4b)	高成长性企业	-0.0124^{***} (-2.68)	Yes	10002	0.122
	低成长性企业	0.0008 (0.17)	Yes	10871	0.142

资料来源：笔者根据相关资料整理。

表 5-13　基于企业生命周期对货币政策不确定性影响企业
投资现金流敏感性的机制分析

主要变量		$MPU \cdot CF$	其他变量、企业和时间固定效应、常数项	N	Adj-R^2
(1a)	成长期	-0.0344^* (-1.74)	Yes	7392	0.161
	非成长期	-0.0185 (-1.05)	Yes	6715	0.111
(1b)	成长期	-0.0108^* (-1.72)	Yes	7392	0.161
	非成长期	-0.0056 (-1.01)	Yes	6715	0.111
(2a)	成长期	-0.0336^* (-1.68)	Yes	7414	0.161
	非成长期	-0.0184 (-1.04)	Yes	6733	0.111
(2b)	成长期	-0.0106^* (-1.66)	Yes	7414	0.161
	非成长期	-0.0055 (-0.98)	Yes	6733	0.111
(3a)	成长期	-0.0430^{**} (-2.04)	Yes	6962	0.161
	非成长期	-0.0241 (-1.33)	Yes	6271	0.112
(3b)	成长期	-0.0138^{**} (-2.04)	Yes	6962	0.161
	非成长期	-0.0075 (-1.29)	Yes	6271	0.112
(4a)	成长期	-0.0478^{***} (-3.02)	Yes	10916	0.162
	非成长期	-0.0216 (-1.56)	Yes	10344	0.125
(4b)	成长期	-0.0144^{***} (-2.86)	Yes	10916	0.162
	非成长期	-0.0064 (-1.47)	Yes	10344	0.124

资料来源：笔者根据相关资料整理。

表5-14　基于行业成长性对货币政策不确定性影响企业
投资现金流敏感性的机制分析

主要变量		$MPU \cdot CF$	其他变量、企业和时间固定效应、常数项	N	Adj-R^2
(1a)	高成长性行业	−0.0304* (−1.73)	Yes	6301	0.121
	低成长性行业	0.0063 (0.34)	Yes	7526	0.124
(1b)	高成长性行业	−0.0106* (−1.84)	Yes	6301	0.122
	低成长性行业	0.0022 (0.38)	Yes	7526	0.123
(2a)	高成长性行业	−0.0330* (−1.80)	Yes	6322	0.122
	低成长性行业	0.0058 (0.31)	Yes	7549	0.121
(2b)	高成长性行业	−0.0112* (−1.94)	Yes	6322	0.123
	低成长性行业	0.0021 (0.36)	Yes	7549	0.121
(3a)	高成长性行业	−0.0342* (−1.82)	Yes	5983	0.121
	低成长性行业	0.0007 (0.04)	Yes	6990	0.122
(3b)	高成长性行业	−0.0118* (−1.88)	Yes	5983	0.121
	低成长性行业	0.0004 (0.06)	Yes	6990	0.122
(4a)	高成长性行业	−0.0350** (−2.32)	Yes	9008	0.124
	低成长性行业	−0.0079 (−0.54)	Yes	11865	0.130
(4b)	高成长性行业	−0.0110** (−2.32)	Yes	9008	0.124
	低成长性行业	−0.0019 (−0.42)	Yes	11865	0.130

资料来源：笔者根据相关资料整理。

表 5-15　基于融资约束对货币政策不确定性影响企业
投资现金流敏感性的机制分析

	主要变量	$MPU \cdot CF$	其他变量、企业和时间固定效应、常数项	N	Adj-R^2
(1a)	高融资约束	−0.0434** (−2.10)	Yes	6927	0.162
	低融资约束	−0.0063 (−0.40)	Yes	7188	0.092
(1b)	高融资约束	−0.0147** (−2.16)	Yes	6927	0.163
	低融资约束	−0.0018 (−0.36)	Yes	7188	0.092
(2a)	高融资约束	−0.0402** (−1.99)	Yes	6961	0.165
	低融资约束	−0.0052 (−0.33)	Yes	7194	0.090
(2b)	高融资约束	−0.0132** (−1.98)	Yes	6961	0.166
	低融资约束	−0.0014 (−0.28)	Yes	7194	0.090
(3a)	高融资约束	−0.0326* (−1.70)	Yes	6536	0.164
	低融资约束	−0.0105 (−0.64)	Yes	6705	0.089
(3b)	高融资约束	−0.0119* (−1.75)	Yes	6536	0.164
	低融资约束	−0.0032 (−0.61)	Yes	6705	0.089
(4a)	高融资约束	−0.0340** (−2.05)	Yes	6536	0.164
	低融资约束	−0.0101 (−0.76)	Yes	6705	0.089
(4b)	高融资约束	−0.0100** (−1.97)	Yes	6536	0.164
	低融资约束	−0.0027 (−0.66)	Yes	6705	0.089

资料来源：笔者根据相关资料整理。

五、基于变量替换的稳健性检验

第一，对于投资惯性的考量。在已有研究中，对企业当期投资决策是否受上一期投资影响有不一致的观点。部分研究认为，由于存在资本调整成本和劳动力搜寻摩擦（Cooper and Haltiwanger，2006），企业当期投资对过往的投资有依赖性（蒲文燕等，2012）。但很多研究也指出，从季度甚至年度上考察企业投资行为实际上已为企业调整现有投资策略预留了充足时间，因而投资决策不存在路径依赖问题（Julio and Yook，2012；李凤羽、杨墨竹，2015）。本章中使用的是企业投资的年度数据，为了进一步排除投资决策路径依赖问题对研究结论可能造成的干扰，这里采用差分的手段剔除上一期投资对当期投资的影响，为了保证结果的可比性，对模型中其他除0~1变量（如时间虚拟变量、企业产权性质虚拟变量等）的所有连续变量也做了差分处理，并用差分后的变量代替原始变量在模型中重新回归。实证结果仍支持本章的基准结论，实证结果不在正文中重复展示。

第二，对于宏观层面投资机会的考量。探讨政策不确定性影响企业投资行为时遗漏企业投资机会变量可能会引起内生性问题（Gulen and Ion，2016），本章以企业营业收入增长率衡量企业层面的投资机会，并将其作为控制变量加入实证方程，以期缓解内生性问题。但有研究指出，不应仅从微观层面考虑企业投资机会，还需要重视宏观层面的投资机会对企业投资行为的影响（李凤羽、杨墨竹，2015）。因此，参考陈国进和王少谦（2016）的做法，分别把消费者信心指数和企业家信心指数作为宏观层面投资机会的代理变量，替代实证中的控制变量 GDP 增长率，重复实证分析过程。[①]实证结论和本章的基准结论不存在明显差异，实证结果不在文中重复展示。

第三，替换资本成本测度指标的稳健性检验。资本成本测度由权益资本成本和债务资本成本两部分组成，首先是仅变换权益资本成本的测度方式，将基于 KR 模型和 CAPM 模型计算出的资本成本分别替代实证中的资

---

① 相应原始数据源于 CEIC 数据库。

本成本变量，重复实证分析过程，实证结论和本章的基准结论不存在明显差异。进一步替换债务资本成本的测度指标，参考陈国进和王少谦(2016)的做法以长短期债务总额之和衡量有息负债，然后将计算结果依次同六种权益资本成本测度结果进行加权求和，获得新的资本成本代理指标。代替原指标后重复实证分析过程，实证结果仍支持本章的基准结论，实证结果不在正文中重复展示。

第四，替换货币政策不确定性测度指标的稳健性检验。不同于实证检验部分直接采用取算术平均值和几何平均值两种手段将月度货币政策不确定性指数转化为年度指标，这里采用加权平均化方法获得货币政策不确定性的年度指标。借鉴 Gulen 和 Ion(2016)的做法，将每个季度里的各月度指数加权为季度指标 $MPU\_quart = \left[\left(3mpu_{tm} + 2mpu_{tm-1} + mpu_{tm-2} \right)/6 \right]/100$，然后将季度指标平均化得到年度指标 $MPU = \sum_{q=1}^{4} MPU\_quart_q/4$。替换原指标后重复实证分析过程，实证结果仍支持本章的基准结论，实证结果不在文中重复展示。

六、基于聚类调整的稳健性检验

基于面板数据的回归结果可能受到异方差和序列相关性的影响，为了缓解此影响，研究中在企业个体层面做了聚类(Cluster)，并基于个体层面的聚类稳健估计得出结论。这里在一个更高层级上重新进行聚类分析，以考察聚类层级对结论的影响。考虑到企业投资可能存在行业集聚性，使同行业内企业间的投资相互关联，在估计回归系数标准误时在行业层面进行聚类调整。[1] 结果表明，采用这两种聚类方式得到的回归系数稳健标准误估计值区别极小，而且经聚类调整后重要变量的系数估计结果的显著性未出现明显改变。[2] 实证结果仍支持本章的结论。

---

[1] 鉴于聚类的数量过少可能会影响聚类稳健标准误估计值的有效性，这里根据《上市公司行业分类指引》(2012 年修订)将所有企业划分为 80 个行业大类。

[2] 聚类调整只影响标准误的估计，不改变系数估计结果，考虑到在行业层面做聚类调整后的系数显著性未发生重要改变，不再重复展示检验结果。

第六节　本章小结

对于货币政策不确定性通过何种途径影响货币政策调控发挥效力的问题，本章从企业投资资本成本敏感性的角度做出回答。资本成本是企业投资的重要影响因素，企业投资对资本成本敏感不仅关乎投资效率，而且是价格型货币政策工具有效的重要条件和微观基础，能够识别货币政策利率传导渠道是否畅通，利率传导渠道不畅将极大地影响货币政策有效性。鉴于此，本章创新性地通过研究货币政策不确定性对企业投资资本成本敏感性的影响，为这一不确定性干扰利率传导渠道、影响货币政策调控发挥效力和企业投资效率及其影响机制提供微观层面的经验证据。此外，本章的研究从货币政策不确定性视角为宽松政策和刺激措施下的"中国实业投资率下降之谜"提供新的诠释，与已有研究成果形成重要互补，并且为不确定性的激冷效应提供经验证据，以及为该效应的内在机理提供解释。本章的研究具有重要的理论和现实意义。

本章的主要研究内容是货币政策不确定性对企业投资资本成本敏感性的影响及其影响机制。第三章第二节部分在企业最优投资决策框架下建立了企业投资理论模型，借助该模型对货币政策不确定性影响企业投资敏感性及其影响机制进行分析后发现：货币政策不确定性通过降低企业对其未来经营表现的预期，使企业优化资源配置的激励减弱，降低其调整投资策略的积极性，因而抑制企业投资对资本成本等重要影响因素的敏感性。本章使用 2003 年至 2019 年中国 A 股非金融类上市公司样本对理论模型的分析结果进行检验。为检验上述影响机制，在研究设计中，考虑到企业对发展前景的预期不可观测，间接地进行检验。结合理论模型的分析，企业对发展前景的预期是指企业对未来通过经营取得收益的预期，由于货币政策不确定性的抑制效应是通过影响这一预期实现的，那么企业对未来经营收益的重视程度会影响这种抑制效应的大小，企业越重视未来可获得的经营收益，其投资的敏感性受到的抑制作用越强；反之亦然。企业对未来经营收益的重视程度实际上反映了企业对资金的敏感程度，越重视未来经营收益的企业对资金越敏感，因此可从企业对资金的相对敏感程度间接地检验影响机制。由于企业对资金的敏感程度同样无法度量，这里寻求影响企业资金敏感度的可观测指标间接地检验影响机制有效性。企业对资金的敏感度取决于企业面临的增长空间和投资机会，以及发展中受到的限制，特别是融资约束。如果企业拥有很好的投资机会（高成长性企业），或处于自身生命周期的成长期，抑或企业属于高成长性行业，则企业面临着富有前景的发展空间及更多的投资机会，旺盛的发展需求使企业对资金更加敏感，同理，受到高融资约束的企业为了把握投资机会并实现其价值，也会对资金变化更加敏感。基于以上分析，分别从企业成长性、企业生命周期、行业成长性以及融资约束四个方面将企业分为两组，资金敏感度高的企业（对未来可获得经营收益重视程度高的企业）和资金敏感度低的企业（对未来可获得经营收益重视程度低的企业），通过检验货币政策不确定性抑制企业资本成本敏感性的效应在这两组中的差异，间接地验证影响机制的有效性。最后，从货币政策不确定性下的预防性动机、投资不可逆性等多个角度验证了研究结论的稳健性。

本章研究发现：①高度的货币政策不确定性环境不仅会降低企业投资，而且对投资的资本成本敏感性具有抑制效应。鉴于资本成本是企业投资的重要影响因素，企业投资对资本成本敏感不仅关乎投资效率，而且是价格型货币政策工具有效的重要条件和微观基础，能够识别货币政策利率传导渠道是否畅通，这表明，货币政策不确定性不仅损害企业投资效率，而且干扰利率传导渠道，影响货币政策调控发挥效力。②这种抑制效应的内在机理是，货币政策不确定性降低了企业对其未来经营表现的预期，使企业优化资源配置以提高未来盈利能力的激励减弱，导致企业根据经济因素变化及时调整投资策略的积极性降低，表现为投资对资本成本等重要影响因素的敏感性下降。从企业成长性、企业生命周期、行业成长性以及融资约束四个方面验证了影响机理的合理性，检验结果也表明货币政策不确定性对企业投资资本成本敏感性的抑制效应受企业对未来经营收益重视程度的影响，在企业间具有异质性：高成长性企业、处于成长期的企业、属于高成长性行业的企业以及受高融资约束的企业由于更重视未来经营收益，其投资的敏感性受到的抑制作用更强。③机制检验的结果具有两层含义：一是企业的发展预期在不确定经济环境下的企业投资决策中发挥重要作用。这表明，在我国货币政策不确定性长期存在的背景下，政策上应积极采取措施以稳定和引导企业发展预期，提振企业信心，这对激发企业活力、提高资源配置效率、提升货币政策有效性具有重要的现实意义。二是货币政策不确定性对企业投资资本成本敏感性的抑制效应在企业间存在异质性，表明企业投资对资本成本的敏感性是状态依赖的，易受经济环境与企业自身特征的影响，不仅在货币政策不确定性的作用下受到抑制，而且抑制效应受企业对未来经营收益重视程度的影响，具有企业异质性，这丰富了投资敏感性的影响因素研究。

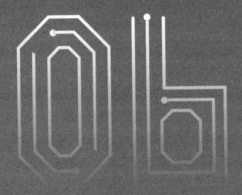

第六章

货币政策不确定性、债务期限结构与企业经营表现
——来自中国上市公司的经验证据

本书第四章、第五章的研究分别从预期管理和企业投资的资本成本敏感性两个角度展开，表明货币政策不确定性的存在削弱预期管理效果、引发不稳定预期、干扰利率传导渠道，为其影响货币政策调控效力及其作用机制提供经验证据。鉴于研究发现的这些负面影响，以及复杂的国内外形势导致货币政策不确定性持续存在并且短期内可能处于偏高水平的事实，本章试图在这一不确定性存在情形下，探寻化危为机、转危为安的手段，为此，从企业债务期限结构的角度展开探究，即在货币政策不确定性所创造的不利经济环境下，探究如何设计企业的债务期限结构以激励企业改善治理、提升绩效。本章结合第三章第三节的分析，以 2003 年至 2019 年中国 A 股非金融类上市公司为样本，从流动性风险效应和治理效应两个方面系统性探讨在货币政策不确定性作用下债务期限结构对企业经营决策及其表现的影响。研究结果表明，企业债务期限结构的流动性风险效应和治理效应在货币政策不确定性作用下均得到强化。由于流动性风险效应和治理效应对企业经营表现的作用效果相反，企业债务期限结构对企业经营表现的影响取决于这两种效应的综合作用，考虑到这两种效应均受到货币政策不确定性的影响，进而共同影响企业经营表现。本章首先将这两种效应统一于影响企业绩效的分析框架下，研究发现，在高度的货币政策不确定性环境下，债务期限结构的治理效应起主导作用，因而缩短企业债务期限有助于提升企业绩效。其次从企业异质性和货币政策不确定性的非对称效应两个方面做进一步分析，分析结果不仅对上述影响效应做了验证，还表明在货币政策不确定性作用下，调整企业债务期限结构对不同类型的企业的影响效应存在差异，并且在这一不确定性上升和下降时期产生的影响也有所不同。最后从货币政策不确定性下的企业现金持有、企业风险承担、银行优化信贷配置等多个角度检验研究结论的稳健性。

本章通过研究货币政策不确定性作用下企业债务期限结构的流动性风险效应与治理效应以及两种效应对企业经营表现的综合影响，为在这一不确定性所创造的不利经济环境下寻求化危为机、转危为安的应对措施提供新的思路。研究结果表明，在高度的货币政策不确定性环境下，可以通过调整债务期限结构减轻其在微观层面的负面影响，激励企业改善治理、提升企业绩效，因此，政策上不应盲目强调延长债务期限，否则可能造成更大的效率损失，这一发现为经济新常态下完善总需求管理、提高货币政策调控效果提供启示。本章从企业债务期限结构这一新的视角揭示货币政策不确定性影响企业决策及其经营表现的机制，深化货币政策不确定性影响下的微观主体行为研究，有助于理解其向微观经济传导的具体机制。研究以中国这一转型经济体为背景，从货币政策不确定性的角度为债务期限结构的流动性风险效应和治理效应增添证据，并且为转型经济体的企业债务期限结构偏向于短期化的"债务期限结构谜题"提供新的解释。

第一节　引言

2008 年全球金融危机使债务期限结构问题在各个国家或地区备受瞩目，引起了一系列讨论（Almeida et al.，2009；刘海明、李明明，2020）。金融危机后多元化的货币政策及其频繁调整使经济主体越发难以准确预测政策是否、何时以及怎样改变，这种居高不下的不确定性正潜移默化地改变着各个国家或地区的宏观经济环境，这引起了对货币政策不确定性如何影响宏观经济表现和微观主体决策行为的广泛探讨（Creal and Wu，2017；王博等，2019；Huang and Luk，2020；周晔、王亚梅，2021）。尽管偏向短期化的债务期限结构与偏高的货币政策不确定性处在相同时代背景下，但相关研究只将货币政策不确定性与债务期限结构作为独立视角分别探究，而鲜有将两者置于同一框架下分析。一方面，现阶段我国货币政策规则处于量价转型进程，复杂多变的国内外经济形势要求货币政策适时做出调整，在此过程中产生的货币政策不确定性问题突出；另一方面，在我国特殊的债务融资现状和制度背景下，企业债务期限结构呈现出明显短期化的特征（与其他国家或地区相比更短）①。在我国的货币政策不确定性环境下，结合企业债务期限结构的短期化特征探究其对企业决策以及经营表现的影响，这有助于深入理解货币政策不确定性影响微观企业行为的具体机制，也能够为减少货币政策不确定性的不利影响、完善总需求管理、提高微观层面的信贷资源配置效率提供建议。

货币政策对微观企业行为的影响广受关注，政策不确定性的影响同样不容忽视，这种不确定性影响金融机构对待风险的态度，恶化企业融资环境：政策不确定性的上升会使信贷流动速度减慢，延长企业获得贷款的等待时间（Alessandri and Bottero，2020），银行的主动风险承担水平降低，提

---

① Fan 等（2012）考察了多国的资本结构和债务期限选择，发现发展中国家与发达经济体的债务期限结构差异极大，发达经济体的短期负债占总债务比率的中值为 0.39，发展中国家这一比例高达 0.64，中国是当时这一比例最高的国家，高达 0.9。

高资本充足率以抵御经济环境的剧烈波动，提高信贷发放标准，减少信贷供给，这将强化企业融资约束，提高融资成本（钟凯等，2017；顾海峰、于家珺，2019）。负债融资是企业有偿地从外部筹措资金的重要方式，也是实现货币政策信贷渠道传导效应的重要媒介，将政策冲击向微观主体（企业）传导，债务的期限结构从两个方面影响企业行为：第一，越短的债务期限结构越有可能引发流动性风险，提高债务违约风险，降低企业的投融资水平（Almeida et al.，2009；Custódio et al.，2013）；第二，较短的债务期限结构有助于商业银行管控风险，且便于对企业施加约束和监督，激励企业改善治理，缓解代理问题（刘海明、李明明，2020）。货币政策不确定性的存在不仅影响银行的信贷供给意愿，还可能影响银行通过管理债务期限结构的途径参与企业治理的意愿与能力，使具有不同债务期限结构的企业的治理水平与面临的流动性风险出现相异变化。因此，可以从流动性风险效应和企业治理效应两个方面综合分析货币政策不确定性作用下企业债务期限结构对企业绩效的影响，这在以往的研究中受到忽视。

　　本章探讨了在货币政策不确定性作用下企业债务期限结构对企业经营决策及其表现的影响。在货币政策不确定性存在的情况下，企业债务期限结构从两个方面影响企业经营表现：一方面，面对高度的货币政策不确定性，出于避险动机，银行可能会收缩信贷，在这种情况下，债务期限越短的企业面临的债务无法续借的风险越大，因而面临更大的流动性风险；另一方面，面对高度的货币政策不确定性，银行负债成本上升，资产负债结构的不匹配程度加剧，促使银行提高信贷审核标准，这提高了银行对企业施加约束和监督的意愿，企业的债务期限结构是银行参与企业治理的重要途径，企业债务期限越短，银行的参与度越高，越有助于发挥约束和监督企业管理的作用，进而激励企业改善治理，因而具有更强的治理效应。企业债务期限结构在流动性风险效应和企业治理效应这两个方面的共同作用塑造了企业的经营成果，即企业绩效。鉴于此，从流动性风险效应与治理效应这两个方面探究货币政策不确定性作用下企业债务期限结构对企业绩效的影响，研究发现：①从投融资角度分析发现，短期借款占比越高的企业投融资水平越低，这说明在货币政策不确定性作用下缩短企业债务期限会使企业遭受更大的流动性风险。②从企业治理角度分析发现，短期借款占比越高的企业的经理人代理成本越少、过度投资越低，这说明在货币政策不确定性作用下缩短企业债务期限有助于约束代理问题，改善企业治理。③从企业绩效角度分析发现，短期借款占比越高的企业的绩效表现越好，考虑到缩短企业债务期限会产生流动性风险效应和治理效应，且两种效应对企业经营表现的作用效果截然相反，前者起负面作用，后者起正面作用。这一结果表明，在货币政策不确定性作用下，治理效应起主导作用，而流动性风险效应的影响相对较弱，因而两种效应的综合作用结果是提升企业绩效。最后，本章从企业异质性和货币政策不确定性的非对称效应两个方面探究了货币政策不确定性作用下企业债务期限结构的异质性影响：一是对异质性企业的分析结果表明，在货币政策不确定性作用下，对生命周期处于成长期的企业和具有较多流动性资产的企业而言，缩短债务期限在提升企业绩效方面的效果相对较弱；二是对非对称效应的分析结果表明，相较于货币政策不确定性下降时期，在其上升时期缩短企业债务期限在提升企业绩效方面的效果更弱。

与以有研究相比，本章的边际贡献体现在三个方面：

第一，从企业债务期限结构这一新的视角探究了货币政策不确定性影响企业决策及其经营表现的机制，深化了货币政策不确定性影响下的微观主体行为研究。已有研究分析了不同货币政策条件下企业债务对企业绩效的影响及其作用机理（饶品贵、姜国华，2013；刘海明、李明明，2020），这些研究仍停留在货币政策（宽松/紧缩）的作用效果上，以至于政策调整中产生的不确定性在此过程中的影响效应及其作用机制受到忽视，本章借助Huang和Luk（2020）构建的货币政策不确定性指数对此进行研究。研究发现，企业债务期限结构同时具有流动性风险效应和治理效应，并且这两种效应在货币政策不确定性作用下均得到强化。这从债务期限结构的视角进一步解释了货币政策不确定性向微观经济传导的具体机制，不仅有助于理解货币政策不确定性对企业行为的影响，而且为在高度的货币政策不确定性环境下通过调整企业的债务期限结构来激励企业改善治理、提升企业绩效提供经验证据。

第二，以转型经济体为背景，为货币政策不确定性作用下债务期限结构的流动性风险效应与企业治理效应提供了新的证据。相关研究多以发达经济体为背景，研究发现，债务期限的缩短扩大了企业面对信贷和流动性冲击的风险敞口，引发流动性风险（Diamond，1991；Custódio et al.，2013），还发现了债务期限影响企业治理的证据，如债务期限结构影响企业投资效率与营运过程中的自由现金流量（Jensen，1986；Hart and Moore，1995；D'Mello and Miranda，2010），国内相关研究对债务融资及其期限结构是否具有企业治理效应仍存在争议（田利辉，2005；邓莉等，2007），但这些研究将债务期限结构的流动性风险效应与企业治理效应视为两方面独立的影响。本章以中国这一转型经济体为主题，在货币政策不确定性存在并且改变了经济环境的背景下，将债务期限结构的这两种效应统一于影响企业绩效的分析框架，研究发现，在货币政策不确定性作用下，企业债务期限结构的流动性风险效应和治理效应均得到强化，并且这两种效应对企业经营表现的作用效果相反，其中治理效应起主导作用，使缩短企业债务期限有助于提升企业绩效。这一研究发现为经济新常态下完善总需求管理、提高货币政策调控效果提供启示。

第三，从货币政策不确定性的角度为转型经济体的企业债务期限结构偏向于短期化的现象提供了解释。转型经济体的企业的债务期限普遍低于发达经济体，这一现象被称为"债务期限结构谜题"（刘海明、李明明，2020）。鉴于过短的债务期限结构易引发流动性风险，转型经济体的企业高度依赖短期借款的原因有待探究。本章尝试从货币政策不确定性角度为这一谜题提供解释，鉴于转型经济体的制度建设不够完善、经济政策调整相对频繁，尤其是货币政策，在此过程中产生的不确定性不容忽视。研究表明，在高度的货币政策不确定性环境下，偏短的债务期限结构不仅有助于商业银行管控风险，而且便于对企业施加约束和监督，能够有效激励企业改善治理，缓解代理问题，提升企业绩效，因而转型经济体的企业债务期限结构偏向于短期化具有合理性。

结合第三章第三节的理论分析，本章的其余部分安排如下：第二节是研究设计与数据来源，第三节是实证检验与结果分析，第四节是企业异质性与货币政策不确定性非对称效应分析，第五节是稳健性检验，第六节是本章小结。

第二节　研究设计与数据来源

一、计量模型

结合第三章第三节中的分析，从流动性风险效应和治理效应两个方面系统性探讨在货币政策不确定性作用下债务期限结构对企业经营决策及其表现的影响。首先，依次对货币政策不确定性作用下企业债务期限结构的流动性风险效应和治理效应进行检验。其次，鉴于两种效应共同影响货币政策不确定性下的企业经营表现，并且作用效果相反，将这两种效应统一于影响企业经营表现的分析框架下进行检验。其中，对流动性风险效应的检验从企业的贷款与投资两个方面进行，对治理效应的检验从企业的过度投资和经理人代理成本两个方面进行，两种效应对企业经营表现的综合影响通过检验对企业绩效的影响实现。

第一，检验货币政策不确定性作用下债务期限结构对企业贷款融资的影响，借助模型(6-1a)检验假说4：

$$\Delta Loans_{i,t+1} = \alpha_0 + \alpha_1 \cdot MPU_t \cdot StLoans_{i,t} + \alpha_2 \cdot MPU_t + \alpha_3 \cdot StLoans_{i,t} + \sum CV_1 + u_{i,t+1}$$

$$(6-1a)$$

式中，被解释变量 $\Delta Loans$ 为新增贷款，以借款总额之和的增加值表示，并用总资产标准化，反映新增贷款融资水平。主要解释变量包括短期借款水平 $StLoans$、货币政策不确定性 MPU 以及两者的交互项 $MPU \cdot StLoans$，交互项是这一部分重点关注的变量。

货币政策不确定性指数原始数据来自 Huang 和 Luk(2020)构建的月度指标，为避免转化方法影响结果，采用两种处理方式将月度货币政策不确定性指数转化为年度指标，便于实证中进行相互对比：①算术平均化方法，

即 $MPU_1 = \sum_{m=1}^{12} (mpu_m/100)/12$，其中 mpu_m 为该年第 m 个月的货币政策不确定性指数；②几何平均化方法，参考陈国进和王少谦（2016）的做法，即 $MPU_2 = [\prod_{m=1}^{12} (mpu_m/100)]^{1/12}$。$MPU_1$ 和 MPU_2 均可作为 MPU 的代理变量，两者越大说明货币政策的不确定水平越高。$StLoans$ 反映企业对短期借款融资方式的依赖程度，以短期借款与一年内到期的长期借款之和占总资产的比重表示。[①] $StLoans$ 越大，即企业的短期借款占比越高，表明企业获得的贷款相较于企业总资产的平均期限越短，企业的债务期限结构越偏向于短期化。此外，还控制了可能对企业贷款行为产生重要影响的变量，借鉴饶品贵和姜国华（2013）、喻坤等（2014）的做法，包括了企业规模 $Size$，以总资产（以百万为单位）的自然对数表示；固定资产占比，以固定资产占总资产的比重 $Tangib_1$ 表示；资产负债率 Lev，以总负债占总资产的比重表示；企业盈利能力 Roa，以企业总资产净利润率表示；企业发展潜力，以主营收入增长率 $Grow_1$ 表示；企业现金流水平 CF，以经营性现金流量净额表示，并用总资产标准化；企业产权性质，根据实际控制人性质划分企业的产权性质为国有（$SOE=1$）和非国有（$SOE=0$）；为了控制不随时间变化且不可观测的企业固有特征的影响，加入企业个体固定效应。[②]

考虑到政策不确定性本身是反周期的（Gulen and Ion, 2016），而信贷供给是顺周期的，且在不同的经济环境下企业的融资决策存在差异（饶品贵、姜国华, 2013），为避免遗漏变量偏差的影响，在模型中控制了宏观经济环境变量 GDP，以国民经济生产总值的年度增长率表示。

考虑到货币政策环境（宽松或紧缩）可能影响长短期借款的可获得性，即影响企业和银行对债务期限结构的选择，因此控制货币政策环境变量 MP，用银行间同业拆借利率按成交额加权的年度均值表示。GDP 和 MP 共

---

① 短期借款与长期借款以到期期限区分，前者指期限在 1 年以下（含 1 年），后者指期限在 1 年以上，实证中的短期借款包括资产负债表中的短期借款和一年期以内到期的长期借款，而长期借款只包括资产负债表中一年期以上到期的长期借款（Almeida et al., 2009；刘海明、李明明, 2020）。

② 实证分析部分的模型控制个体固定效应，并且参考饶品贵和姜国华（2013）的做法，对实证分析部分的所有模型均在企业个体层面进行聚类（Cluster）分析。

同反映企业面临的发展环境。[①] 最后，为了减少内生性的影响，借鉴靳庆鲁等（2012）的做法，将解释变量相对被解释变量滞后一期，对后续模型也做此处理。

第二，检验货币政策不确定性作用下债务期限结构对企业投资的影响，借助模型（6-1b）检验假说5：

$$Inv_{i,t+1} = \beta_1 \cdot MPU_t \cdot StLoans_{i,t} + \beta_2 \cdot MPU_t + \beta_3 \cdot StLoans_{i,t} + \sum CV_2 + \beta_0 + \varepsilon_{i,t+1}$$

$$(6-1b)$$

式中，被解释变量 Inv 为新增投资，由于这里关注的是实物资本投资，以固定资产净额与在建工程净额之和增加值占总资产的比重表示。主要解释变量有 $StLoans$、MPU 以及两者交互项。参考喻坤等（2014）、才国伟等（2018）的做法，控制变量包括企业规模 $Size$、资产负债率 Lev、有形资产占总资产的比重 $Tangib_2$、总资产净利润率 Roa、主营收入增长率 $Grow_1$、企业现金流水平 CF、企业产权性质 SOE、宏观经济环境变量 GDP 和货币政策环境变量 MP，并控制了企业个体固定效应。

第三，检验货币政策不确定性作用下债务期限结构对企业过度投资、代理成本的影响，借助模型（6-2a）和模型（6-2b）分别检验假说6和假说7：

$$AgCost_{i,t+1} = \phi_1 \cdot MPU_t \cdot StLoans_{i,t} + \phi_2 \cdot MPU_t + \phi_3 \cdot StLoans_{i,t} + \sum CV_4 + \phi_0 + \xi_{i,t+1}$$

$$(6-2a)$$

$$overInv_{i,t+1} = \gamma_1 \cdot MPU_t \cdot StLoans_{i,t} + \gamma_2 \cdot MPU_t + \gamma_3 \cdot StLoans_{i,t} + \sum CV_3 + \gamma_0 + \zeta_{i,t+1}$$

$$(6-2b)$$

---

① 研究中没有控制时间固定效应是出于以下两点原因：第一，控制时间固定效应的目的是控制不随企业个体变化而仅随时间变化的宏观经济环境因素的影响，那么本章在控制了宏观经济环境变量和货币政策环境变量后，可以不用额外控制时间固定效应，许多研究都采用这一做法。例如，饶品贵和姜国华（2013）、刘贯春等（2019）以及刘海明和李明明（2020）。研究关注的是货币政策不确定性与企业债务期限结构的交互项的系数，该交互项是随时间和个体变化的变量，所以控制时间固定效应与否不会对其系数估计产生重要影响。第二，本章在进一步研究中分析了货币政策不确定性非对称效应，区分两种时期进行分组回归，比较在货币政策不确定性作用下债务期限结构的流动性风险效应和治理效应的影响在不同时期是否存在差别，如果控制时间固定效应，会导致不同组别的实际控制变量（时间虚拟变量）不同，而选择控制宏观经济环境变量和货币政策环境变量不存在此问题。

两个模型中被解释变量分别是代理成本 *AgCost* 和过度投资 *overInv*。其中，*AgCost* 用经营费用率衡量，以销售费用与管理费用之和与营业收入的比值表示。对 *overInv* 的估计，借鉴刘慧龙等（2014）的做法，将新增投资水平对上一年度的新增净投资水平、企业规模、营业收入增长率、股票年度回报率、资产负债率、上市年限、现金流水平、年度虚拟变量和行业虚拟变量进行回归，[①] 残差大于 0 表明存在过度投资，*overInv* 等于残差值，否则记为 0。主要解释变量有 *Stloans*、*MPU* 以及两者交互项，控制变量包括企业规模 *Size*，资产负债率 *Lev*，资产结构（以代理成本为被解释变量时该变量是固定资产占比 $Tangib_1$，以过度投资水平为被解释变量时该变量是有形资产占比 $Tangib_2$），盈利能力 *Roa*，发展潜力（以 *AgCost* 为被解释变量时该变量是主营收入增长率 $Grow_1$，以 *overInv* 为被解释变量时该变量是营业收入增长率 $Grow_2$），产权性质 *SOE*，宏观经济环境变量 *GDP* 和货币政策环境变量 *MP*，并控制了企业个体固定效应。

第四，为检验假说 8 采用以下模型检验货币政策不确定性作用下债务期限结构对企业绩效的影响：

$$Roa_{i,t+1} = \psi_1 \cdot MPU_t \cdot StLoans_{i,t} + \psi_2 \cdot MPU_t + \psi_3 \cdot StLoans_{i,t} + \sum CV_5 + \psi_0 + \zeta_{i,t+1}$$

$$(6-3)$$

式中，被解释变量是企业绩效 *Roa*，以总资产净利润率表示。主要解释变量有 *StLoans*、*MPU* 以及两者交互项。还控制了可能对企业绩效产生重要影响的变量，借鉴刘海明和李明明（2020）的做法，包括企业规模 *Size*，资产负债率 *Lev*，有形资产占总资产的比重 $Tangib_2$，主营收入增长率 $Grow_1$，企业产权性质 *SOE*，宏观经济环境变量 *GDP* 和货币政策环境变量 *MP*，并控制了企业个体固定效应。

二、数据来源

本章的初始研究样本为 2003~2019 年的 A 股上市公司，企业治理和财

---

① 根据 Richardson（2006），模型拟合值表示合理投资水平，残差不为 0 表明存在非正常投资。

务数据均来自 CSMAR 数据库，宏观经济环境指标数据来自 CEIC 数据库，以及 Huang 和 Luk(2020)编制的货币政策不确定性指数。按照以下原则筛选样本企业：①剔除金融类、ST，以及发行过债券的上市公司样本；①②剔除 2003~2019 年重要信息缺失的公司样本；③对企业层面的连续变量在 1%和 99%水平上做 Winsorize 处理，以控制离群值可能导致的估计偏差。由于检验不同研究假设使用的模型对样本数据的要求不同，为扩大样本容量，参考靳庆鲁等(2012)的做法，在设计中根据模型需要独立筛选样本，所以检验不同研究假设使用到的有效样本量存在区别。

三、描述性统计

主要变量的描述性统计如表 6-1 所示。

表 6-1 主要变量描述性统计

变量名	观测值	平均数	标准差	P25	P50	P75
MPU_1	39454	1.2407	0.4967	0.8500	1.2300	1.5400
MPU_2	39454	3.2000	1.5452	1.9454	3.1125	4.0771
$StLoans$	28651	0.1329	0.1272	0.0234	0.1027	0.2065
$\Delta Loans$	21056	0.0182	0.0890	−0.0213	0.0105	0.0617
Inv	27355	0.0407	0.1370	−0.0156	0.0088	0.0748
$AgCost$	30512	0.1768	0.1490	0.0847	0.1360	0.2143
$overInv$	10532	0.0145	0.0286	0.0000	0.0000	0.0161
Roa	29506	0.0523	0.0819	0.0162	0.0454	0.0863

注：表 6-1 展示的变量中除 MPU_1 和 MPU_2 外均为企业层面的连续变量。
资料来源：笔者根据相关资料整理。

———————————

① 研究年度内这类企业的数量较少，但由于这类企业能够通过发行公司债券实现融资，数据分析表明，这类企业的债券融资较其贷款融资不可忽略，由于具有这种替代的融资方式，这类企业对银行贷款依赖程度有限，银行贷款对此类企业各项决策的影响也有限，贷款期限结构可能无法发挥效果，因此这类企业不属于研究关注的研究主体，剔除这类企业样本。

变量均为 2003 年至 2019 年的年度数据，其中企业层面的连续变量是经过 Winsorize 处理后的结果。由表 6－1 可以看出，企业新增贷款($\Delta Loans$)、新增投资(Inv)、过度投资水平($overInv$)的标准差相对较大，分别约是其均值的 5 倍、3 倍和 2 倍，表明研究年度内企业在贷款水平、投资水平以及过度投资水平方面均存在较大差异，其中的原因值得探究。

第三节　实证检验与结果分析

一、货币政策不确定性、债务期限结构与流动性风险效应检验

这部分检验假说 4 和假说 5，分别从企业的融资和投资水平两个方面进行检验，分析企业的债务期限结构与企业面临的流动性风险的关系会受到货币政策不确定性怎样的影响，模型的回归结果见表6－2。

从影响企业融资水平进行分析，检验假说 4，对模型(6－1a)进行回归，研究设计部分提供了两种货币政策不确定性(MPU)的代理变量，MPU_1 和 MPU_2，展示了分别使用这两种货币政策不确定性代理变量对该模型做回归的结果，其中(ⅰ)和(ⅱ)用于区分回归中使用的这两种代理变量。回归结果显示，无论使用哪一种代理变量，货币政策不确定性与短期借款水平的交互项 $MPU \cdot StLoans$ 的系数均显著为负，这说明，在货币政策不确定性作用下，短期借款占比越高，企业新增贷款减少越多，验证了假说 4，说明在高度的货币政策不确定性环境下，企业的债务期限结构越短，越难以获得贷款，因而面临越高的流动性风险。

表 6-2 货币政策不确定性作用下债务期限结构的流动性风险效应分析

主要变量	模型(6-1a)		模型(6-1b)	
	（ⅰ）	（ⅱ）	（ⅰ）	（ⅱ）
MPU·StLoans	−0.0313 ***	−0.0085 **	−0.0416 ***	−0.0129 ***
	（−2.60）	（−2.20）	（−3.23）	（−3.10）
StLoans	−0.2111 ***	−0.2220 ***	−0.0309	−0.0410 **
	（−11.63）	（−13.51）	（−1.46）	（−2.13）
MPU	0.0052 *	0.0016 *	−0.0155 ***	−0.0050 ***
	（1.94）	（1.87）	（−4.93）	（−5.14）
CF	−0.0782 ***	−0.0782 ***	0.0719 ***	0.0717 ***
	（−6.53）	（−6.53）	（5.59）	（5.58）
Size	−0.0118 ***	−0.0118 ***	−0.0095 ***	−0.0094 ***
	（−7.55）	（−7.51）	（−5.07）	（−5.00）
Lev	−0.0294 ***	−0.0297 ***	−0.0460 ***	−0.0460 ***
	（−3.34）	（−3.37）	（−4.70）	（−4.71）
Roa	0.1587 ***	0.1585 ***	0.2788 ***	0.2788 ***
	（9.69）	（9.67）	（13.27）	（13.27）
$Grow_1$	0.0011 *	0.0011 *	0.0004	0.0004
	（1.73）	（1.74）	（0.64）	（0.65）
$Tangib_1$	−0.0383 ***	−0.0383 ***	—	—
	（−4.02）	（−4.02）		
$Tangib_2$	—	—	0.0908 ***	0.0908 ***
			（6.27）	（6.27）
SOE	0.0009	0.0009	−0.0092	−0.0093
	（0.18）	（0.18）	（−1.60）	（−1.61）
MP	−0.0188	−0.0256	−0.0881 **	−0.0946 **
	（−0.67）	（−0.93）	（−2.34）	（−2.57）
GDP	0.2699 ***	0.2680 ***	0.0773	0.0729
	（5.59）	（5.57）	（1.31）	（1.23）
常数项、企业个体固定效应	Yes	Yes	Yes	Yes
N	20758	20758	25395	25395
Adj-R^2	0.124	0.123	0.041	0.041

注：在企业层面聚类，括号内为基于聚类稳健标准误计算的 t 值。* 、** 和 *** 分别表示在 10%、5% 和 1% 的水平上显著。表中交互项是中心化后的结果。表 6-3 做相同处理。

资料来源：笔者根据相关资料整理。

从企业投资水平进行分析，检验假说 5，对模型(6-1b)进行回归，回归结果见表 6-2。其中，货币政策不确定性与短期借款水平的交互项 *MPU·StLoans* 的系数均显著为负，这表明，在货币政策不确定性作用下，短期借款占比越高，企业投资受到的负面影响越大，新增实物资本投资减少越多。这一结果验证了假说 5，从侧面说明在高度的货币政策不确定性环境下，债务期限越短的企业将面临越高的流动性风险。

对假说 4 和假说 5 的研究结果表明，在高度的货币政策不确定环境下，债务期限更短的企业将面临更大的流动性风险，可从两个方面看出：第一，从企业的融资结果看，债务期限更短的企业从银行获得的贷款更少，鉴于这部分贷款在企业融资中的重要地位，它的减少将直接提升企业面临的流动性风险。第二，从企业的融资目的看，这将导致债务期限更短的企业倾向于将贷款用于补充流动性，而不是增加投资以扩大生产规模，表现为实物投资水平降低，这也从侧面反映了这类企业面临更高的流动性风险。

二、货币政策不确定性、债务期限结构与企业治理效应检验

这部分检验研究假说 6 和假说 7，对模型(6-2a)和(6-2b)进行回归，分别从企业的代理成本和过度投资水平两个方面进行检验，分析企业的债务期限结构与企业治理的关系会受到货币政策不确定性怎样的影响，模型的回归结果见表 6-3。表 6-3 展示了模型(6-2a)的回归结果，其中货币政策不确定性与短期借款水平的交互项 *MPU·StLoans* 的系数均显著为负，说明在这一不确定性的作用下，短期借款占比越高的企业的代理成本越低，这一结果验证了假说 6，即在高度的货币政策不确定性环境下，越短的债务期限越有助于债权人发挥监督作用，因而越利于约束经理人代理问题。类似地，表 6-3 也展示了模型(6-2b)的回归结果，其中，交互项的系数均显著为负，这说明，在货币政策不确定性作用下，短期借款占比越高的企业的过度投资水平越低，验证了假说 7，表明在货币政策不确定性存在的情况下，企业的债务期限越短(短期借款占比越高)，债权人对企业起到的治理作用越强，能够越有效地约束企业资产替代行为。这部分检验从减少企业过度投资和降低代理成本两个方面说明了在货币政策不确定性存在的情况下，缩短企业债务期限有助于约束企业代理问题，进而改善了企业治理。

表6-3　货币政策不确定性作用下债务期限结构的治理效应
分析以及对企业绩效的影响分析

主要变量	模型(6-2a)		模型(6-2b)		模型(6-3)	
	（ⅰ）	（ⅱ）	（ⅰ）	（ⅱ）	（ⅰ）	（ⅱ）
$MPU \cdot StLoans$	-0.0634*** (-4.23)	-0.0195*** (-4.13)	-0.0120*** (-2.64)	-0.0037*** (-2.67)	0.0348*** (2.87)	0.0107*** (2.75)
$StLoans$	0.1496*** (5.38)	0.1348*** (5.28)	0.0015 (0.18)	-0.0016 (-0.21)	-0.1682*** (-9.46)	-0.1600*** (-10.17)
MPU	-0.0013 (-0.49)	-0.0005 (-0.59)	0.0031*** (2.94)	0.0009*** (2.93)	0.0002 (0.10)	-0.0001 (-0.14)
CF	-0.0356** (-2.50)	-0.0358** (-2.51)	—	—	—	—
$Size$	-0.0255*** (-10.08)	-0.0256*** (-10.11)	-0.0016** (-2.18)	-0.0016** (-2.20)	-0.0185*** (-13.90)	-0.0185*** (-13.87)
Lev	-0.0310** (-2.13)	-0.0314** (-2.16)	-0.0073* (-1.87)	-0.0073* (-1.87)	-0.0022 (-0.30)	-0.0020 (-0.27)
Roa	-0.2291*** (-9.56)	-0.2290*** (-9.55)	0.0169*** (3.46)	0.0169*** (3.46)	—	—
$Grow_1$	-0.0005 (-0.47)	-0.0005 (-0.48)	—	—	0.0026*** (5.02)	0.0026*** (5.02)
$Grow_2$	—	—	-0.0006 (-0.73)	-0.0006 (-0.73)		
$Tangib_1$	-0.0079 (-0.55)	-0.0079 (-0.55)	—	—	—	—
$Tangib_2$	—	—	0.0179*** (2.77)	0.0178*** (2.76)	0.0344*** (2.60)	0.0342*** (2.59)
SOE	-0.0072 (-0.83)	-0.0071 (-0.81)	-0.0028 (-1.38)	-0.0028 (-1.37)	-0.0146*** (-3.13)	-0.0147*** (-3.14)
MP	0.2233*** (6.76)	0.2184*** (6.70)	-0.0362** (-2.13)	-0.0356** (-2.10)	0.0578*** (2.73)	0.0672*** (3.25)
GDP	-0.3451*** (-6.04)	-0.3470*** (-6.09)	-0.0094 (-0.40)	-0.0089 (-0.38)	-0.0593 (-1.53)	-0.0548 (-1.42)
常数项、企业个体固定效应	Yes	Yes	Yes	Yes	Yes	Yes
N	25381	25381	10042	10042	27911	27911
$Adj\text{-}R^2$	0.059	0.059	0.014	0.014	0.065	0.065

资料来源：笔者根据相关资料整理。

三、货币政策不确定性、债务期限结构与企业绩效的检验

这部分检验研究假说8，对模型(6-3)进行回归，进一步分析在货币政策不确定性作用下企业的债务期限结构对企业绩效的影响，模型的回归结果汇报于表6-3，交互项 $MPU \cdot StLoans$ 的系数均显著为正，这表明，在货币政策不确定性作用下，短期借款占比越高的企业拥有越好的绩效，即缩短企业的债务期限有助于提升企业绩效。

对假说4、假说5、假说6和假说7的检验结果表明，在高度的货币政策不确定性环境下，缩短企业的债务期限会对企业经营表现产生两种截然相反的作用：一方面，缩短企业债务期限的负面效果降低了企业的投融资水平，使企业面临更高的流动性风险；另一方面，缩短企业债务期限的正面效果有助于发挥债权人对企业的监督约束作用，减少企业的过度投资和经理人代理成本，因而改善了企业治理。这两种作用对企业经营表现的综合影响反映在企业绩效的变化上，对假说8的检验结果表明，两种影响的综合效果是企业绩效得到提升。基于此，本章认为，就企业经营表现而言，企业债务期限结构兼具流动性风险效应和治理效应，两种效应共同影响企业经营表现，并且作用效果相反，在高度的货币政策不确定性环境下，缩短企业债务期限产生的治理效应对企业经营表现的正面影响强于流动性风险效应的负面影响。

第四节　企业异质性与货币政策不确定性
非对称效应分析

一、企业层面的异质性效应分析

以上分析表明，在货币政策不确定性存在的情况下，缩短企业的债务

期限有两方面影响：负面影响是会引发流动性风险，降低企业的投融资水平；正面影响是能够更大程度地激励企业改善治理，降低企业的过度投资水平和经理人代理成本，且正面作用大于负面作用，因此综合作用结果是提高了企业绩效。这些影响在企业间可能具有异质性，本章认为企业对短期资金的需求程度会影响债务期限结构在这一不确定性下发挥作用，使上述作用效果在短期资金需求程度不同的企业中表现出异质性，以下从企业所处的生命周期和企业拥有的流动性资产水平两个方面出发检验这种异质性。

企业所处的生命周期(*Life Cyc*)和企业的流动性资产水平(*Liq Ass*)可以反映企业对资金的渴求程度。第一，处于企业生命周期的成长期的企业受限于自身发展阶段，对外部资金的依赖程度较高，同时能够获取的资金主要是融资成本相对较高的短期资金，因此，在高度的货币政策不确定性环境带来的更高融资压力下，越短的企业债务期限结构越容易引发流动性风险，这种负面影响相对于治理效应带来的正面影响可能不容忽视，对企业绩效的综合影响结果有待探讨。第二，流动性资产具有快速变现的特点，具有较多流动性资产的企业相当于拥有更多资金储备，缩短企业债务期限所引发的流动性风险对这类企业产生的负面作用相对较小，又由于对外部融资的依赖度有限，银行监督所发挥的治理效应也相对有限，综合这两方面的影响看，对企业绩效的影响结果有待探讨。基于以上考虑，这里进一步从企业生命周期和企业的流动性资产水平两个方面分别探究上述效应对资金需求程度不同的企业的影响是否存在异质性，设定模型(6-4)。

$$Roa_{i,t+1} = \iota_1 \cdot HetChar \cdot MPU_t \cdot StLoans_{i,t} + \iota_2 \cdot MPU_t \cdot StLoans_{i,t} +$$

$$\iota_3 \cdot MPU_t + \iota_4 \cdot StLoans_{i,t} + \iota_5 \cdot HetChar + \iota_6 \cdot HetChar \cdot MPU_t +$$

$$\iota_7 \cdot HetChar \cdot StLoans_{i,t} + \sum CV_6 + \iota_0 + \eta_{i,t+1} \qquad (6-4)$$

式中，*HetChar* 是反映企业这两种异质性特征(*Life Cyc* 和 *Liq Ass*)的变量，为探究在货币政策不确定性作用下债务期限结构对具有不同特征企业的绩效提升作用是否存在差异，这一部分重点关注三变量交互项的系数 ι_1。控制变量 CV_6 包含模型(6-3)中的控制变量及其与异质性特征的交互项。

根据这两种异质性特征划分企业类型。第一，根据企业所处的生命周期阶段划分，已有研究对企业生命周期的界定标准大体可分成单一变量分析法、财务综合指标法以及现金流模式法。相较于另外两种方法，现金流量模式方法通过经营、投资、筹资这几类现金流净额的正负组合反映企业的增长速度、盈利能力和经营风险等方面的信息，借以判断企业所处生命周期的不同阶段，这种判断方法无须对企业所处生命周期的样本分布做主观假设，而且规避了行业固有差异的干扰，因此更客观且更具实操性（刘诗源等，2020），这里采用此方法判断企业所处生命周期状态，将其分为成长期和非成长期。当企业处于成长期时，定义 $Life\ Cyc = 1$，处于其他时期时，定义 $Life\ Cyc = 0$。第二，根据企业具有的流动性资产水平划分，以货币资金、短期投资净额以及交易性金融资产之和占总资产的比重衡量企业拥有的流动性资产水平，反映企业的内源性融资能力，将高于年度流动性资产水平中值的企业划归高流动性资产水平企业，定义 $Liq\ Ass = 1$，其他企业划归低流动性资产水平企业，定义 $Liq\ Ass = 0$。这一部分重点关注模型(6-4)中的企业异质性特征与货币政策不确定性、短期借款占比这三个变量的交互项系数 ι_1，该项估计结果见表6-4。

表6-4 基于企业异质性特征对货币政策不确定性作用下
债务期限结构影响企业绩效的再检验

主要变量	企业生命周期		企业流动性资产水平	
	（ⅰ）	（ⅱ）	（ⅰ）	（ⅱ）
$MPU \cdot StLoans \cdot HetChar$	−0.0435 ***	−0.0139 ***	−0.0220 ***	−0.0071 ***
	(−2.76)	(−2.74)	(−3.09)	(−3.13)
其他变量、常数项、企业个体固定效应	Yes	Yes	Yes	Yes
N	26504	26504	22728	22728
Adj-R^2	0.098	0.098	0.235	0.235

注：为便于比较，表6-4仅罗列主要关注的变量系数估计结果。在企业层面聚类，括号内为基于聚类稳健标准误计算的 t 值。*、** 和 *** 分别表示在10%、5%和1%水平上显著。（ⅰ）和（ⅱ）用于区分使用的这两种货币政策不确定性代理变量。交互项中的连续变量(除企业产权性质虚拟变量等的0~1变量)均是中心化后的结果。表6-5至表6-7做相同处理。

资料来源：笔者根据相关资料整理。

从表6-4的回归结果可以看出，这两种异质性特征与货币政策不确定性和短期借款水平的三变量交互项 $MPU \cdot StLoans \cdot HetChar$ 的系数均显著为负，这表明，在货币政策不确定性作用下，对生命周期处于成长期的企业和具有较多流动性资产的企业而言，缩短债务期限在提升企业绩效方面的效果相对较弱，这说明上述影响存在企业异质性。为了解释这一结果，分别把企业融资、投资以及代理成本和过度投资水平作为被解释变量，依次检验在货币政策不确定性作用下缩短债务期限所引发的流动性风险和带来的企业治理效应在具有这两种异质性特征的企业中是否存在差异，模型构建类似于模型(6-4)，在模型(6-1a)至模型(6-2b)的基础上增加了企业异质性特征与模型中主要变量的交互项，仍重点关注企业异质性特征与货币政策不确定性、短期借款水平这三个变量的交互项系数。回归结果如表6-5所示。结果表明，在货币政策不确定性作用下，对成长期企业而言，缩短债务期限引起企业新增贷款($\Delta Loans$)和新增投资(Inv)下降的幅度以及经理人代理成本($AgCost$)上升的幅度均显著高于非成长期企业，而对企业过度投资水平($overInv$)的影响在成长期和非成长期企业之间不存在显著差异。由此说明，对成长期的企业而言，缩短债务期限会引起更高的流动性风险，并产生更弱的治理效应，这解释了缩短债务期限在提升企业绩效方面的效果弱于非成长期企业。对具有较多流动性资产的企业而言，缩短债务期限在降低经理人代理成本方面的效果相对较弱，而在影响企业投融资($\Delta Loans$ 和 Inv)以及企业过度投资水平方面的效果与流动性资产较少的企业之间不存在显著差异，这说明对具有较多流动性资产的企业而言，缩短债务期限尽管未引起更高的流动性风险，但产生的治理效应更弱，因而在提升企业绩效方面的效果弱于流动性资产较少的企业。这也进一步验证了异质性效应的存在。这部分的分析表明，在货币政策不确定性的作用下，尽管缩短债务期限有利于提升企业绩效，但这种改善作用受企业自身特征的影响而具有异质性。

表6-5 基于企业异质性特征对流动性风险效应和企业治理效应的再检验

主要变量	因变量: ΔLoans		因变量: Inv		因变量: AgCost		因变量: overInv	
	(ⅰ)	(ⅱ)	(ⅰ)	(ⅱ)	(ⅰ)	(ⅱ)	(ⅰ)	(ⅱ)
HetChar: 企业生命周期								
$MPU \cdot SlLoans \cdot HetChar$	-0.0498** (-2.06)	-0.0157** (-2.00)	-0.0730*** (-2.65)	-0.0235*** (-2.65)	-0.0213 (-0.77)	-0.0069 (-0.79)	0.0218** (2.34)	0.0068** (2.39)
其他变量、常数项、企业个体固定效应	Yes	Yes	Yes	Yes	Yes	Yes	Yes	Yes
N	17352	17352	20407	20407	20985	20985	9940	9940
Adj-R^2	0.127	0.128	0.122	0.122	0.056	0.056	0.022	0.022

主要变量	因变量: ΔLoans		因变量: Inv		因变量: AgCost		因变量: overInv	
	(ⅰ)	(ⅱ)	(ⅰ)	(ⅱ)	(ⅰ)	(ⅱ)	(ⅰ)	(ⅱ)
HetChar: 企业流动性资产水平								
$MPU \cdot SlLoans \cdot HetChar$	0.0320 (1.31)	0.0102 (1.28)	0.0420 (1.34)	0.0134 (1.32)	0.0677*** (2.85)	0.0206*** (2.75)	-0.0099 (-0.91)	-0.0030 (-0.91)
其他变量、常数项、企业个体固定效应	Yes	Yes	Yes	Yes	Yes	Yes	Yes	Yes
N	18651	18651	22526	22526	22296	22296	9559	9559
Adj-R^2	0.129	0.129	0.041	0.041	0.064	0.064	0.029	0.029

资料来源: 笔者根据相关资料整理。

二、非对称效应分析

一些研究表明，政策不确定性在传导过程中会产生非对称影响（胡成春、陈迅，2020；李成等，2020）。例如，对多个国家或地区的分析表明，经济政策不确定性的大规模正向冲击和负向冲击对宏观层面经济活动的影响呈现明显的非对称效应（Istiak and Serletis，2018；王伟强，2021），由此衍生的问题是，货币政策不确定性上升时期和下降时期的微观经济效应是否存在差别，结合本章的研究主题，以下探究货币政策不确定性作用下债务期限结构对企业绩效的影响在这两种时期是否具有非对称性。这一问题有助于回答是否在不同时期调整企业债务期限都能无差别地发挥效果。

将样本区间按照货币政策不确定性的上升时期（$MPU_t > MPU_{t-1}$）和下降时期（$MPU_t \leqslant MPU_{t-1}$）划分为两组，然后分别使用这两组样本对基准模型（6-3）进行检验，并对比两组中货币政策不确定性作用下企业债务期限结构对企业绩效的影响效果，这里仍重点关注短期借款占比和货币政策不确定性的交互项 $MPU \cdot StLoans$ 的系数，如果存在非对称效应，那么在货币政策不确定性的上升时期和下降时期的影响将明显不同，即两组样本中的交互项系数应存在显著差异。使用货币政策不确定性上升时期和下降时期的样本分别对模型（6-3）进行检验（见表6-6），可以看出，虽然两个时期的交互项系数估计值显著为正值，但货币政策不确定性上升时期的交互项系数估计值明显小于下降时期，进一步使用 Chow 检验验证了上述差异在10%水平上显著。这表明，相较于货币政策不确定性下降时期，在其上升时期缩短企业债务期限在提升企业绩效方面的效果更弱，表明存在非对称效应。为探究导致这一结果的原因，分别把企业融资、投资以及代理成本和过度投资水平作为被解释变量，依次检验在货币政策不确定性作用下缩短债务期限所引发的流动性风险和带来的企业治理效应在这两种时期所存在的差异。这里分别使用两个时期的样本对模型（6-1a）至模型（6-2b）的基准模型进行检验，并重点关注交互项 $MPU \cdot StLoans$ 的系数大小，结果如表6-7所示：①流动性风险效应。缩短债务期限尽管导致新增贷款

（$\Delta Loans$）下降的幅度在两种时期的差异不明显，但在货币政策不确定性上升时期引起企业新增投资（Inv）下降的幅度大于下降时期，由此表明引发了更高的流动性风险。②企业治理效应。在货币政策不确定性上升时期，缩短债务期限在降低经理人代理成本（$AgCost$）上的作用效果明显弱于下降时期，而在降低企业过度投资水平（$overInv$）上的作用仅略强于下降时期，因而导致产生的治理效应可能较下降时期更弱。上述结果表明，货币政策不确定性作用下，相较于其下降时期，在上升时期缩短企业债务期限会引发更高的流动性风险，而未产生更强的治理效应，这为货币政策不确定性上升时期缩短企业债务期限在提升企业绩效方面的效果更弱提供了解释。这也说明，在货币政策不确定性存在的背景下，调整企业债务期限结构在引发流动性风险和带来治理效应方面的效果在货币政策不确定性上升时期和下降时期是不同的，进一步验证了非对称效应的存在。综上所述，尽管缩短债务期限有利于改善企业治理，提升企业绩效，但这种作用在货币政策不确定性的上升时期和下降时期具有非对称性，在其上升时期作用效果减弱。

表 6-6　基于货币政策不确定性的非对称效应考察企业
债务期限结构对企业绩效的影响

主要变量	货币政策不确定性上升时期		货币政策不确定性下降时期	
	（ⅰ）	（ⅱ）	（ⅰ）	（ⅱ）
$MPU \cdot StLoans$	0.0349 *** （2.72）	0.0109 *** （2.66）	0.0631 *** （3.17）	0.0211 *** （3.13）
其他变量、常数项、企业个体固定效应	Yes	Yes	Yes	Yes
N	12247	12247	15664	15664
Adj-R^2	0.074	0.074	0.080	0.079

资料来源：笔者根据相关资料整理。

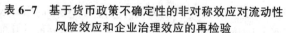
表 6-7　基于货币政策不确定性的非对称效应对流动性
风险效应和企业治理效应的再检验

主要变量		货币政策不确定性上升时期		货币政策不确定性下降时期	
		（ⅰ）	（ⅱ）	（ⅰ）	（ⅱ）
因变量：ΔLoans	$MPU \cdot StLoans$	-0.0403 *** (-2.84)	-0.0120 *** (-2.66)	-0.0535 ** (-2.18)	-0.0145 * (-1.74)
	其他变量、常数项、企业个体固定效应	Yes	Yes	Yes	Yes
	N	9437	9437	11321	11321
	Adj-R^2	0.111	0.111	0.139	0.138
因变量：Inv	$MPU \cdot StLoans$	-0.0558 *** (-3.12)	-0.0172 *** (-3.03)	-0.0295 (-0.96)	-0.0090 (-0.86)
	其他变量、常数项、企业个体固定效应	Yes	Yes	Yes	Yes
	N	11468	11468	13927	13927
	Adj-R^2	0.049	0.049	0.038	0.038
因变量：AgCost	$MPU \cdot StLoans$	-0.0517 *** (-2.87)	-0.0159 *** (-2.82)	-0.1547 *** (-5.39)	-0.0533 *** (-5.52)
	其他变量、常数项、企业个体固定效应	Yes	Yes	Yes	Yes
	N	11458	11458	13923	13923
	Adj-R^2	0.077	0.077	0.062	0.062
因变量：overInv	$MPU \cdot StLoans$	-0.0122 * (-1.72)	-0.0037 * (-1.71)	0.0051 (0.29)	0.0014 (0.24)
	其他变量、常数项、企业个体固定效应	Yes	Yes	Yes	Yes
	N	4144	4144	5898	5898
	Adj-R^2	0.011	0.011	0.015	0.015

资料来源：笔者根据相关资料整理。

第五节　稳健性检验

一、对债务期限结构是否发挥效果的再检验

为了检验流动性风险效应、企业治理效应，以及这两种效应综合的结果对企业绩效的影响这三者是否由所有期限的企业借款（即短期借款和长期借款）无差别产生，需要从这三个方面进一步检验企业的长期借款是否具有与短期借款相同的效果。实证分析部分对这三个方面的检验发现，在货币政策不确定性存在的时期，短期借款越多，企业的投融资压力越大，企业的过度投资和经理人代理成本越少，企业绩效提升得越多，由此得出结论：货币政策不确定性存在情况下缩短债务期限会更多地表现为企业治理效应，有助于提升企业绩效。检验这一结论的稳健性首先要回答的问题是，短期借款和长期借款是否无差别导致了上述结果，以致债务期限结构未起到实际效果？

为排除上述可能，将模型（6-1a）至模型（6-2b）和模型（6-3）中的短期借款占比（$StLoans$）替换为长期借款占总资产之比（$LtLoans$）。如果长期借款和短期借款无差别导致了上述结果，那么长期借款和货币政策不确定性的交互项（$MPU \cdot LtLoans$）的系数不仅应该显著，而且符号与实证分析中短期借款和货币政策不确定性的交互项（$MPU \cdot StLoans$）的符号应当保持一致。这里重点关注交互项系数，检验结果如表6-8所示，结果表明，交互项 $MPU \cdot LtLoans$ 的系数均不显著，说明在上述分析中长期借款占比未起到与短期借款占比相同的作用，企业的债务期限结构的确发挥了作用。

进一步地，考虑到在货币政策不确定性的作用下，债务期限结构可能引起的流动性风险效应和企业治理效应不会对所有企业无差别有效，对于短期借款为0的企业而言，这两种影响效应不存在，因此这里进一步在样

本中剔除不具有短期借款的企业，然后重复模型(6-1a)至模型(6-2b)和模型(6-3)的实证分析过程。这里仍重点关注交互项系数，检验结果如表6-9所示，结果表明交互项 $MPU \cdot StLoans$ 的系数均显著且符号与实证分析中的相应结果保持一致，说明检验结果仍支持本章的结论。

表6-8　采用长期借款占比替换短期借款占比对债务期限结构影响效应的稳健性检验

主要变量		$MPU \cdot StLoans$	其他变量、常数项、企业个体固定效应	N	Adj-R^2
模型(6-1a)	（ⅰ）	0.0146 (1.00)	Yes	26646	0.086
	（ⅱ）	0.0050 (1.08)	Yes	26646	0.086
模型(6-1b)	（ⅰ）	−0.0179 (−0.56)	Yes	27038	0.046
	（ⅱ）	−0.0047 (−0.47)	Yes	27038	0.046
模型(6-2a)	（ⅰ）	−0.0296 (−1.01)	Yes	25381	0.054
	（ⅱ）	−0.009 (−1.04)	Yes	25381	0.054
模型(6-2b)	（ⅰ）	−0.0096 (−0.98)	Yes	10426	0.019
	（ⅱ）	−0.0031 (−1.03)	Yes	10426	0.019
模型(6-3)	（ⅰ）	−0.9994 (−1.16)	Yes	28479	0.030
	（ⅱ）	−0.3287 (−1.15)	Yes	28479	0.030

注：为便于比较，表6-8中仅罗列主要关注的变量系数估计结果。在企业层面聚类，括号内为基于聚类稳健标准误计算的 t 值。*、** 和 *** 分别表示在10%、5%和1%水平上显著。(ⅰ)和(ⅱ)用于区分使用的这两种货币政策不确定性代理变量。表中交互项中的连续变量(除企业产权性质虚拟变量等的0~1变量)均是中心化后的结果。表6-9和表6-10做相同处理。

资料来源：笔者根据相关资料整理。

表6-9　剔除短期借款为0的企业样本后对债务期限结构影响效应的稳健性检验

主要变量		$MPU \cdot StLoans$	其他变量、常数项、企业个体固定效应	N	Adj-R^2
模型(6-1a)	(i)	-0.0232 *** (-3.19)	Yes	18682	0.169
	(ii)	-0.0067 *** (-2.85)	Yes	18682	0.169
模型(6-1b)	(i)	-0.0343 ** (-2.09)	Yes	21965	0.041
	(ii)	-0.0107 ** (-2.02)	Yes	21965	0.041
模型(6-2a)	(i)	-0.0614 *** (-3.84)	Yes	21956	0.065
	(ii)	-0.0191 *** (-3.78)	Yes	21956	0.065
模型(6-2b)	(i)	-0.0134 *** (-3.15)	Yes	9538	0.026
	(ii)	-0.0042 *** (-3.19)	Yes	9538	0.026
模型(6-3)	(i)	0.0387 *** (4.48)	Yes	24282	0.138
	(ii)	0.0120 *** (4.34)	Yes	24282	0.138

资料来源：笔者根据相关资料整理。

二、从企业现金持有角度对流动性风险效应再检验

本章研究发现，货币政策不确定性存在情况下，企业的短期借款占比越高带来的流动性风险越大。这里从企业现金持有的角度为该发现补充证据：如果该结论成立，那么在货币政策不确定性作用下，为了对冲流动性风险，短期借款占比越高的企业越倾向于增加现金持有。这里以现金及现

金等价物净增加额占总资产的比重计算企业现金持有水平的变化（$Cash$），并将其作为被解释变量建立模型（6-5），控制变量（CV）包括了企业的规模、固定资产占比、资产负债率、盈利能力、主营收入增长率、现金流水平、产权性质、企业个体固定效应以及宏观经济环境变量和货币政策环境变量，如果流动性风险效应存在，则交互项 $MPU \cdot StLoans$ 的系数应显著为正值。实证结果如表 6-10 所示，结果表明，交互项系数显著为正，验证了流动性风险效应的存在。

$$Cash_{i,t+1} = \alpha_0 + \alpha_1 \cdot MPU_t \cdot StLoans_{i,t} + \alpha_2 \cdot MPU_t + \alpha_3 \cdot StLoans_{i,t} + \sum CV + u_{i,t+1}$$

$$(6-5)$$

表 6-10　分别基于企业现金持有、风险承担以及银行优化信贷配置的稳健性检验

主要变量	企业现金持有		企业风险承担		银行优化信贷配置	
	（ⅰ）	（ⅱ）	（ⅰ）	（ⅱ）	（ⅰ）	（ⅱ）
$MPU \cdot StLoans$	0.0731 *** (9.26)	0.0232 *** (9.16)	0.0366 *** (2.96)	0.0113 *** (2.83)	0.0399 *** (2.97)	0.0124 *** (2.85)
其他变量、常数项、企业个体固定效应	Yes	Yes	Yes	Yes	Yes	Yes
N	25395	25395	27275	27275	25365	25365
Adj-R^2	0.040	0.040	0.069	0.069	0.061	0.061

资料来源：笔者根据相关资料整理。

三、从企业风险承担角度解释企业绩效提升

这里检验企业主动的风险调整行为是否驱动了企业绩效的提升。对于在货币政策不确定性作用下缩短企业债务期限有助于提升企业绩效的结论，还可以从企业风险承担的角度做出解释：在面对外界高度的货币政策不确定性时，短期借款较多的企业出于避险动机，会主动降低企业风险承担水平，通过调整现金流、投资决策等策略，驱动企业绩效的提升，因此企业绩效提升是企业主动采取风险调整行为的结果，而不是由较多短期借

款所产生的治理效应的结果。为了排除上述可能，以现金持有水平变化和投资水平变化(变量 Cash 和 Inv)反映企业主动的风险调整，在基准模型(6-3)的基础上进一步控制了这两项变量后，重新对模型进行回归。如果企业绩效的提升是货币政策不确定性影响下企业主动风险调整的结果，而不是债务期限结构带来的治理效应发挥了作用，那么在控制了企业主动风险调整行为的影响后，交互项 MPU·StLoans 的系数大小和显著性将大大降低。实证结果如表6-10所示，交互项系数仍显著为正，同实证结果保持一致，表明在货币政策不确定性的作用下，即便考虑了企业主动的风险调整行为在提升企业绩效上的效果，缩短企业债务期限仍有助于提升企业绩效，因此研究结论不受企业风险承担这一渠道的干扰。

四、从银行优化信贷配置角度解释企业绩效提升

根据研究结论，在货币政策不确定性的作用下，缩短企业债务期限有助于提升企业绩效，这一结论还可从银行优化信贷配置角度加以解释：在货币政策不确定性存在的情况下，银行为了规避风险，会激励优化信贷配置，优质企业更易获得贷款，特别是短期贷款，从而使企业的短期借款占比与企业绩效呈正向关系。为了排除这种可能，在基准模型(6-3)中额外控制反映银行贷款分配的变量(新增贷款 ΔLoans)，然后重新回归。如果企业绩效的提升是货币政策不确定性影响下银行优化信贷配置的结果，而不是债务期限结构产生的治理效应发挥了作用，那么在控制了银行信贷分配的影响后，交互项 MPU·StLoans 的系数大小和显著性将大大降低。实证结果如表6-10所示，交互项系数仍显著为正，同实证结果保持一致，表明在货币政策不确定性的作用下，在考察了银行优化信贷配置行为的影响后，缩短企业债务期限仍有助于提升企业绩效，因此研究结论不受银行优化信贷配置这一渠道的干扰。

五、替换重要变量的稳健性检验

替换年度货币政策不确定性衡量指标。不同于实证检验部分直接采用

算术平均值和几何平均值两种手段将月度货币政策不确定性指数转化为年度指标，这里采用加权平均化方法获得货币政策不确定性的年度指标。借鉴 Gulen 和 Ion（2016）的做法，将每个季度里的各月度指数加权为季度指标 $MPU\_quart = [(3mpu_{tm} + 2mpu_{tm-1} + mpu_{tm-2})/6]/100$，然后将季度指标平均化得到年度指标 $MPU = \sum_{q=1}^{4} MPU\_quart_q /4$。替代原指标后重复实证分析过程，检验结果仍支持本章的基准结论，检验结果在文中不再重复展示。

六、基于聚类调整的稳健性检验

基于面板数据的回归结果可能受到异方差和序列相关性的影响，为了缓解此影响，实证分析部分在企业个体层面做了聚类（Cluster），并基于个体层面的聚类稳健估计结果得出结论。这里在一个更高层级上重新进行聚类分析，以考察聚类层级对结论的影响。考虑到企业的决策和表现可能具有行业集聚性，使同行业内企业间相互关联，在估计回归系数标准误时在行业层面进行聚类调整。① 结果表明，采用这两种聚类方式得到的回归系数稳健标准误估计值区别极小，而且经行业层面聚类调整后重要变量的系数估计结果的显著性未出现明显改变。② 实证结果仍支持研究的结论。

第六节　本章小结

本书第四章、第五章分别从预期管理和企业投资的资本成本敏感性两个角度展开研究，研究发现货币政策不确定性的存在削弱预期管理效果、引发不稳定预期、干扰利率传导渠道、降低资源配置效率，为其影响货币政策调控效力及其作用机制提供经验证据。货币政策是宏观调控的主要手

---

① 鉴于聚类的数量过少可能会影响聚类稳健标准误估计值的有效性，这里根据《上市公司行业分类指引》（2012 年修订）将所有企业划分为 80 个行业大类。

② 聚类调整只影响标准误的估计，不改变系数估计结果，考虑到在行业层面做聚类调整后的系数显著性未发生重要改变，不再重复展示检验结果。

段，在我国货币政策规则处于量价转型进程，复杂多变的国内外经济形势要求货币政策适时做出调整的背景下，货币政策不确定性将持续存在并且短期内可能处于偏高水平，鉴于货币政策不确定性具有上述负面影响，探究如何减少这一不确定性存在情形下的不利影响具有重要的理论和现实意义。本章在货币政策不确定性存在情形下，探寻化危为机、转危为安的手段，为此，从企业债务期限结构的角度展开探究，即在货币政策不确定性所创造的不利经济环境下，探究如何设计企业的债务期限结构以激励企业改善治理、提升绩效。

本章的主要研究内容是货币政策不确定性作用下企业债务期限结构对企业经营决策及其表现的影响效应。结合第三章第三节的分析，以 2003 年至 2019 年中国 A 股非金融类上市公司为样本，探讨在货币政策不确定性作用下企业债务期限结构的流动性风险效应和治理效应，以及这两种效应对企业经营表现的综合影响。根据分析，债务期限结构对企业经营决策及其表现的影响主要体现在流动性风险效应和治理效应上：缩短企业债务期限一方面会迫使企业面临流动性风险，对企业经营表现有负面影响；另一方面能够激励企业改善治理水平，对企业经营表现有正向作用。这一分析表明企业债务期限结构的流动性风险效应和治理效应共同影响企业经营表现，且作用效果截然相反，考虑到在货币政策不确定性的作用下，这两种效应均受到影响，进而共同影响货币政策不确定性作用下的企业经营表现，因此将这两种效应统一于影响企业经营表现的分析框架下进行探讨，这种做法便于考察货币政策不确定性作用下企业债务期限结构对企业经营表现的综合影响，并有助于判断在货币政策不确定性作用下这两种效应中哪一种居于主导地位。首先，检验企业债务期限结构的流动性风险效应在货币政策不确定性作用下受到的影响。根据分析，高度的货币政策不确定性环境会使银行紧缩信贷供给，企业面临的融资约束增强，短期借款越多的企业越容易受此影响，因此强化了债务期限结构的流动性风险效应。流动性风险效应可以从银行的反应和企业的反应两方面进行考察，从银行的反应来看，流动性风险效应具体表现为企业能够从银行获得的贷款减少；从企业的反应来看，流动性风险效应具体表现为企业将资金优先用于补充流动性而不是投资，企业投资水平下降，因此从企业新增贷款和新增投资两方面检验货币政策不确定性对流动性风险效应的影响。其次，检验企业债务期限结构的治理效应在这一不确定性下受到的影响。根据分析，高度的货币政策不确定性会导致银行对风险更敏感且风险控制激励上升，企业短期借款的增加从贷款可获得性方面强化银行所发挥的治理功能，减少代理问题的发生。企业债务期限结构的治理效应主要体现在对代理问题的约束上。在企业的经营管理方面，代理问题表现为经理人代理问题，治理效应体现在降低经理人代理成本上；在资金利用效率方面，代理问题表现为资产替代问题，治理效应体现在降低企业过度投资水平上，因此从经理人代理成本和企业过度投资水平两方面检验货币政策不确定性对治理效应的影响。再次，检验在货币政策不确定性的作用下企业债务期限结构对企业经营表现的综合影响。根据分析，在转型经济体中，货币政策不确定性加重了经济环境中的风险，由于金融体系尚不完备，货币政策不确定性将加剧银企双方的信息不对称问题。转型经济体的企业债务期限结构远低于发达经济体的"债务期限结构谜题"表明，偏短的债务期限结构可能更适合转型经济体中银行风险管理和企业经营发展的需要，不仅有利于银行管控风险，而且能够激励企业改善治理，使企业有更好的经营表现，因此，本章认为，在货币政策不确定性作用下，企业债务期限结构的治理效应起主导作用。使用企业绩效反映企业经营表现，即检验货币政策不确定性作用下企业债务期限结构对企业绩效的影响效应。进一步地，从企业异质性与货币政策不确定性非对称效应两个方面检验上述影响效应。对企业异质性的检验，考虑到企业对短期资金的需求程度会影响债务期限结构在这一不确定性下发挥作用，使上述影响效应在短期资金需求程度不同的企业中表现出异质性，因此从企业所处的生命周期和企业拥有的流动性资产水平两个方面进行企业异质性检验。对货币政策不确定性非对称效应的检验，一些研究表明，政策不确定性的正向冲击和负向冲击产生的影响呈现明显的非对称效应，由此衍生的问题是，货币政策不确定性上升时期和下降时期的微观经济效应是否存在差别。结合本章的研究主题，探究货币政策不确定性对企业债务期限结构微观经济效应的影响在这两种时期是否非对称。最后，从货币政策不确定性下的企业现金持有、企业风险承担、银行优化信贷配置等多个角度验证研究结论的稳健性。

研究发现，在货币政策不确定性作用下，短期借款占比越高，流动性风险效应越强，表现为企业的新增贷款与新增投资越少；治理效应越强，表现为企业的过度投资和经理人代理成本越少，在这两种效应的综合影响下，企业业绩表现越好。以上研究结果说明，在高度的货币政策不确定性环境下，企业债务期限结构的流动性风险效应和治理效应均得到强化。一方面缩短企业债务期限会迫使企业面临更大的流动性风险，另一方面则会更大程度地改善企业治理水平。由于流动性风险效应和治理效应共同影响企业经营表现，且作用效果截然相反，因此企业绩效提升的结果说明，在货币政策不确定性作用下，缩短企业债务期限产生的治理效应占主导地位。由此表明，在货币政策不确定性所创造的不利经济环境下，可以通过调整企业的债务期限结构激励企业提升治理水平，进而提升企业绩效，这为我国货币政策不确定性存在情形下完善总需求管理、提高货币政策调控效果提供启示。从企业异质性和货币政策不确定性的非对称效应两个方面进一步检验上述影响效应，结果验证了货币政策不确定性作用下企业债务期限结构的异质性影响：对非对称效应的分析结果表明，相较于货币政策不确定性下降时期，在其上升时期缩短企业债务期限会引致更高的流动性风险，而未产生更强的治理效应，因而提升企业绩效的效果相对更弱；对异质性企业的分析结果表明，相较于处在非成长期的企业和流动性资产较少的企业，对生命周期处于成长期的企业和具有较多流动性资产的企业而言，缩短债务期限在提升企业绩效方面的效果也相对较弱。原因在于，对成长期的企业而言，缩短债务期限会引起更高的流动性风险，而未产生更强的治理效应；对流动性资产较多的企业而言，缩短债务期限尽管未引起更高的流动性风险，但产生的治理效应更弱。由此表明，在货币政策不确定性作用下，调整企业债务期限结构对不同类型的企业的影响效应存在差异，并且在货币政策不确定性上升时期和下降时期产生的影响也有所不同。

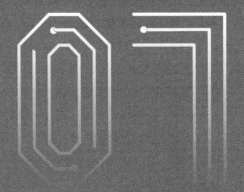

第七章

研究结论与启示

政策不确定性日益驱动全球经济周期性波动，引发了一系列问题，使其不仅得到研究人员的关注，而且越来越受政策制定者的重视。现阶段我国仍处在经济新常态下的新旧动能转换、产业结构调整进程中，国内经济结构中存在矛盾，而且面临着复杂多变的国际形势，在这诸多因素交织的背景下，货币政策作为宏观调控的主要手段，其重要性不断提高，并在调控中取得明显成效。通过货币政策调控引导市场主体行为实现政策目标的做法对缓解我国面临的经济困境大有裨益，但现阶段我国货币政策规则处于量价转型进程，复杂多变的国内外经济形势要求货币政策适时做出调整，在此过程中产生的不确定性将导致货币政策调控的任务更为艰巨。由于这一事实在短期内无法改变，因此探究如何减少这一不确定性的不利影响，提升货币政策有效性和政策调控效果，是现阶段研究应重点关注的问题，而探讨此问题要求充分了解货币政策不确定性及其影响机制。本书结合我国背景，深入分析货币政策不确定性对微观主体行为的影响效应，探讨其中的作用机制，并进一步探讨这对货币政策效果的影响，以期为减少货币政策不确定性的不利影响、提升货币政策有效性和政策调控效果提供理论支持与经验证据。本书对三个重要问题展开系统分析和论证：货币政策不确定性是否影响货币政策调控发挥效力？通过何种渠道产生影响？面对货币政策不确定性的诸多不利影响，是否存在化危为机、转危为安的手段？基于本书的研究工作，本章将进行系统性阐述并总结主要研究结论，并据此提出政策建议和启示。最后，结合对货币政策不确定性相关文献的梳理以及本书在这一主题下的研究发现，提出本书的研究局限以及对相关研究的展望。

第一节 研究结论

本书结合我国背景，深入分析货币政策不确定性对微观主体行为的影响效应，探讨其中的作用机制，并进一步探讨这对货币政策效果的影响，在中国背景下从预期管理、企业投资的资本成本敏感性、企业债务期限结构三个角度回答了三个重要问题：货币政策不确定性是否影响货币政策调控发挥效力？通过何种渠道产生影响？面对货币政策不确定性的诸多不利影响，是否存在化危为机、转危为安的手段？研究发现，货币政策不确定性从两个方面共同影响货币政策调控发挥效力：一方面会削弱货币政策预期管理效果，引发不稳定预期；另一方面会扭曲微观主体行为，致使企业投资对资本成本的敏感性降低，这意味着货币政策不确定性会阻碍利率传导渠道发挥效果，并且降低企业的投资效率，而在货币政策不确定性所创造的不利经济环境下，可以通过调整企业债务期限结构激励企业改善治理、提升企业绩效。本书的理论分析和实证检验均围绕这三个问题展开，以期为减少货币政策不确定性的不利影响、提升货币政策有效性和政策调控效果提供理论支持与经验证据。以下依次详细阐述针对这三个问题的研究发现。

第一，对货币政策不确定性影响预期管理效果的研究。这部分旨在探究货币政策不确定性如何削弱预期管理效果、引起公众通胀预期扭曲。鉴于引导公众通胀预期以减轻预期扭曲是预期管理有效的重要体现，以及央行沟通在预期管理中的重要性，将研究目标转化为对两个问题的探究：货币政策不确定性是否会导致公众通胀预期扭曲，以及在货币政策不确定性存在的情况下，央行沟通在减轻公众通胀预期扭曲方面的效果是否受到影响。研究基于2001年第一季度到2019年第四季度的《中国人民银行储户问卷调查报告》、《中国货币政策执行报告》、《政府工作报告》以及CEIC数据库的多项中国宏观经济数据，构建了货币政策不确定性、通胀预期扭曲和央行沟通等指标，在ARDL模型框架下检验货币政策不确定性影响公众通胀预期扭曲的长期效应。研究得到以下基本结论：①我国公众通胀预期兼具后顾性和适应性，这从预期形成的角度解释了公众通胀预期扭曲的存在。对通胀预期扭曲的研究是对预期相关研究的重要拓展，不同于预期的上升或下降是中性的，预期扭曲程度上升意味着公众预期的无序化水平扩大，是预期不稳定的重要表现，从而研究通胀预期扭曲问题对实现"稳预期"目标具有现实意义。②实现"稳预期"目标有赖于确定的经济环境和有效的预期管理，研究结果表明，货币政策不确定性不仅创造了不利的经济环境，还削弱了预期管理效果：一方面，信息的完备性和公众心理因素在预期形成中起重要作用，货币政策不确定性的上升意味着公众面临的不确定因素增加，将从这两方面直接干扰预期形成，引起通胀预期扭曲，这是货币政策不确定性影响公众通胀预期的一般性途径；另一方面，尽管央行沟通有助于引导公众通胀预期，但货币政策不确定性的存在降低它的预期引导效果，导致公众通胀预期扭曲，这是货币政策不确定性（区别于其他政策不确定性）影响公众通胀预期的特殊途径。③特殊影响途径不仅为特殊时期央行沟通效果不佳提供了新的解释，也为已有研究发现的不同类型政策不确定性对通胀预期的差异化影响提供了解释，考虑到央行沟通在预期管理中具有重要地位，这也表明货币政策不确定性损害预期管理的有效性，是区别于已有研究的重要发现之一。其中，对一般性影响途径和特殊影响途径的区分，不仅为在不确定的经济环境下有效管理公众预期提供有益思考，还为开展各种类型政策不确定性的影响研究开拓思路，表明可以结合其自身的特殊影响途径展开探讨。综上所述，这部分研究发现，货币政策不确定性削弱货币政策预期管理效果，引发不稳定的公众预期，进而影响货币政策调控发挥效力，已成为实现"稳预期"目标的重要阻碍。

第二，对货币政策不确定性影响企业投资资本成本敏感性的研究。这部分以 2003 年至 2019 年中国 A 股非金融类上市公司年度数据为样本，研究了货币政策不确定性对企业投资的资本成本敏感性的影响以及作用机制。这部分研究得到的基本结论包括：①高度的货币政策不确定性环境不仅会导致企业投资减少，而且对投资的资本成本敏感性具有抑制效应。鉴于资本成本是企业投资的重要影响因素，企业投资对资本成本敏感不仅关乎投资效率，还是价格型货币政策工具有效的重要条件和微观基础，能够识别货币政策利率传导渠道是否畅通，研究发现表明，货币政策不确定性不仅损害企业投资效率，而且干扰利率传导渠道、影响货币政策有效性。②这种抑制效应的内在机理是，货币政策不确定性降低了企业对其未来经营表现的预期，使企业优化资源配置以提高未来盈利能力的激励减弱，导致企业根据经济因素变化及时调整投资策略的积极性降低，表现为投资对资本成本等重要影响因素的敏感性下降。从企业成长性、企业生命周期、行业成长性以及融资约束四个方面验证了影响机理的合理性，检验结果也表明货币政策不确定性对企业投资资本成本敏感性的抑制效应受企业对未来经营收益重视程度的影响，在企业间具有异质性：高成长性企业、处于成长期的企业、属于高成长性行业的企业以及受高融资约束的企业由于更重视未来经营收益，其投资的敏感性受到的抑制作用更强。③机制检验的结果包含两层含义：一是企业的发展预期在不确定经济环境下的企业投资决策中发挥重要作用。这表明，在我国货币政策不确定性长期存在的背景下，政策上应积极采取措施以稳定和引导企业发展预期，提振企业信心，这对激发企业活力、提高资源配置效率、提升货币政策有效性具有重要的现实意义。二是货币政策不确定性对企业投资资本成本敏感性的抑制效应具有企业异质性，表明企业投资对资本成本的敏感性是状态依赖的，易受经济环境与企业自身特征的影响，不仅在货币政策不确定性的作用下受到抑制，而且抑制效应受企业对未来经营收益重视程度的影响，在企业间具有异质性，这丰富了投资敏感性的影响因素研究。

第三，对货币政策不确定性影响企业债务期限结构微观经济效应的研究。受限于现阶段面临的复杂国际环境以及我国货币政策规则处于量价转型进程的现实，货币政策调整将不可避免地引发不确定性问题，这在短期内无法逆转，鉴于此，探究如何减少货币政策不确定性存在情形下的不利影响是应当重点关注的问题，这部分研究试图在货币政策不确定性所创造的不利经济环境下，从微观层面寻求化危为机、转危为安的应对措施。为此，从企业债务期限结构的角度展开探究，以 2003 年至 2019 年中国 A 股非金融类上市公司年度数据为样本，研究了在货币政策不确定性作用下企业债务期限结构对企业决策及其经营表现的影响，得到的基本结论包括：在货币政策不确定性影响下，短期借款占比越高，流动性风险效应越强，企业的新增贷款与新增投资就越少；治理效应越强，则企业的过度投资和经理人代理成本越少；企业业绩表现越好。企业业绩表现是两种效应综合影响的结果，由于这两种效应对企业经营表现的作用效果相反，这说明，在货币政策不确定性作用下，缩短企业债务期限产生的治理效应较流动性风险效应更强。上述研究结果表明，在货币政策不确定性作用下，企业债务期限结构的流动性风险效应和治理效应均得到强化，并且治理效应起主导作用，使缩短企业债务期限有助于提升企业绩效：在高度的货币政策不确定性环境下，缩短债务期限会迫使企业面临更大的流动性风险，也会更大程度地改善企业治理水平，并且相较于流动性风险效应对企业经营表现的负面作用，治理效应产生的正面作用占主导地位，使两种效应的综合影响结果是企业绩效得以提升。从企业异质性和货币政策不确定性的非对称效应两个方面进一步检验上述影响效应，结果验证了货币政策不确定性作用下企业债务期限结构的异质性影响。一方面，对非对称效应的分析结果表明，相较于货币政策不确定性下降时期，在其上升时期缩短企业债务期限会引致更高的流动性风险，而未产生更强的治理效应，因而提升企业绩效的效果更弱。另一方面，对异质性企业的分析结果表明，相较于处在非成长期的企业和流动性资产较少的企业，对生命周期处于成长期的企业和具有较多流动性资产的企业而言，缩短债务期限在提升企业绩效方面的效果相对较弱；对成长期的企业而言，缩短债务期限会引起更高的流动性风险，而未产生更强的治理效应；对具有较多流动性资产的企业而言，缩短债务期限虽然未引起更高的流动性风险，但产生的治理效应更弱。

第二节　政策建议

面对复杂的国内外经济形势，货币政策作为我国宏观调控的主要手段，其重要性不断提高，并已取得较多成果，受限于现阶段面临的复杂国际环境以及我国货币政策规则处于量价转型进程的现实，货币政策调整将不可避免地引发不确定性问题，这在短期内无法逆转，将导致货币政策调控的任务更为艰巨。本书结合我国背景，深入分析货币政策不确定性对微观主体行为的影响效应，探讨其中的作用机制，并进一步探讨这对货币政策效果的影响，研究表明货币政策不确定性具有削弱预期管理效果、引发不稳定预期、干扰利率传导渠道、扭曲微观主体行为等负面影响，这为货币政策不确定性的存在影响货币政策有效性和政策调控效果提供证据。根据本书的理论分析和主要研究结论，提出政策建议和启示。由于本书从三个方面展开探究，以下依次根据这三个方面的研究发现提出针对性建议，最后对这些政策建议做总结。

第一，对货币政策不确定性影响预期管理效果的研究表明，货币政策不确定性不仅创造了不利经济环境，而且削弱预期管理效果，从这两个方面引起公众通胀预期扭曲，因而已成为实现"稳预期"目标的重要阻碍。考虑到我国公众通胀预期兼具后顾性和适应性，重视公众预期扭曲问题，提升预期管理效果、减轻货币政策不确定性对其不利影响势在必行。本书认为：①从长期来看，应科学设定政府宏观调控目标值，协调好短期目标与中长期目标的关系，以中长期目标为主，从跨周期视角来做好政策制定、政策调控，提高政策的机制化设定水平和政策透明度，保持政策的连续性、稳定性和可持续性，降低政策波动性，从源头上降低货币政策不确定性。②重视不确定性视角下的政策协同，完善政策的预期传导机制，不仅应从政策水平角度考虑政策协同，还应重视不确定性视角，通过优化政策组合降低政策不确定性的负面影响，引导微观主体的预期，这是激发市场主体活力、提高产业链供应链稳定性和竞争力的前提。③我国通胀预期兼具后顾性和适应性，根据我国经济发展的实际情况和公众通胀预期形成机制，政策当局应充实和调整政策工具箱，改善前瞻性指引和央行沟通效果，提高政策的同步性和协同度，保持政策预期与政策实施的一致性，做到"言必信，行必果"，切实提升预期引导和预期管理效果。④健全政策的市场反馈机制，确保在政策制定和执行过程中能及时、充分听取市场主体诉求。

第二，对货币政策不确定性影响企业投资资本成本敏感性的研究表明，这一不确定性通过降低企业对其未来经营表现的预期阻碍企业间资源再配置，抑制企业投资对资本成本的敏感性，这不仅损害了企业投资效率，而且削弱了价格型货币政策工具的效果，造成货币政策利率传导渠道的不畅通，表明货币政策不确定性的存在会扭曲微观主体行为、干扰利率传导渠道，为货币政策不确定性影响货币政策调控发挥效力及其影响途径增添新证据。鉴于此，本书认为：①从长期来看，为避免降低货币政策传导效率，应在货币政策实施过程中保持整体上的连续、一致和稳定性，以减少此过程中产生的不确定性。我国货币政策调控框架逐渐向以利率为代表的价格型为主转型，货币政策调控越来越倚重利率传导渠道，该渠道畅通与否密切关系到货币政策能否成功实现政策目标，企业投资对资本成本敏感是畅通利率传导渠道的重要微观基础，而货币政策不确定性抑制了这种敏感性，这将影响货币政策调控发挥效力。因此，货币政策调控不应仅着眼于短期刺激政策的作用，还应重视这一过程产生的不确定性冲击造成的负面影响，这可能会扭曲政策调控效果，使政策目标难以实现。例如，在高度的货币政策不确定性环境下，降低融资成本的政策调控对改善企业投资意愿低迷的现实作用有限，这从货币政策不确定性的角度为"中国实业投资率下降之谜"（投资率呈持续下滑趋势，而宽松政策和刺激措施没能明显改善此状况）提供了一种新的诠释，与已有研究成果形成重要互补。②货币政策不确定性对企业投资敏感性的抑制效应是通过影响企业对自身发展前景的预期实现的，可见企业的发展预期在企业投资决策中起到重要作用，影响企业资源配置效率。因此，为刺激企业投资需求、提高资源配置效率，应积极采取措施以稳定和引导企业发展预期。③从企业的成长性、所处生命周期、行业成长性以及融资约束角度的分析发现，抑制效应具有企业异质性，表明投资对资本成本的敏感程度是状态依赖的，易受经济环境与企业自身特征的影响，在货币政策不确定性的作用下受到抑制，并且抑制效应受企业对未来经营收益重视程度的影响，在企业间具有异质性，丰富了投资敏感性的影响因素研究。鉴于异质性企业的投资对货币政策不确定性的反应程度存在明显差异，因此，除了统一的货币政策调控，还应针对企业的发展需求制定相应的产业政策并调整其配套措施。一方面，这要求健全政策的市场反馈机制，使市场主体诉求能够被政策制定部门及时获悉；另一方面，强调发挥结构性货币政策工具的精准滴灌作用，运用这项政策工具能够在减少货币政策调整中产生的不确定性冲击的前提下，提高政策的"直达性"，为实体经济薄弱环节提供精准支持。

第三，对货币政策不确定性影响企业债务期限结构微观经济效应的研究发现，货币政策不确定性的存在强化了企业债务期限结构的流动性风险效应和治理效应，两种效应对企业经营表现的作用效果相反，其中治理效应起主导作用，因此在高度的货币政策不确定性环境下缩短企业债务期限能够激励企业改善治理、提升企业绩效。基于此，本书认为：①在货币政策不确定性所创造的不利经济环境下，可以通过调整企业的债务期限结构激励企业提升治理水平，进而提升企业绩效，这为我国在货币政策不确定性存在情形下完善总需求管理、提高货币政策调控效果提供启示。②在高度的货币政策不确定性环境下，缩短债务期限是银行防控风险的重要手段，不仅能够提高信贷资金配置效率，而且能够敦促企业改善治理。受现阶段我国货币政策规则处于量价转型进程、复杂多变的国内外经济形势要求货币政策适时做出调整等影响，货币政策不确定性已成为经济环境风险的重要组成部分，在此背景下，企业债务期限结构短期化的事实具有一定合理性，偏短的企业债务期限结构是银行控制风险和微观经济发展的必然选择，这一研究发现从货币政策不确定性角度为"债务期限结构谜题"（转型经济体的企业的债务期限普遍低于发达经济体的事实）提供了可行的解释。由此表明，在高度的货币政策不确定性环境下，政策上不应盲目强调延长债务期限，否则可能造成更大的资源配置效率损失。③对货币政策不确定性的非对称效应和企业异质性两个方面的分析表明，在货币政策不确定性作用下，调整企业债务期限结构对不同类型的企业的影响效应存在差异，并且在货币政策不确定性上升时期和下降时期产生的影响也有所不同。因此，为了适应企业发展需要，应合理调整债务期限结构，政策引导需结合实际情况进行：一方面，由于非对称效应存在，在货币政策不确定性上升时期，尽管银行有更强动机去缩短企业债务期限，但这种做法对企业产生的负面影响增强，因此政策引导上应避免银行出于风险规避动机过度缩短企业债务期限；另一方面，由于这些影响效应具有企业异质性，面对高度的货币政策不确定性时，银行可能为了规避风险而无视企业自身特征差异采取"一刀切"的做法，统一地缩短债务期限，这种做法会严重损害信贷配置效率，为了避免这种情况发生，政策上应鼓励银行针对企业具体发展情况进行差异化信贷结构调整。这就强调要灵活运用结构性货币政策工具，避免造成大规模的货币政策不确定性冲击，发挥这种工具的精准滴灌作用，提升金融服务实体经济的能力。

综上所述，货币政策是宏观调控的主要手段，但考虑到我国货币政策规则仍处于量价转型进程，以及现阶段我国经济发展阶段和面临的复杂国际环境，货币政策需要适时调整，在此过程中产生的不确定性问题不容忽视。鉴于研究发现货币政策不确定性能够从多个方面产生不利影响，探究如何减少其不利影响是应重点研究的问题，本书通过对货币政策不确定性及其影响机制的研究为此问题做出一些有益思考，认为应同时从两方面入手：一方面，从源头上减少货币政策不确定性的产生；另一方面，采取措施以减少这一不确定性的不利影响。前者的目的是直接降低货币政策不确定性，为此可采取的措施包括科学设定政府宏观调控目标，协调好短期目标与中长期目标的关系，以中长期目标为主；提高货币政策透明度，并保持政策的连续性、稳定性和可持续性，降低政策波动性。上述应对措施在相关研究中也被提及，此外，本书进一步强调要重视货币政策结构性作用，在发挥货币政策工具的总量功能的同时发挥其结构功能，不同于统一的货币政策调控，结构性货币政策工具的运用对经济运行状况的影响是非全局性的，因而其调整过程中不会造成大规模的货币政策不确定性冲击。此外，通过发挥结构性货币政策工具的精准滴灌作用能够有效提高政策的"直达性"，为实体经济薄弱环节提供精准支持，提升政策传导效率，激发微观主体活力，提升微观层面的资源配置效率。至于后者，本书认为，应有针对性地减少货币政策不确定性在各个领域的不利影响。尽管诸如提高货币政策透明度等举措为降低货币政策不确定性提供了思路，但受限于现阶段国际国内环境，这一不确定性持续存在且短期内处于偏高水平的事实难以逆转，实现降低货币政策不确定性的目标可能会是相对漫长的过程，而减少其不利影响是一项更现实的选择，本书的研究表明，可以结合这一不确定性对经济领域的具体影响有针对性地采取措施，具有可操作性，因而具有现实意义。研究发现，货币政策不确定性削弱预期管理效果、引发不稳定预期、干扰利率传导渠道、扭曲微观主体行为等，为了减轻上述不利影响，本书从相应的影响领域提出应对措施。首先，针对预期管理效果受损的情况，提出政策当局应充实和调整政策工具箱以提升货币政策预期管理效果。其次，货币政策不确定性通过降低企业对其未来经营表现的预期，抑制企业投资对资本成本的敏感性，损害了货币政策利率传导渠道的效率和企业投资的效率，基于这一研究发现，本书强调要重视企业的发展预期在企业投资决策中的重要作用，为了刺激企业投资需求、提高资源配置效率，政策上应积极采取措施以稳定和引导企业发展预期。再次，基于对货币政策不确定性所创造的不利经济环境下企业债务期限结构的治理效应和流动性风险效应的研究发现，本书提出，在高度的货币政策不确定性环境下，可以通过调整企业债务期限结构减轻这一不确定性的不利影响。最后，针对货币政策不确定性下企业的异质性反应，本书认为不仅应重视发挥结构性货币政策工具的精准滴灌作用，还应根据企业的发展诉求制定相应的产业政策并调整其配套措施，为此需要健全政策的市场反馈机制，使市场主体诉求能够被政策制定部门及时获悉。

第三节　研究不足与研究展望

　　本书在中国背景下从预期管理、企业投资的资本成本敏感性、企业债务期限结构三个角度展开对货币政策不确定性及其经济效应的探究：①探究货币政策不确定性是否削弱货币政策预期管理效果以及相应的影响途径；②探究货币政策不确定性是否干扰货币政策利率传导渠道以及相应的影响途径；③在货币政策不确定性所创造的不利经济环境下，探寻能够化危为机、转危为安的手段。尽管本书的研究为减少货币政策不确定性的不利影响、提升货币政策有效性和政策调控效果提供了理论支持与经验证据，但还存在不足之处，鉴于研究从三个方面展开，以下从这三个方面分别阐述研究尚存的不足以及有待改进的方向。

　　第一，本书探究了货币政策不确定性对预期管理效果的影响及其影响机制，以期为货币政策不确定性削弱预期管理效果、引发不稳定预期，进而影响货币政策调控发挥效力提供证据。考虑到央行沟通在预期管理中的重要地位，研究中以其反映预期管理，国内外许多研究表明，央行沟通有助于管理和引导公众通胀预期，鉴于此，将研究问题转化为探究货币政策不确定性是否会降低央行沟通的预期引导效果、导致公众通胀预期扭曲，实证结果表明这一问题的答案是肯定的。至于其中的影响机制，仅在"理论分析与研究假说"部分从理论上做出分析：央行沟通有效引导和管理预期需要满足一定前提条件，即具有公信力的央行拥有完备信息并对经济做出准确判断，且央行传递的信息能够被公众有效接收，而货币政策不确定性的存在损害此前提，所以会导致央行沟通的预期引导效果降低。遗憾的是，实证部分虽给出了论断，但对影响机制的检验有所缺失，这是因为受限于我国公众预期数据的可获得性，无法获得个体预期数据，可获得的数据集难以验证上述影响机制，只能借助已有的研究发现从理论上做出分析。可以期待的是，随着预期问题越来越受到关注，在不久的将来，对个体预期的调查会增多，相关数据的可获得性将大大提升，对货币政策不确定性损害央行沟通的预期引导效果这一论断的影响机制检验可以实现，除了本书提出的影响机制，还可能存在其他影响机制，值得进一步探索。

第二，本书探究了货币政策不确定性对企业投资的资本成本敏感性的影响，以期为货币政策不确定性干扰利率传导渠道、影响货币政策调控发挥效力和企业投资效率提供微观层面的经验证据。由于这部分研究需要企业多方面的财务数据，为保证数据的完整性，研究样本仅涉及上市企业，而未包含信息透明度低的大量非上市企业，特别是"融资难、融资贵"问题更加严重的中小微企业，这些企业在外部融资约束、企业治理水平等方面与上市企业有很大不同，相应的企业投资对资本成本的敏感性也会与上市企业存在区别，进一步地，受货币政策不确定性影响的结果也可能有所差别。因此，本书基于上市企业的研究提出的建议对这些企业有多大的适用性有待进一步检验。

第三，在货币政策不确定性所创造的不利经济环境下，为寻求化危为机的应对措施，本书探究如何设计企业的债务期限结构以激励企业改善治理、提升绩效。这部分研究同样需要企业的财务数据，为保证数据的完整性，以中国上市公司为样本。研究中以企业获取的短期借款的占比来衡量企业债务期限结构，从货币政策不确定性作用下债务期限结构的流动性风险效应和治理效应两个方面探讨对企业经营决策及其表现的影响，然而非上市企业与上市企业在获取贷款方面存在根本性差异，特别是中小微企业，本身就极难获得贷款，因而面临严重的"融资难、融资贵"问题，这可能使债务期限结构的流动性风险效应和治理效应不会对这些企业的经营决策及其表现起重要作用。因此，尽管本书基于上市企业的研究发现从企业债务期限结构的角度提出了应对货币政策不确定性的建议，这些建议对一般性企业（无论上市与否）有多大的适用性有待进一步检验。

关于对货币政策不确定性相关研究的未来展望。研究表明货币政策不确定性会影响货币政策调控发挥效力，其存在不仅对评估货币政策效果造成干扰，而且在潜移默化中改变了经济环境，干扰微观主体决策，在多个方面呈现负面影响，基于此，本书认为，对货币政策不确定性的研究应从两个方面继续推进：①探究货币政策不确定性影响政策效果的具体途径。②探究如何减少货币政策不确定性存在情形下的不利影响。建议推进这两方面研究的原因在于：一方面，货币政策是宏观调控的主要手段，通过货币政策调控引导市场主体行为实现政策目标的做法对缓解现阶段面临的经济困境大有裨益，但考虑到我国货币政策规则仍处于量价转型进程，以及现阶段面临的复杂国际环境，货币政策需要适时调整，在此过程中产生的不确定性已经成为经济环境的重要构成部分，可能成为经济周期的重要驱动力，严重影响反周期政策调控的实施效果，因此，探究货币政策不确定性通过何种渠道影响政策效果，有助于认识并进一步阻断其作用途径，减轻其对政策效果的干扰，提升政策有效性；另一方面，尽管已有研究提出的一些举措（如提高央行独立性、货币政策透明度等）为降低货币政策不确定性提供了思路，但目标实现是个长期过程，那么至少在相当长的一段时期内，我国货币政策不确定性问题不容忽视，因此，探究如何减少这一不确定性存在情形下的不利影响，提升货币政策有效性和政策调控效果，是应重点研究的问题。本书的研究为此做出一些有益思考，即从受到货币政策不确定性影响的领域提出具有操作性的意见和建议，有针对性地减少这一不确定性的不利影响。总而言之，货币政策不确定性的理论问题还有待深入研究和阐明，应加强对货币政策不确定性及其经济效应的研究，深入分析其中的作用机理并上升到理论层面。

参考文献

[1] Aastveit K A, Natvik G J, Sola S. Economic Uncertainty and the Influence of Monetary Policy[J]. Journal of International Money and Finance, 2017,76(9):50-67.

[2] Abel A B, Blanchard O J. The Present Value of Profits and Cyclical Movements in Investment[J]. Econometrica,1986,54(2):249-273.

[3] Aizenman J, Marion N P. Policy Uncertainty, Persistence and Growth[J]. Review of International Economics,1993,1(2):145-163.

[4] Albulescu C T, Ionescu A M. The Long-Run Impact of Monetary Policy Uncertainty and Banking Stability on Inward FDI in EU Countries[J]. Research in International Business and Finance,2018,45:72-81.

[5] Alessandri P, Bottero M. Bank Lending in Uncertain Times[J]. European Economic Review,2020,128(2):1-19.

[6] Almeida H, Campello M, Laranjeira B, et al. Corporate Debt Maturity and the Real Effects of the 2007 Credit Crisis[J]. Critical Finance Review, 2009,1(1):3-58.

[7] Alper C E, Morales R A, Yang F. Monetary Policy Implementation and Volatility Transmission Along the Yield Curve: The Case of Kenya[J]. South African Journal of Economics,2017,85(3):455-478.

[8] Altig D, Baker S, Barrero J M, et al. Economic Uncertainty Before and During the COVID-19 Pandemic[J]. Journal of Public Economics,2020,191: 1-13.

[9] Antonakakis N, Gabauerac D, Guptad R. Greek economic policy uncertainty: does it matter for Europe? Evidence from a dynamic connectedness decomposition

approach[J]. Physica A: Statistical Mechanics and its Applications, 2019, 535:1-13.

[10]Arbatli E C, Davis S J, Ito A, et al. Policy Uncertainty in Japan[J]. Journal of the Japanese and Internatiolal Economies, 2022, 64:1-24.

[11]Arnold I J M, Vrugt E B. Treasury Bond Volatility and Uncertainty about Monetary Policy[J]. Financial Review, 2010, 45(3):707-728.

[12]Bai J, Ng S. A Panic Attack on Unit Roots and Cointegration[J]. Econometrica, 2004, 72(4):1-40.

[13]Baker S R, Bloom N, Davis S J. Measuring Economic Policy Uncertainty[J]. The Quarterly Journal of Economics, 2016, 131(4):1593-1636.

[14]Balcilar M, Gupta R, Jooste C. South Africa's Economic Response to Monetary Policy Uncertainty[J]. Journal of Economic Studies, 2017, 44(2): 282-293.

[15]Balduzzi P, Bertola G, Foresi S. A Model of Target Changes and The Term Structure of Interest Rates[J]. Journal of Monetary Economics, 1997, 39(2): 223-249.

[16]Barnea A, Haugen R, Senbet L W. A Rationale for Debt Maturity Structure and Call Provisions in the Agency Theoretic Framework[J]. Journal of Finance, 1980, 35(5):1223-1234.

[17]Bauer A, Eisenbeis R A, Waggoner D F, et al. Transparency, Expectations, and Forecasts[J]. Economic Review, 2006, 91(1):1-25.

[18]Bauer M D, Lakdawala A K, Mueller P. Market-Based Monetary Policy Uncertainty[J]. Economic Journal, 2022, 132(644):1290-1308.

[19]Beechey M J, Johannsen B K, Levin A T. Are Long-Run Inflation Expectations Anchored More Firmly in the Euro Area Than in the United States? [J]. American Economic Journal: Macroeconomics, 2011, 3(2):104-129.

[20]Ben-Haim Y, Demertzis M, End J W. Evaluating Monetary Policy Rules Under Fundamental Uncertainty: An Info-Gap Approach[J]. Economic Modelling, 2018, 73:55-70.

[21]Benigno G, Benigno P, Nisticò S. Risk, Monetary Policy, and the

Exchange Rate[J]. NBER Macroeconomics Annual,2012,26(1):247-309.

[22]Berger H,Woitek U. Does Conservatism Matter? A Time-Series Approach to Central Bank Behavior[J]. Economic Journal, 2005, 115(505): 745-766.

[23] Berlemann M, Schneider A. Monetary Policy and Central Bank Independence under Endogenous Conservatism[J]. Journal of Economic Research, 2014,19(2):125-136.

[24] Bernanke B S. Irreversibility,Uncertainty,and Cyclical Investment[J]. The Quarterly Journal of Economics,1983,98(1):85-106.

[25]Bernanke B S,Mihov I. Measuring Monetary Policy[J]. The Quarterly Journal of Economics,1998,113(3):869-902.

[26] Bertola G,Guiso L,Pistaferri L. Uncertainty and Consumer Durables Adjustment[J]. Review of Economic Studies,2005,72(4):973-1007.

[27]Bianchi F,Ludvigson S C,Ma S. Belief Distortions and Macroeconomic Fluctuations[J].The American Economic Review,2020,112(7):2269-2315.

[28]Blinder A S. Central Bank Credibility:Why Do We Care? How Do We Build It? [J]. The American Economic Review,2000,90(5):1421-1431.

[29]Blinder A S,Ehrmann M,Fratzscher M,et al. Central Bank Communication and Monetary Policy:A Survey of Theory and Evidence[J].Journal of the Japanese and Internatiolal Economies,2008,46(4):910-945.

[30]Bloom N,Bond S,Reenen J V. Uncertainty and Investment Dynamics[J]. Review of Economic Studies,2007,74(2):391-415.

[31]Bloom N. Fluctuations in Uncertainty[J]. Journal of Economic Perspectives, 2014,28(2):153-176.

[32]Bloom N. The Impact of Uncertainty Shocks[J].Econometrica,2009, 77(3):623-685.

[33] Bordo M D,Duca J V,Koch C. Economic Policy Uncertainty and the Credit Channel:Aggregate and Bank Level US Evidence over Several Decades[J]. Journal of Financial Stability,2016,26:90-106.

[34]Born B,Pfeifer J. Policy Risk and the Business Cycle[J]. Journal of

Monetary Economics,2014,68(1):68-85.

[35]Boug P,Fagereng A. Exchange rate volatility and export performance:a cointegrated VAR approach[J]. Applied Economics,2010,42(7):851-864.

[36]Bouri E,Gkillas K,Gupta R,et al. Monetary policy uncertainty and volatility jumps in advanced equity markets[J].Journal of Risk,2020,23(1):101-112.

[37]Brainard W. Uncertainty and the effectiveness of policy[J]. The American Economic Review,1967,57:411-425.

[38]Brunetti A. Policy volatility and economic growth:A comparative, empirical analysis[J]. European Journal of Political Economy,1998,14(1):35-52.

[39]Bundicky B,Herriford T,Smith A L. Forward Guidance,Monetary Policy Uncertainty,and the Term Premium[R]. Federal Reserve Bank Working Papers,2017.

[40]Cai Y. Predictive Power of US Monetary Policy Uncertainty Shock on Stock Returns in Australia and New Zealand[J]. Australian Economic Papers, 2018,57(4):470-488.

[41]Carriero A,Mumtaz H,Theodoridis K,et al. The Impact of Uncertainty Shocks under Measurement Error:A Proxy SVAR Approach[J]. Journal of Money,Credit and Banking,2015,47(6):1223-1228.

[42]Castelnuovo E,Pellegrino G. Uncertainty - Dependent Effects of Monetary Policy Shocks:A New - Keynesian Interpretation[J]. Journal of Economic Dynamics and Control,2018,93:277-296.

[43]Cecchetti S G,Krause S. Central Bank Structure,Policy Efficiency,and Macroeconomic Performance:Exploring Empirical Relationships[J]. Review,2002, 84(4):47-60.

[44]Chadwick M G. Dependence of the "Fragile Five" and "Troubled Ten" Emerging Market Financial Systems on US Monetary Policy and Monetary Policy Uncertainty[J]. Research in International Business and Finance,2019,49:251-268.

［45］Chang B Y, Feunou B. Measuring Uncertainty in Monetary Policy Using Realized and Implied Volatility［J］. Bank of Canada Review, 2013(1): 32-41.

［46］Chatelain J-B, Ehrmann M, Generale A, et al. Monetary Policy Transmission in the Euro Area: New Evidence from Micro Data on Firms and Banks［J］. Journal of the European Economic Association, 2011(2-3): 731-742.

［47］Chatelain J-B, Generale A, Hernando I, et al. New Findings on Firm Investment and Monetary Transmission in the Euro Area［J］. Oxford Review of Economic Policy, 2003, 19(1): 73-83.

［48］Chirinko R S, Fazzari S M, Meyer A P. How Responsive is Business Capital Formation to Its User Cost? An Exploration with Micro Data［J］. Journal of Public Economics, 1999, 74(1): 53-80.

［49］Chong A, Gradstein M. Policy Volatility and Growth［R］. Research Department Publications Working Papers, 2006.

［50］Claessens S, Tzioumis K. Measuring Firms' Access to Finance［R］. World Bank Working Papers, 2006.

［51］Clarida R, Galí J, Gertler M. Monetary Policy Rules and Macroeconomic Stability: Evidence and Some Theory［J］. The Quarterly Journal of Economics, 2000, 115(1): 147-180.

［52］Claveria O. Qualitative Survey Data on Expectations: Is there An Alternative to the Balance Statistic?［M］. New York: Economic Forecasting Nova Science Publishers, 2010.

［53］Cooper R W, Haltiwanger J C. On the Nature of Capital Adjustment Costs［J］. Review of Economic Studies, 2006, 73(3): 611-633.

［54］Creal D D, Wu J C. Monetary Policy Uncertainty and Economic Fluctuations［J］. International Economic Review, 2017, 58(4): 1317-1354.

［55］Cukierman A, Meltzer A H. A Theory of Ambiguity, Credibility, and Inflation under Discretion and Asymmetric Information［J］. Econometrica, 1986, 54(5): 1099-1128.

［56］Cukierman A. The Limits of Transparency［J］. Economic Notes, 2009,

38(1/2):1-37.

[57]Custódio C,Ferreira M A,Laureano L. Why are US Firms Using More Short-Term Debt? [J]. Journal of Financial Economics,2013,108(1):182-212.

[58]Dahlhaus T,Sekhposyan T. Monetary Policy Uncertainty:A Tale of Two Tails[R]. Bank of Canda Staff Working Papers,2018.

[59]Datta S,Mai I,Raman K. Managerial Stock Ownership and The Maturity Structure of Corporate Debt[J]. Journal of Finance,2005,60(5):2333-2350.

[60]Davis S J. Rising Policy Uncertainty[R]. NBER Working Papers, 2019.

[61]Diamond D W. Debt Maturity Structure and Liquidity Risk[J]. The Quarterly Journal of Economics,1991,106(3):709-737.

[62]Dias F,Duarte C,Rua A. Inflation Expectations in The Euro Area:Are Consumers Rational? [J]. Review of World Economics,2010,146(3):591-607.

[63]D'Mello R,Miranda M. Long-Term Debt and Overinvestment Agency Problem[J]. Journal of Banking and Finance,2010,34(2):324-335.

[64]Doganlar M. Estimating the Impact of Exchange Rate Volatility on Exports: Evidence from Asian Countries[J]. Applied Economics Letters,2002,9(13): 859-863.

[65]Douglas W D. Debt Maturity Structure and Liquidity Risk[J]. The Quarterly Journal of Economics,1991,106(3):709-737.

[66]Dovern J,Fritsche U,Slacalek J. Disagreement among Forecasters in G7 Countries[J]. The Review of Economics and Statistics,2009,94(4):1081-1096.

[67]Dritsakis N. Demand for Money in Hungary:An ARDL Approach[J]. Review of Economics and Finance,2011,1(5):1-16.

[68]Drobetz W,El Ghoul S,Guedhami O,et al. Policy Uncertainty,Invest-ment,and the Cost of Capital[J]. Journal of Financial Stability,2018,39:28-45.

[69]Ehrmann M,Eijffinger S,Fratzscher M. The Role of Central Bank Transparency for Guiding Private Sector Forecasts[J]. Scandinavian Journal of

Economics,2012,114(3):1018-1052.

[70]Enders Z,Hünnekes F,Müller G J. Monetary policy announcements and expectations:Evidence from German firms[J]. Journal of Monetary Economics, 2019,108:45-63.

[71]Eusepi S,Preston B. Central Bank Communication and Expectations Stabilization[J]. American Economic Journal:Macroeconomics, 2010, 2 (3): 235-271.

[72]Fan J,Titman S,Twite G. An International Comparison of Capital Structure and Debt Maturity Choices[J]. Journal of Financial and Quantitative Analysis,2012,47(1):23-56.

[73]Fasolo A. Monetary Policy Volatility Shocks in Brazil[J]. Economic Modelling,2019,81:348-360.

[74]Fatas A,Mihov I. Policy Volatility,Institutions and Economic Growth[J]. The Review of Economics and Statistics,2013,94(2):362-376.

[75]Favero C A,Mosca F. Uncertainty on Monetary Policy and the Expecta-tions Model of the Term Structure of Interest Rates[J]. Economics Letters,2001, 71(3):369-375.

[76]Feldstein M. Monetary Policy in An Uncertain Economy[R]. Working Paper,2003.

[77] Fernández – Villaverde J. Fiscal Volatility Shocks and Economic Activity[J]. The American Economic Review,2015,105(11):3352-3384.

[78]Fernández-Villaverde J,Guerrón-Quintana P,Kuester K,et al. Fiscal Volatility Shocks and Economic Activity[J]. The American Economic Review, 2015,105(11):3352-3384.

[79]Fernández-Villaverde J,Guerrón-Quintana P,Rubio-Ramírez J F, et al. Risk Matters:The Real Effects of Volatility Shocks[J]. The American Economic Review,2011,101(6):2530-2561.

[80]Fontaine J. What Fed Funds Futures Tell us about Monetary Policy Uncertainty[R]. Bank of Canada Staff Working Papers,2016.

[81] Foote C, Hurst E, Leahy J. Testing the (S, s) Model[J]. The

American Economic Review,2000,90(2):116-119.

[82]Forsells M,Kenny G. The Rationality of Consumers' Inflation Expecta-
tions:Survey-based Evidence for the Euro Area[R]. ECB Working Papers,
2002.

[83]Foster L,Haltiwanger J,Krizan C J. Market Selection,Reallocation and
Restructuring in the U.S. Retail Trade Sector in the 1990s[J]. The Review of
Economics and Statistics,2006,88(4):748-758.

[84]Francis B B,Hasan I,Zhu Y. Political Uncertainty and Bank Loan
Contracting[J]. Journal of Empirical Finance,2014,29:281-286.

[85]Frank M Z,Shen T. Investment and the Weighted Average Cost of
Capital[J]. Journal of Financial Economics,2016,119(2):300-315.

[86]Friedman M. Nobel Lecture:Inflation and Unemployment[J]. Journal
of Political Economy,1977,85(3):451-472.

[87]Friedman M. The Role of Monetary Policy[J]. The American Economic
Review,1968,58(1):1-17.

[88] Frydman R, Phelps E S. Individual Expectations and Aggregate
Outcomes:An Introduction to the Problem[R]. SCAE Working Papers,1983.

[89]Funke M,Schularick M,Trebesch C. Going to Extremes:Politics after
Financial Crises,1870-2014[J]. European Economic Review,2016,88:227-
260.

[90]Gabauer D,Gupta R. On the Transmission Mechanism of Country-
Specific and International Economic Uncertainty Spillovers:Evidence from a
TVP-VAR Connectedness Decomposition Approach[J]. Economics Letters,
2018,171:63-71.

[91]Gauvin L,McLoughlin C,Reinhardt D. Policy Uncertainty Spillovers to
Emerging Markets-Evidence from Capital Flows[J]. Bank of England Quarterly
Bulletin,2014,54(4):457-462.

[92]Georgiadis G. Determinants of Global Spillovers from US Monetary
Policy[J]. Journal of International Money and Finance,2016,67:41-61.

[93]Ghatak S,Siddiki J. The Use of ARDL Approach in Estimating Virtual

Exchange Rates in India[J]. Journal of Applied Statistics,2001,28(5):573-583.

[94]Ghosh T,Sahu S,Chattopadhyay S. Households' Inflation Expectations in India:Role of Economic Policy Uncertainty and Global Financial Uncertainty Spill-Over[J]. Bulletin of Economic Research,2021,73(2):230-251.

[95]Gilchrist S,Zakrajsek E. Investment and the Cost of Capital:New Evidence from the Corporate Bond Market[R]. NBER Working Papers,2007.

[96]Gomariz M,Ballesta J. Financial Reporting Quality,Debt Maturity and Investment Efficiency[J]. Journal of Banking and Finance,2014,40:494-506.

[97]Gospodinov N,Jamali I. Monetary Policy Uncertainty,Positions of Traders and Changes in Commodity Futures Prices[J]. European Financial Management,2018,24(2):239-260.

[98]Graham J R,Harvey C R. The Theory and Practice of Corporate Finance:Evidence from the Field[J]. Journal of Financial Economics,2001,60(2-3):187-243.

[99]Grant A,Thomas L. Inflationary Expectations and Rationality Revisited[J]. Economics Letters,1999,62(3):331-338.

[100]Gulen H,Ion M. Policy Uncertainty and Corporate Investment[J]. The Review of Financial Studies,2016,29(3):523-564.

[101]Gupta R,Wohar M E. The Role of Monetary Policy Uncertainty in Predicting Equity Market Volatility of the United Kingdom:Evidence from over 150 Years of Data[J]. Economics and Business Letters,2019,8(3):138-146.

[102]Gurkaynak R S,Sack B,Swanson E. Market-Based Measures of Monetary Policy Expectations[J]. Journal of Business and Economic Statistics,2007,25(2):201-212.

[103]Haan,J D,Eijffinger S C W,Krzysztof R. Central Bank Transparency and Central Bank Communication:Editorial Introduction[J]. European Journal of Political Economy,2007,23(1):1-8.

[104]Hadlock C J,Pierce J R. New Evidence on Measuring Financial Constraints:Moving Beyond the KZ Index[J]. The Review of Financial Studies,2010,23(5):1909-1940.

［105］Hart O,Moore J. Debt and Seniority:An Analysis of Hard Claims in Constraining Management［J］. The American Economic Review,1995,85(3): 567-585.

［106］Hassett K A,Metcalf G E. Investment with Uncertain Tax Policy:Does Random Tax Policy Discourage Investment? ［J］. Economic Journal,1999,109 (457):372-393.

［107］Hayford M D,Malliaris A G. Transparent US Monetary Policy:Theory and Tests［J］. Applied Economics,2012,44(7):813-824.

［108］Hayo B,Kutan A M,Neuenkirch M. Communication Matters:US Monetary Policy and Commodity Price Volatility［J］. Economics Letters,2012,117(1):247-249.

［109］Hefeker C, Zimmer B. The Optimal Choice of Central Bank Independence and Conservatism under Uncertainty［J］. Journal of Macroeconomics, 2011,33(4):595-606.

［110］Heinemann F,Ullrich K. Does it Pay to Watch Central Bankers' Lips? The Information Content of ECB Wording［J］. Swiss Journal of Economics and Stats,2007,143(2):155-185.

［111］Herro N,Murray J. Dynamics of Monetary Policy Uncertainty and the Impact on the Macroeconomy［J］. Economics Bulletin,2013,33(1):257-270.

［112］Huang Y,Luk P. Measuring Economic Policy Uncertainty in China［J］. China Economic Review,2020,59:1-18.

［113］Husted L,Rogers J,Sun B. Monetary Policy Uncertainty［J］. Journal of Monetary Economics,2020,115:20-36.

［114］Imbs J. Growth and Volatility［J］. Journal of Monetary Economics, 2007,54(7):1848-1862.

［115］IMF. World Economic Outlook:Coping with High Debt and Sluggish Growth［R］. Washington,DC:IMF Press,2012.

［116］IMF. World Economic Outlook:Hopes,Realities,Risks［R］. Washington, DC:IMF Press,2013.

［117］Islam M Q. The Long Run Relationship between Openness and

Government Size: Evidence from Bounds Test[J]. Applied Economics, 2004, 36 (9): 995-1000.

[118] Istiak K, Serletis A. Economic Policy Uncertainty and Real Output: Evidence from the G7 Countries[J]. Applied Economics, 2018, 50(39): 4222-4233.

[119] Istrefi K, Mouabbi S. Subjective Interest Rate Uncertainty and the Macroeconomy: A Cross-Country Analysis[J]. Journal of International Money and Finance, 2018, 88: 296-313.

[120] Istrefi K, Piloiu A. Economic Policy Uncertainty and Inflation Expectations[R]. Banque de France Working Papers, 2014.

[121] Jansen D J. Does the Clarity of Central Bank Communication Affect Volatility in Financial Markets? Evidence from Humphrey-Hawkins Testimonies[J]. Contemporary Economic Policy, 2011, 29(4): 494-509.

[122] Jayaraman T K, Choong C K. Growth and Oil Price: A Study of Causal Relationships in Small Pacific Island Countries[J]. Energy Policy, 2009, 37(6): 2182-2189.

[123] Jensen M C. Agency Costs of Free Cash, Corporate Finance, and Takeovers[J]. The American Economic Review, 1986, 76(2): 323-329.

[124] Jensen M C, Meckling W H. Theory of the firm: Managerial Behavior, agency cost and ownership structure[J]. Journal of Financial Economics, 1976, 3 (4): 305-360.

[125] Jiang F, Tong G. Monetary Policy Uncertainty and Bond Risk Premium[R]. SSRN Electronic Journal, 2016.

[126] Jiang Y, Zhu Z, Tian G, et al. Determinants of within and Cross-Country Economic Policy Uncertainty Spillovers: Evidence from US and China[J]. Finance Research Letters, 2019, 31: 195-206.

[127] Jordahl H, Laséen S. Central Bank Conservatism and Labor Market Regulation[J]. European Journal of Political Economy, 2005, 21(2): 345-363.

[128] Jorda O, Salyer K D. The Response of Term Rates to Monetary Policy Uncertainty[J]. Review of Economic Dynamics, 2003, 6(4): 941-962.

[129] Julio B, Yook Y. Political Uncertainty and Corporate Investment Cycles[J]. Journal of Finance,2012,67(1):45-83.

[130] Jurado K, Ludvigson S C, Ng S. Measuring Uncertainty [J]. The American Economic Review,2015,105(3):1177-1216.

[131] Kaminska I, Roberts – Sklar M. Volatility in Equity Markets and Monetary Policy Rate Uncertainty[J]. Journal of Empirical Finance,2018,45:68-83.

[132] Kato R, Hisata Y. Monetary Policy Uncertainty and Market Interest Tates[R]. Bank of Japan Working Papers,2005.

[133] King R, Levine R. Finance and Growth:Schumpeter Might be Right[J]. The Quarterly Journal of Economics,1993,108:717-737.

[134] Kobayashi T. Monetary Policy Uncertainty and Interest Rate Targeting[J]. Journal of Macroeconomics,2004,26(4):725-735.

[135] Kumo W L. Inflation Targeting Monetary Policy,Inflation Volatility and Economic Growth in South Africa [R]. African Development Research Depawtment Working Papers,2015.

[136] Kurov A, Stan R. Monetary Policy Uncertainty and the Market Reaction to Macroeconomic News[J]. Journal of Banking and Finance,2018,86:127-142.

[137] Kuttner K N, Posen A S. Does Talk Matter after All? Inflation Targeting and Central Bank Behavior[R]. CFS Working Paper,1999.

[138] Lamla M J, Vinogradov D. Central Bank Announcements:Big News for Little People? [J]. Journal of Monetary Economics,2019,108:21-38.

[139] Le B H, Sahuc J. Implications of Parameter Uncertainty for Monetary Policy in A Simple Euro Area Model[J]. Applied Economics Letters,2002,9(9):553-556.

[140] Leduc S, Liu Z. Uncertainty Shocks are Aggregate Demand Shocks[J]. Journal of Monetary Economics,2016,82:20-35.

[141] Levieuge G, Lucotte Y. A Simple Empirical Measure of Central Banks' Conservatism[J]. Southern Economic Journal,2014,81(2):409-434.

[142]Li L,Tang Y,Xiang J. Measuring China's Monetary Policy Uncertainty and Its Impact on the Real Economy[J]. Emerging Markets Review,2020,44:1-9.

[143]Liu S,Wang M,Tan Y. Stabilizing Inflation Expectations in China: Does Economic Policy Uncertainty Matter? [J]. Green Finance,2019,1(4):429-441.

[144]Mankiw N G,Miron J A. The Changing Behavior of the Term Structure of Interest Rates[J]. The Quarterly Journal of Economics,1985,101(2):211-228.

[145]Mariscal I,Howells P. Central Bank Communication,Transparency and Interest Rate Volatility:Evidence from the USA [C]. London:Palgrave Macmillan,2010:91-108.

[146]Mascaro A,Meltzer A H. Long-and Short-Term Interest Rates in a Risky World[J]. Journal of Monetary Economics,1983,12(4):485-518.

[147]Mckinnon R I. Money and Capital in Economic Development[J]. American Political Science Review,1974,29(4):649.

[148]Meinen P,Roehe O. On Measuring Uncertainty and Its Impact on Investment:Cross-Country Evidence from the Euro Area[J]. European Economic Review,2017,92:161-179.

[149]Mian A,Sufi A,Trebbi F. Resolving Debt Overhang:Political Constraints in the Aftermath of Financial Crises[J]. American Economic Journal: Macroeconomics,2014,6(2):27-41.

[150]Milani F. The Modeling of Expectations in Empirical DSGE Models:A Survey[R]. Department of Economics Working Papers,2012.

[151]Mirrlees J A. Note on Welfare Economics,Information and Uncertainty[C]. Amsterdam:North-Holland,1974:243-258.

[152]Morris S,Shin H S. Coordinating Expectations in Monetary Policy[C]. Massachusetts:Edward Elgar Publishing,2008:88-104.

[153]Mueller P,Vedolin A,Tahbaz - Saleh A. Exchange Rates and Monetary Policy Uncertainty[J]. Journal of Finance,2017,72(3):1213-1252.

[154]Mumtaz H. Does Uncertainty Affect Real Activity? Evidence from State-Level Data[J]. Economics Letters,2018,167:127-130.

[155] Mumtaz H, Surico P. Policy Uncertainty and Aggregate Fluctuations[J]. Journal of Applied Econometrics, 2018, 33(3): 319-331.

[156] Mumtaz H, Zanetti F. The Impact of the Volatility of Monetary Policy Shocks[J]. Journal of Money, Credit and Banking, 2013, 45(4): 535-558.

[157] Myers S C. Determinants of Corporate Borrowing[J]. Journal of Financial Economics, 1977, 5(2): 147-175.

[158] Nantob N. Monetary Policy Under Uncertainty in WAEMU: Parsimonious Model and Central Bank Preferences[J]. African Development Review, 2015, 27(3): 230-247.

[159] Narayan P K, Russell S. Dead Man Walking: an Empirical Reassessment of the Deterrent Effect of Capital Punishment Using the Bounds Testing Approach to Cointegration[J]. Applied Economics, 2006, 38(17): 1915-1989.

[160] Nguyen N H, Phan H V. Policy Uncertainty and Mergers and Acquisitions[J]. Journal of Financial and Quantitative Analysis, 2017, 52(2): 613-644.

[161] Nocholas A, Miller S M. Total Factor Productivity and Monetary Policy: Evidence from Conditional Volatility[J]. International Finance, 2010, 10(2): 131-152.

[162] Orphanides A. Fear of Liftoff: Uncertainty, Rules, and Discretion in Monetary Policy Normalization[J]. Federal Reserve Bank of St. Louis Review, 2015, 97(3): 73-96.

[163] Osborne M. Monetary Policy and Volatility in the Sterling Money Market[R]. Bank of England Working Papers, 2016.

[164] Panousi V, Papanikolaou D. Investment, Idiosyncratic Risk, and Ownership[J]. Journal of Finance, 2012, 67(3): 1113-1148.

[165] Pastor L, Veronesi P. Political Uncertainty and Risk Premia[J]. Journal of Financial Economics, 2011, 110(3): 520-545.

[166] Pastor L, Veronesi P. Uncertainty about Government Policy and Stock Prices[J]. Journal of Finance, 2012, 67(4): 1219-1264.

[167] Pavasuthipaisit R. Should Inflation-Targeting Central Banks Respond

to Exchange Rate Movements? [J]. Journal of International Money and Finance, 2010,29(3):460-485.

[168]Pesaran M H,Shin Y,Smith R J. Bounds Testing Approaches to the Analysis of Level Relationships[J]. Journal of Applied Econometrics,2001,16: 289-326.

[169]Pham T A. Policy Volatility and Growth[J]. Portuguese Economic Journal,2018,17(2):87-97.

[170]Phelps E S. Money-Wage Dynamics and Labor-market Equilibrium[J]. Journal of Political Economy,1968,76(4):678-711.

[171]Pooter M D,Favara G,Modugno M,et al. Monetary Policy Uncertainty and Monetary Policy Surprises[J]. Journal of International Money and Finance, 2021,114:1-16.

[172]Primiceri G. Time Varying Structural Vector Autoregressions and Monetary Policy[J]. Review of Economic Studies,2005,72(3):821-852.

[173]Rajan R,Winton A. Covenants and Collateral as Incentives to Monitor[J]. Journal of Finance,1995,50(4):1113-1146.

[174]Richardson S. Over-Investment of Free Cash Flow[J]. Review of Accounting Studies,2006,11(2-3):159-189.

[175]Roley V V,Walsh C E. Monetary Policy Regimes,Expected Inflation, and the Response of Interest Rates to Money Announcements[J]. The Quarterly Journal of Economics,1985,100(5):1011-1039.

[176]Rossi B,Sekhposyan T. Macroeconomic Uncertainty Indices Based on Nowcast and Forecast Error Distributions[J]. The American Economic Review, 2015,105(5):650-655.

[177]Ross S. The Arbitrage Pricing Theory of Capital Asset Pricing[J]. Journal of Economic Theory,1976,13(3):341-360.

[178]Rudebusch G D. Federal Reserve Interest Rate Targeting, Rational Expectations, And The Term Structure[J]. Journal of Monetary Economics,1995, 35(2):245-274.

[179]Schaling E,Nolan C. Monetary Policy Uncertainty and Inflation:The

Role of Central Bank Accountability[J]. De Economist,1998,146(4):585-602.

[180]Setterfield M. Can Monetary Policy Survive Policy Model Mis-Specification? Model Uncertainty and the Perils of "Policy Model Complacency"[J]. Metroeconomica,2018,69(1):2-15.

[181]Sharpe S A,Suarez G A. Why Isn't Investment More Sensitive to Interest Rates:Evidence From Surveys[J]. Management Science,2021,67(2):720-741.

[182]Shin H S. Can Central Bank Talk too Much? [R]. Frankfurt:Speech at the ECB Conference on "Communications Challenges for Policy Effectiveness, Accountability and Reputation",2017.

[183]Sinha A. Monetary Policy Uncertainty and Investor Expectations[J]. Journal of Macroeconomics,2016,47:188-199.

[184]Stock J H,Watson M W. Disentangling the Channels of the 2007-09 Recession[J]. Brookings Papers on Economic Activity,2012,43(1):81-156.

[185] Stulz R M. Interest Rates and Monetary Policy Uncertainty [J]. Journal of Monetary Economics,1986,17(3):331-347.

[186]Stulz R M. Managerial Discretion and Optimal Financing Policies[J]. Journal of Financial Economics,1990,26(1):3-27.

[187]Stulz R M. Rethinking Risk Management[J]. Journal of Applied Corporate Finance,1996,9(3):8-25.

[188]Thiem C. Cross-Category Spillovers of Economic Policy Uncertainty[R]. Working Papers,2018.

[189] Tillmann P. Monetary Policy Uncertainty and the Response of the Yield Curve to Policy Shocks[J]. Journal of Money,Credit and Banking,2020, 52(4):803-833.

[190]Traficante G. Monetary Policy with Parameter Uncertainty in Small-Open Economy[J]. International Economic Journal,2018,32(1):120-131.

[191]Trung N B. The Spillover Effects of US Economic Policy Uncertainty on the Global Economy:A Global VAR Approach[J]. The North American Journal of Economics and Finance,2019,48:90-110.

[192]Tucker P.Risk,Uncertainty and Monetary Policy Regimes[J]. Bank

of England Quarterly Bulletin,2005,44(1):84-96.

[193]Wolfgang D,Sadok E G,Omrane G,et al. Policy Uncertainty,Investment,and the Cost of Capital[J]. Journal of Financial Stability,2018,39:28-45.

[194] Woodford M. Macroeconomic Analysis Without the Rational Expectations Hypothesis[J]. Annual Review of Economics,2013,5(1):303-346.

[195] Woodford M,Walsh C. Interest Rate and Prices Foundation of a Theory of Monetary Policy[J]. Macroeconomic Dynamics,2005,9(3):462-468.

[196] Yang Z,Yu Y,Zhang Y,et al. Policy Uncertainty Exposure and Market Value:Evidence from China[J]. Pacific-Basin Finance Journal,2019,57:1-21.

[197]卞志村,张义.央行信息披露、实际干预与通胀预期管理[J].经济研究,2012,47(12):15-28.

[198]才国伟,吴华强,徐信忠.政策不确定性对公司投融资行为的影响研究[J].金融研究,2018(3):89-104.

[199]常媛,刘云莉.经济政策不确定性对企业价值的影响路径研究[J].会计之友,2021(5):68-74.

[200]陈创练,郑挺国,姚树洁.时变参数泰勒规则及央行货币政策取向研究[J].经济研究,2016,51(8):43-56.

[201]陈耿,周军.企业债务融资结构研究:一个基于代理成本的理论分析[J].财经研究,2004(2):58-65.

[202]陈国进,王少谦.经济政策不确定性如何影响企业投资行为[J].财贸经济,2016(5):5-21.

[203]陈良源,林建浩,王少林,等.央行沟通对于货币政策实际干预的预测能力研究[J].统计研究,2021,38(1):38-50.

[204]陈守东,章秀,刘洋.不确定性冲击下利率传导机制[J].经济与管理研究,2016,37(6):67-73.

[205]程均丽,李雪,刘枭.中国通货膨胀预期异质性研究:兼论我国中央银行的通货膨胀预期管理[J].经济评论,2015(6):17-39,54.

[206]程均丽,姚南.嬗变中的预期理论:动物精神与异质预期假说[J].当代

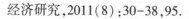
经济研究,2011(8):30-38,95.

[207]邓创,曹子雯.中国货币政策不确定性测度及其宏观经济效应分析[J].吉林大学社会科学学报,2020,60(1):50-59,220.

[208]邓莉,张宗益,李宏胜.银行债权的公司治理效应研究:来自中国上市公司的经验证据[J].金融研究,2007(1).

[209]丁剑平,刘璐.中国货币政策不确定性和宏观经济新闻的人民币汇率效应[J].财贸经济,2020,41(5):19-34.

[210]方建珍,胡成.经济政策不确定性对企业现金持有水平的影响探究[J].北京邮电大学学报(社会科学版),2020,22(2):49-57.

[211]冯旭南.债务融资和掠夺:来自中国家族上市公司的证据[J].经济学(季刊),2012,11(3):943-968.

[212]顾海峰,卞雨晨.跨境资本流动、资产价格与银行流动性风险:货币政策不确定性与银行业竞争的调节作用[J].财经科学,2020(12):13-27.

[213]顾海峰,于家珺.中国经济政策不确定性与银行风险承担[J].世界经济,2019,42(11):148-171.

[214]顾海峰,朱紫荆.货币政策不确定性会影响银行资本配置效率吗:基于中国A股上市银行的证据[J].证券市场导报,2022(1):31-41.

[215]何德旭,张雪兰,王朝阳,等.货币政策不确定性、银行信贷与企业资本结构动态调整[J].经济管理,2020,42(7):5-22.

[216]胡成春,陈迅.经济政策不确定性、宏观经济与资产价格波动:基于TVAR模型及溢出指数的实证分析[J].中国管理科学,2020,28(11):61-70.

[217]黄乾富,沈红波.债务来源、债务期限结构与现金流的过度投资:基于中国制造业上市公司的实证证据[J].金融研究,2009(9):143-155.

[218]黄正新,黄金波.中国通货膨胀预期陷阱研究[J].经济研究,2014,49(11):31-42,129.

[219]贾俊雪,郭庆旺,曹永刚.中国货币增长的不确定性及其对宏观经济的影响[J].中国软科学,2006(11):22-30.

[220]金春雨,张德园.中国不同类型经济政策不确定性的宏观经济效应对比研究[J].当代经济科学,2020,42(2):45-58.

[221]靳庆鲁,孔祥,侯青川.货币政策、民营企业投资效率与公司期权

价值[J].经济研究,2012,47(5):96-106.

[222]邝雄,胡南贤,徐艳.货币政策不确定性与银行信贷决策:基于新闻报道文本分析的实证研究[J].金融经济学研究,2019,34(5):68-79.

[223]黎文靖,郑曼妮.通货膨胀预期、企业成长性与企业投资[J].统计研究,2016,33(5):34-42.

[224]李成,王东阳.货币政策预期管理的理论逻辑与中国实践[J].改革,2020(12):98-109.

[225]李成,于海东,李一帆.货币政策不确定性对宏观经济的非对称影响效应:基于经济周期视角[J].北京理工大学学报(社会科学版),2020,22(5):49-58.

[226]李成,于海东,李一帆.货币政策不确定性对宏观经济影响的实证[J].统计与决策,2021,37(18):128-132.

[227]李凤羽,史永东.经济政策不确定性与企业现金持有策略:基于中国经济政策不确定指数的实证研究[J].管理科学学报,2016,19(6):157-170.

[228]李凤羽,杨墨竹.经济政策不确定性会抑制企业投资吗:基于中国经济政策不确定指数的实证研究[J].金融研究,2015(4):115-129.

[229]李浩举,程小可,郑立东.经济政策不确定性、营运资本管理与企业价值[J].中央财经大学学报,2016(3):72-81.

[230]李力,黄新飞.货币政策不确定性与商业银行风险承担研究[J].系统工程理论与实践,2021,42(4):847-864.

[231]林建浩,陈良源,田磊.货币政策不确定性是中国股票市场的定价因子吗?[J].经济学(季刊),2021,21(4):1275-1300.

[232]林建浩,赵文庆.中国央行沟通指数的测度与谱分析[J].统计研究,2015,32(1):52-58.

[233]刘贯春,段玉柱,刘媛媛.经济政策不确定性、资产可逆性与固定资产投资[J].经济研究,2019,54(8):53-70.

[234]刘贯春,刘媛媛,张军.经济政策不确定性与中国上市公司的资产组合配置:兼论实体企业的"金融化"趋势[J].经济学(季刊),2020,20(5):65-86.

[235]刘海明,李明明.货币政策对微观企业的经济效应再检验:基于贷

款期限结构视角的研究[J].经济研究,2020,55(2):117-132.

[236]刘慧龙,王成方,吴联生.决策权配置、盈余管理与投资效率[J].经济研究,2014,49(8):93-106.

[237]刘金全,隋建利.中国货币增长不确定性与经济增长关系检验(1980—2008)[J].中国社会科学,2010(4):74-86,221-222.

[238]刘诗源,林志帆,冷志鹏.税收激励提高企业创新水平了吗:基于企业生命周期理论的检验[J].经济研究,2020,55(6):105-121.

[239]罗大庆,傅步奔.中国货币政策不确定性对宏观经济的影响:基于混合货币政策规则的分析[J].世界经济文汇,2020(4):13-30.

[240]马文涛.预期管理理论的形成、演变与启示[J].经济理论与经济管理,2014(8):43-57.

[241]毛新述,叶康涛,张頔.上市公司权益资本成本的测度与评价:基于我国证券市场的经验检验[J].会计研究,2012(11):12-22,94.

[242]蒲文燕,张洪辉,肖浩.债务保守、投资机会与中国上市公司资本投资[J].管理评论,2012,24(4):36-44.

[243]饶品贵,姜国华.货币政策对银行信贷与商业信用互动关系影响研究[J].经济研究,2013,48(1):68-82,150.

[244]饶品贵,姜国华.货币政策、信贷资源配置与企业业绩[J].管理世界,2013(3):12-22.

[245]饶品贵,岳衡,姜国华.经济政策不确定性与企业投资行为研究[J].世界经济,2017,40(2):27-51.

[246]任曙明,张婉莹,李莲青,等.货币政策不确定性对企业创新的影响:基于企业风险承担水平的中介效应[J].当代经济研究,2021(8):101-112.

[247]宋全云,李晓,钱龙.经济政策不确定性与企业贷款成本[J].金融研究,2019(7):57-75.

[248]宋献中,吴一能,宁吉安.货币政策、企业成长性与资本结构动态调整[J].国际金融研究,2014(11):46-55.

[249]苏梽芳,胡日东.货币增长不确定性与通货膨胀不确定性:"波动溢出"假说与实证检验[J].财经研究,2010,36(4):124-133.

[250]隋建利,刘金全.中美两国货币增长不确定性与经济周期联动机

制的差异性分析[J].国际金融研究,2011(7):11-21.

[251]孙坚强,赵允宁,蔡玉梅.公司盈余信息、适应性学习与通货膨胀预期[J].经济研究,2019,54(10):136-151.

[252]孙健,钟凯,卢闯,等.货币政策不确定性对会计信息质量的影响研究[J].经济理论与经济管理,2017(8):34-45.

[253]谭小芬,张文婧.经济政策不确定性影响企业投资的渠道分析[J].世界经济,2017,40(12):3-26.

[254]唐晓彬,刘金全.通货膨胀、通货膨胀不确定性与货币增长不确定性之间的关联分析[J].系统工程,2012,30(5):17-23.

[255]田国强,李双建.经济政策不确定性与银行流动性创造:来自中国的经验证据[J].经济研究,2020,55(11):19-35.

[256]田利辉.国有产权、预算软约束和中国上市公司杠杆治理[J].管理世界,2005(7):123-128,147.

[257]童盼,陆正飞.负债融资、负债来源与企业投资行为:来自中国上市公司的经验证据[J].经济研究,2005(5):75-84,126.

[258]汪虹.货币政策不确定性、产权异质性与制造业企业投资效率[J].统计与决策,2021,37(7):158-161.

[259]王博,李力,郝大鹏.货币政策不确定性、违约风险与宏观经济波动[J].经济研究,2019,54(3):119-134.

[260]王红建,李青原,邢斐.经济政策不确定性、现金持有水平及其市场价值[J].金融研究,2014(9):53-68.

[261]王立勇,王申令.货币政策不确定性研究进展[J].经济学动态,2020(6):109-122.

[262]王立勇,王申令.强化预算约束是否降低了财政政策波动性?[J].中央财经大学学报,2019(10):3-13.

[263]王玲,孙自愿,梁晨.货币政策不确定性对高新技术企业创新绩效的影响研究:基于协同创新的传导效应[J].中国注册会计师,2021(4):50-57.

[264]王少林,丁杰.央行沟通、政策不确定性与通胀预期[J].经济经纬,2019,36(1):126-133.

[265]王少林,林建浩.央行沟通的可信性与通货膨胀预期[J].统计研

究,2017,34(10):54-65.

[266]王伟强.经济政策不确定性对产出增长的非对称效应[J].统计与信息论坛,2021,36(3):49-59.

[267]王义中,陈丽芳,宋敏.中国信贷供给周期的实际效果:基于公司层面的经验证据[J].经济研究,2015,50(1):52-66.

[268]肖争艳,陈彦斌.中国通货膨胀预期研究:调查数据方法[J].金融研究,2004(11):1-18.

[269]肖作平,廖理.公司治理影响债务期限水平吗:来自中国上市公司的经验证据[J].管理世界,2008(11):143-156,188.

[270]肖作平.终极控制股东对债务期限结构选择的影响:来自中国上市公司的经验证据[J].南开管理评论,2011,14(6):25-35.

[271]谢平,罗雄.泰勒规则及其在中国货币政策中的检验[J].经济研究,2002(3):3-12,92.

[272]徐明东,陈学彬.中国工业企业投资的资本成本敏感性分析[J].经济研究,2012,47(3):40-52,101.

[273]徐明东,陈学彬.中国上市企业投资的资本成本敏感性估计[J].金融研究,2019(8):113-132.

[274]徐明东,田素华.转型经济改革与企业投资的资本成本敏感性:基于中国国有工业企业的微观证据[J].管理世界,2013(2):125-135,171.

[275]徐亚平,汪虹.货币政策不确定性、金融摩擦与企业投资[J].安徽大学学报(哲学社会科学版),2020,44(3):131-142.

[276]闫先东,高文博.中央银行信息披露与通货膨胀预期管理:我国央行信息披露指数的构建与实证检验[J].金融研究,2017(8):35-49.

[277]杨鸣京,程小可,钟凯.股权质押对企业创新的影响研究:基于货币政策不确定性调节效应的分析[J].财经研究,2019,45(2):139-152.

[278]杨绍基.我国银行间债券回购利率影响因素的实证研究[J].南方金融,2005(8):22,30-32.

[279]杨兴全,齐云飞,吴昊旻.行业成长性影响公司现金持有吗?[J].管理世界,2016(1):153-169.

[280]杨忠海,解宏爽.会计信息可比性与资本结构动态调整:基于货币

政策不确定性视角[J].会计之友,2018(11):109-115.

[281]喻坤,李治国,张晓蓉,等.企业投资效率之谜:融资约束假说与货币政策冲击[J].经济研究,2014,49(5):106-120.

[282]袁卫秋.我国上市公司的债务期限结构:基于权衡思想的实证研究[J].会计研究,2005(12):53-58,96.

[283]岳正坤,石璋铭.预期异质性、泰勒规则与货币政策有效性[J].财贸经济,2013(3):63-70.

[284]张蓓.我国居民通货膨胀预期的性质及对通货膨胀的影响[J].金融研究,2009(9):40-54.

[285]张成思,计兴辰.前瞻性货币政策转型与资产价格预期管理效果评估[J].国际金融研究,2019(5):3-12.

[286]张成思,刘贯春.中国实业部门投融资决策机制研究:基于经济政策不确定性和融资约束异质性视角[J].经济研究,2018,53(12):51-67.

[287]张成思,芦哲.媒体舆论、公众预期与通货膨胀[J].金融研究,2014(1):29-43.

[288]张成思,田涵晖.结构性通货膨胀与通货膨胀预期形成机制[J].经济研究,2020,55(12):148-164.

[289]张成思,张步昙.中国实业投资率下降之谜:经济金融化视角[J].经济研究,2016,51(12):32-46.

[290]张健华,常黎.哪些因素影响了通货膨胀预期:基于中国居民的经验研究[J].金融研究,2011(12):19-34.

[291]张涛.中国城镇居民储蓄状况调查与研究:1999~2009[M].北京:中国金融出版社,2010.

[292]张屹山,张代强.前瞻性货币政策反应函数在我国货币政策中的检验[J].经济研究,2007(3):20-32.

[293]张哲,陈雷,陈平.货币政策不确定性与收益率曲线传导[J].金融经济学研究,2021,36(1):49-63.

[294]钟凯,程小可,王化成.货币政策不确定性损害了资金配置效率吗:来自企业资本结构视角的经验证据[J].中国会计评论,2017,15(3):307-334.

[295]钟凯,梁鹏,彭雯.货币政策不确定性与企业现金持有:现金股利视角的新解释[J].科学决策,2021(8):38-54.

[296]周德才,贾青,李梓玮.基于我国货币政策不确定性的股市波动长短期成分测度研究[J].金融发展研究,2017(5):25-32.

[297]周磊,孙宁华,张舒蕾,等.货币政策不确定性、金融摩擦与经济紧缩效应:基于 BGG-DSGE 模型的分析[J].经济问题探索,2021(4):145-156.

[298]周晔,王亚梅.货币政策不确定性与商业银行流动性创造关系研究:兼论流动性创造的周期效应[J].经济学家,2021(9):78-88.

[299]朱军,蔡恬恬.中国财政、货币政策的不确定性与通货膨胀预期:基于中国财政—货币政策不确定性指数的实证分析[J].财政研究,2018(1):53-64.